我们一起解决问题

公共图书馆文化治理

张收棉　闫　慧
贾诗威　陈慧彤　著

人民邮电出版社

北　京

图书在版编目（CIP）数据

公共图书馆文化治理 / 张收棉等著. -- 北京 ：人
民邮电出版社，2023.6
ISBN 978-7-115-62055-2

Ⅰ. ①公… Ⅱ. ①张… Ⅲ. ①公共图书馆－图书馆文
化－文化管理－研究 Ⅳ. ①G258.2

中国国家版本馆CIP数据核字(2023)第108821号

内 容 提 要

作为公共文化服务体系的重要组成部分，公共图书馆为社会公众提供支持其终身学习的场所与资源，同时也成为实现公民培育的重要空间。无论是文化场域还是公民培育空间，都展示了公共图书馆所具有的重要社会功能——文化治理功能。

本书从文化所具有的社会治理功能出发，探讨公共图书馆所具有的文化治理功能，共有8章：第1章介绍了研究背景、目的与意义、思路、内容与框架及研究方法与创新点；第2章至第7章介绍了公共图书馆产生的社会根源及其在国家运行中发挥的文化治理功能、产生的治理效应，通过对我国公共图书馆文化治理功能的现状进行调研，探讨了为更好地发挥这种功能、提升其效应所应采取的政策、管理等方面的方法和措施，旨在为公共图书馆创建一种能够更直接、更深刻地展示其对国家和社会的作用的文化治理话语体系，以明确公共图书馆的社会地位和发展方向；第8章是结语，促进社会协同和凝聚力的文化治理功能将成为公共图书馆的立身之本。

本书适合图书馆管理者、图书馆相关工作人员阅读。

◆ 著 张收棉 闫慧 贾诗威 陈慧彤
责任编辑 黄海娜
责任印制 彭志环

◆ 人民邮电出版社出版发行 北京市丰台区成寿寺路 11 号
邮编 100164 电子邮件 315@ptpress.com.cn
网址 https://www.ptpress.com.cn
涿州市般润文化传播有限公司印刷

◆ 开本：700×1000 1/16
印张：18.75 2023 年 6 月第 1 版
字数：300 千字 2023 年 6 月河北第 1 次印刷

定 价：89.00 元
读者服务热线：（010）81055656 印装质量热线：（010）81055316
反盗版热线：（010）81055315
广告经营许可证：京东市监广登字 20170147 号

本书为国家社会科学基金一般项目"公共图书馆文化治理功能、效应及提升机制研究"（项目批准号：17BTQ030）研究成果。

项目负责人：张收棉

课题组成员：闫　慧　贾诗威　陈慧彤　马祥涛　张钰浩　刘子杰

　　　　　　丁　羽　潘倩月　李　丹　金胜勇　郑光纯　于艺浩

　　　　　　闫新战　高家擎

前　言

　　无论是文化强国战略的实施还是社会治理共同体的建设，都需要公民素质得到整体提升，个体的素养影响着整个国家治理结构的形成与功效。作为公共文化服务体系重要组成部分的公共图书馆，秉持平等、开放、包容的精神为全体社会公众服务，同时也将所有社会公众纳入一种共同的文化场域；公共图书馆为社会公众提供支持其终身学习的场所与资源，同时也成为实现公民培育的重要空间。无论是作为文化场域还是作为公民培育空间，公共图书馆都展示了其所具有的重要社会功能——文化治理功能。

　　公共图书馆的产生与发展，也遵循"物竞天择，适者生存"这一自然法则，是社会洪流推动的结果，迎合了国家、社会发展的需求。在社会机构的丛林中，公共图书馆作为一种文化机构，以文化为前导、以文化为内核，文化在调和社会关系中所产生的治理功能就自然而然地附着在公共图书馆之上，此即公共图书馆的文化治理功能。

　　然而当前对公共图书馆的认识局限于其"资源"角色，对其在社会网络中的"治理"角色的关注度还有待提高。本书从文化所具有的社会治理功能出发，探讨公共图书馆所具有的文化治理功能，旨在为公共图书馆创建一种能够更直接、更深刻地展示其对国家和社会的作用的文化治理话语体系，以明确公共图书馆的社会地位和发展方向。

　　本书共 8 章，其中，第 2 章至第 7 章是主体部分。第 1 章介绍了研究背景、目的与意义、思路、内容与框架及研究方法与创新点。第 2 章基于对文化的社会治理功能和本尼特文化治理性概念的梳理，从社会治理视角审视了公共图书馆的起源与发展，明确其所具有的文化治理功能。第 3 章阐释公共图书馆文化治理功能的内涵，并基于对公共图书馆践行文化治理功能的内在逻辑以及公共图书馆文化治理功能的特征与实现原则的探讨，构建了公共图书馆文化治理功能表征系统，分析了公共图书馆基于这一表征系统所开展的文化治理实践。第 4 章创新性地提出公共图书馆文化治理指数这一综合指标，以评价公共图书馆在文化治理方面做出的贡献，以及用户是否受到了公共图书馆文化治理活动的影响。公共图书馆文化治理指数包括功能评价指标体系和效应评价指标体系，能综合反映公共图书馆在文化治理方面的投入和所获成效情况，可以帮助公共图书馆了解自身文化治理能力，为公共图书馆动态调整服务内容和服务方式提供有力参考。第 5 章主要利用网络调研和半结构化问卷调查的方式，基于所设计的公共图书馆文化治理能力评价指标体系，对我国公共图书馆现行文化治理功能表征系统及其文化治理实际效能进行调研分析。第 6 章利用公共图书馆文化治理效应评价指标体系对所调研公共图书馆的品牌活动的文化治理效应（文化认同、社会整合、公民培育）进行了讨论，并提炼了其提升文化治理效果的经验，以为我国其他公共图书馆提供参考。第 7 章以更有效地发挥公共图书馆的文化治理功能为出发点，对公共图书馆的建设与发展提出改进建议。第 8 章是结语。

　　本书为国家社会科学基金一般项目"公共图书馆文化治理功能、效应及提升机制研究"（项目批准号：17BTQ030）的研究成果。课题组成员国家图书馆参考咨询部馆员马祥涛参与了调研数据采集工作，中国人民大学博士研究生张钰浩和中国人民大学硕士研究生刘子杰、丁羽、潘倩月、郑光纯、于艺浩、闫新战、高家擎参与了调查问卷设计、个案数据采集与分析工作，国家图书馆研究院副研究馆员李丹、河北大学管理学院金胜勇教授对课题设计提出了建议。在此对课题组成员的共同努力致以衷心的感谢！

本书关于公共图书馆的调研得到业内专家、同人的大力支持，在此谨致谢忱！

目　录

第 1 章

绪 论

1.1 研究背景

1.1.1 社会主义文化强国战略的实施

2011 年 10 月 18 日，中共十七届六中全会审议通过《中共中央关于深化文化体制改革 推动社会主义文化大发展大繁荣若干重大问题的决定》，明确提出建设社会主义文化强国。2020 年 10 月 29 日中共十九届五中全会审议通过《中共中央关于制定国民经济和社会发展第十四个五年规划和二〇三五年远景目标的建议》，明确提出到 2035 年建成社会主义文化强国。文化强国战略是在坚定文化自信的基础上充分发挥我国丰厚的、优秀的文化资源的效用的重要方案，是进一步提升我国国际竞争力和可持续发展能力的重要布局。文化强国战略的实施，需要调动社会各种文化要素的积极性和全社会的共同参与。建设文化强国，是利用文化要素对国家整体协调性、和谐性的全方位疏通，其重要意义不仅在于对我国优秀文化资源的开发、利用，而且在于利用文化的疏导功能，打破阻碍我国进一步发展的瓶颈，使我们的国家在人类社会发展的道路上再上新台阶。

公共图书馆是公共文化服务体系的重要组成部分，是保障公民基本文化权益的重要设施，是开展社会教育的重要文化机构，是所在地区的文化资源中心，在创建和谐社会和学习型社会、全面提升社会公众素质方面具有重要的保障作用，因此，公共图书馆是实施文化强国战略的重要支撑。建设文化强国的重要目的之一是形成强大的民族凝聚力，公共图书馆作为一种公益性文化服务机构，秉持平等、开放、包容精神为全体社会公众服务，将所有社会公众纳入一种共同的文化场域，以提升社会认同感和社会凝聚力。可以说，公共图书馆不仅是建设文化强国的重要助力，也是实施文化强国战略的重要阵地，其职能的发挥是实施文化强国战略的重要举措。

有研究者指出："文化一旦开始服务于国家利益，它所负有的历史使命便彻底发生了改变，使我们不得不转变观念，以战略的眼光看待一切与文化有关的问题。"① 对于公共图书馆这样一种文化机构和文化制度来说，在实施文化强国战略背景下，应深刻剖析自身的"所能为"，努力把握国家这一发展战略、紧抓历史机遇并适时调整站位，为国家和社会的发展"尽所能"。公共图书馆效能的充分发挥，也是为其自身争取更好的发展资源的必要和充分条件。

1.1.2　社会治理共同体的建设

在从传统社会向现代社会的转型时期，社会结构体系在市场化的过程中，逐渐由高度集中、高度同质化向资源、地位、机会和利益相对分散、相对独立的结构体系转变，即社会结构日益分化②。中共十九届四中全会审议通过的《中共中央关于坚持和完善中国特色社会主义制度 推进国家治理体系和治理能力现代化若干重大问题的决定》中更是提出了建设人人有责、人人尽责、人人享有的社会治

---

① 俞楠.“文化认同”的政治建构：当代中国公共文化服务战略研究 [D]. 上海：华东师范大学，2008.
② 李路路.改革开放 40 年中国社会阶层结构的变迁 [J]. 武汉大学学报（哲学社会科学版），2019（1）：168-176.

理共同体目标。社会治理共同体的建设，将使社会治理从政府的一元主导向不同行动者共同参与的多元互动转变，并在自下的"自主"和自上的"调控"中实现多元协同。而自下的"自主"是社会治理共同体建设的基础，需要公民素质得到整体提升，个体的素养影响着整个治理结构的形成与功效。

公共图书馆作为一种文化机构，面向公众推广各种具体的文化实践活动，为公众的终身学习提供支撑，是实现公民培育的重要空间，可以为社会治理共同体的建设打下良好的基础。社会治理共同体是基于一定的利益和需求，在特定的社会区域内，通过协商和合作方式组成的联合体[①]，公共图书馆同时也为社会治理共同体的形成提供了一种场域。公共图书馆在建设与运营管理中对社会力量的引入，使得其成为一种共建、共治、共享的空间，为公众提供了一种有序参与社会治理的路径，营造了社会共治的氛围。

治理意味着协同与合作，国家治理的过程本身就是一个扩大社会参与范围的过程，各种主体围绕国家和社会事务进行协商与互动，国家治理体系和治理能力现代化就是要促进全社会的参与、激发社会的活力和创造力，从而形成强大的治理合力。"以读者为中心"是公共图书馆的基本服务理念，在为读者服务的过程中，公共图书馆也贯彻着对社会生活的治理化逻辑[②]。公共图书馆不仅是社会治理共同体的培育和优化机构，也是社会治理共同体的重要组成部分。而关于公共图书馆是如何实现这种逻辑的，仍需要做进一步的研究与探讨。

[①]　马友乐 . 社会治理共同体：时代解读，现实依据与价值意蕴 [J]. 湖北社会科学，2021（3）：49-55.

[②]　吴理财 . 文化治理的三张面孔 [J]. 华中师范大学学报：人文社会科学版，2014（1）：58-68.

1.1.3　公共图书馆发展方向的探寻

进入 21 世纪以来，特别是党的十六大以来，党中央、国务院先后出台了一系列促进公共文化事业发展的政策和措施，这极大地推动了我国公共图书馆事业的快速发展。无论是各地公共图书馆的数量，还是单个公共图书馆的馆舍建筑规模，都得到了增加和扩大。可以说，我国公共图书馆事业的建设方向还是比较明确的，从"十二五"时期夯实基础，到"十三五"时期构建现代公共文化服务体系，再到"十四五"时期提出的高质量发展，我国公共图书馆事业在扎实推进的过程中实现了创新性发展。

公共图书馆事业的发展实现了全面开花，公共图书馆的业务边界不断扩大，其角色定位、服务内容和服务方式也处在加速更新的阶段，从传统的借阅、参考咨询、展览、讲座服务，到各种创新性空间服务，包括学习空间、共享空间、创客空间等；从最初的扫盲识字教育，到信息素养教育，以及科学素养、环境素养、健康信息素养等各种普及化素养教育。可以说公共图书馆自诞生之日起就随着文化、社会、技术及国家政策的变化，不断地调整发展方向，以适应当时的环境并争取更好的发展资源。但在各种信息服务机构林立、信息技术不断更迭、用户需求和偏好不断变化的高度动态的环境下，公共图书馆发展方向的转换速度应该是前所未有的。从文献服务到信息服务再到文化服务，从社会教育到休闲娱乐，公共图书馆虽然能够保持以为社会公众提供文献信息服务为基本职能，但仍不免存在服务内容宽泛、服务边界模糊所造成的困惑。

公共图书馆的立身之基到底应该是什么？仅仅是丰富的信息资源和专业的信

息服务技能吗？还是应该有更深层次的东西可以支撑公共图书馆在国家与社会之中屹立？这值得我们思考和探索。

1.2　研究目的与意义

1.2.1　研究目的

本研究旨在为公共图书馆创建一种能够更直接、更深刻地展示其对国家和社会的作用的文化治理话语体系，为了实现这一总目标还需要实现以下主要子目标：一是从文化治理视角描绘公共图书馆的历史源流；二是厘清公共图书馆文化治理功能的实现逻辑与社会效应；三是明确我国公共图书馆现行文化治理功能表征体系的效能并提出改进策略。

1.2.2　研究意义

本研究的研究意义包括学术价值和应用价值两方面。

学术价值如下。一是为公共图书馆理论研究提供一种新的思维模式和框架导向。从社会治理理论角度分析公共图书馆的功能，剖析其在国家文化治理体系中的作用机制及产生的效应，可以突破公共图书馆功能研究的资源视角和断点式思维瓶颈，在思维模式和框架导向上实现公共图书馆理论研究的重要转变。二是为公共图书馆社会效用的发挥与提升提供理论依据。从理论与实践层面剖析公共图书馆对国家、社会的文化治理功能，为国家更好地利用公共图书馆这一机构、最大限度地发挥该机构的效用提供理论依据。

应用价值如下。一是为公共图书馆的良性发展提供有效指引。从文化治理视角分析公共图书馆对国家、社会的治理功能与效应，明确公共图书馆在维护、调整国家与社会运行的文化治理体系中的定位，有助于优化公共图书馆的服务方向，并为公共图书馆的良性发展提供有效指引。二是为国家对公共图书馆的统筹布局提供有价值的参考。以更有效地发挥公共图书馆的文化治理功能为出发点，对公共图书馆建设与发展提供改进建议，这将为国家实现对公共图书馆的统筹布局提供重要参考。

1.3　研究思路、内容与框架

1.3.1　研究思路

本研究以公共图书馆为研究对象，分析其产生的社会根源及其在国家运行中发挥的文化治理功能、产生的治理效应，通过对我国公共图书馆文化治理能力现状的调研，探讨了为了更好地落实这种功能、提升其效应所应采取的政策、管理等方面的方法和措施。

第一，以公共图书馆为研究对象，利用历史研究法从文化治理视角考察公共图书馆在各历史时期对当地社会的综合影响，从中探讨公共图书馆文化治理功能的内涵和作用机制；第二，利用功能分析法剖析公共图书馆文化治理功能表征系统，构建公共图书馆文化治理效应评价体系；第三，以网络调研法和问卷调查法调研和分析我国公共图书馆现行文化治理功能表征系统及文化治理能力，并提出改进建议；第四，以调研样本公共图书馆的品牌活动作为案例，考察其文化治理效应，讨论并提炼其文化治理实践经验，为我国其他公共图书馆提供参考；第五，根据调研结果及我国公共图书馆相关政策情况，从文化治理视角提出公共图书馆建设与发展的改进建议。

1.3.2 研究内容

本研究主要研究内容如下。

（1）公共图书馆文化治理功能的思想溯源与历史研究

公共图书馆是一种文化设备，但它不仅仅是一种文化产物和文化现象。因为文化具有社会治理功能，所以公共图书馆也天然具备着文化治理功能，因此其产生更应该说是人类文明的进步催生了一种新的社会治理工具、一种新的文化统治方式。本研究基于对文化的社会治理功能和本尼特文化治理性概念的梳理，从社会治理视角审视了公共图书馆的起源与发展，明确其所具有的文化治理功能，阐释其文化治理内涵。

（2）公共图书馆文化治理功能表征系统构建

"治理"不同于"管理"，"治理"更突出人和社会的自主性、能动性，意在调理与改造。公共图书馆文化治理功能的实现，也是在维护文化多元性的基础上通过空间设计、资源建设、用户服务等对社会公众产生潜移默化的影响，空间、资源、服务是公共图书馆进行社会文化展演的媒介，并由此获得在场者的文化认同和审美自治，从而实现其文化治理功能。本研究基于对公共图书馆践行文化治理功能的内在逻辑及公共图书馆文化治理功能的特征与实现原则的探讨，构建了公共图书馆文化治理功能表征系统，分析了公共图书馆基于这一表征系统所开展的文化治理实践。

（3）公共图书馆文化治理能力评价指标体系设计

虽然因为种种原因，近代以来的学术界弱化了公共图书馆对公众思想意识形态的引导作用，但作为文化的载体，公共图书馆的文化治理能力与效应客观存在。由于公共图书馆文化治理所涵盖的范畴较为广泛，其对当地民众价值观的塑造与引导、对社会价值体系构建和当地文化软实力提升的作用很难用单一指标进行衡量，本研究创新性地提出公共图书馆文化治理指数这一综合指标，以评价公共图书馆在文化治理方面做出的贡献，以及用户是否受到了公共图书馆文化治理活动的影响。公共图书馆文化治理指数包括功能评价指标体系和效应评价指标体系，能综合反映公共图书馆在文化治理方面的投入和所获成效情况，可以帮助公共图书馆了解自身文化治理能力，为公共图书馆动态调整服务内容和服务方式提供有力参考。

（4）我国公共图书馆文化治理能力现状分析

本研究主要利用网络调研和半结构化问卷调查的方式，基于所设计的公共图书馆文化治理能力评价指标体系，对我国公共图书馆现行文化治理功能表征系统及其文化治理实际效能进行调研和分析。调研样本包括 12 个省（自治区、直辖市）级公共图书馆、17 个地市级公共图书馆及 6 个县市级公共图书馆，共 35 个公共图书馆，问卷调查主要面向馆长或相关部门负责人。根据文化治理功能水平和效应水平，本研究将公共图书馆按照文化治理指数的不同划分为新人、璞玉、远见、焦点、潜力、绩优、金牛、实力、明星 9 种类型。调研数据分析结果显示，璞玉、潜力、绩优和明星是我国常见的公共图书馆类型，不同级别不同地区的公共图书馆的文化治理能力也有不同的表现。

（5）公共图书馆品牌活动案例分析

根据活动的连续性、系统性、规模、品牌效应等，本研究对所调研的公共图书馆的品牌活动进行了筛选，最终获得 30 个公共图书馆的 182 个品牌活动，利用公共图书馆文化治理效应评价指标体系对这些品牌活动的文化治理效应（文化认同、社会整合、公民培育）进行了分析。基于对这些品牌活动的案例分析，本研究从资源、服务、宣传三个层面提炼了我国公共图书馆品牌活动提升文化治理效果的经验，以期为我国其他公共图书馆提供参考。

（6）我国公共图书馆建设与发展改进建议

公共图书馆文化治理功能的发挥需要以实现社会文化福祉和公众文化权益为出发点，以政府和行业协会为政策制定主体，以公共图书馆为核心治理主体，以社会公众为参与主体，共同促进公共图书馆文化治理能力的提升。本研究从加强公共图书馆文化治理政策保障、完善公共图书馆文化治理机制和评价体系、打造公共图书馆文化治理数据研究基地等方面为政府和行业协会完善顶层制度设计提出建议，以促进全国公共图书馆的统筹协调，进而使其真正成为一个有机系统，使公共图书馆的文化治理效应在全国范围内得到最优呈现。同时，本研究从提升文化治理效应转化效率、加强文化治理功能指标投入等方面提出公共图书馆推进实现文化治理功能的策略，并就如何促进多元主体参与问题进行了讨论。

1.3.3 研究框架

研究框架见图 1-1。

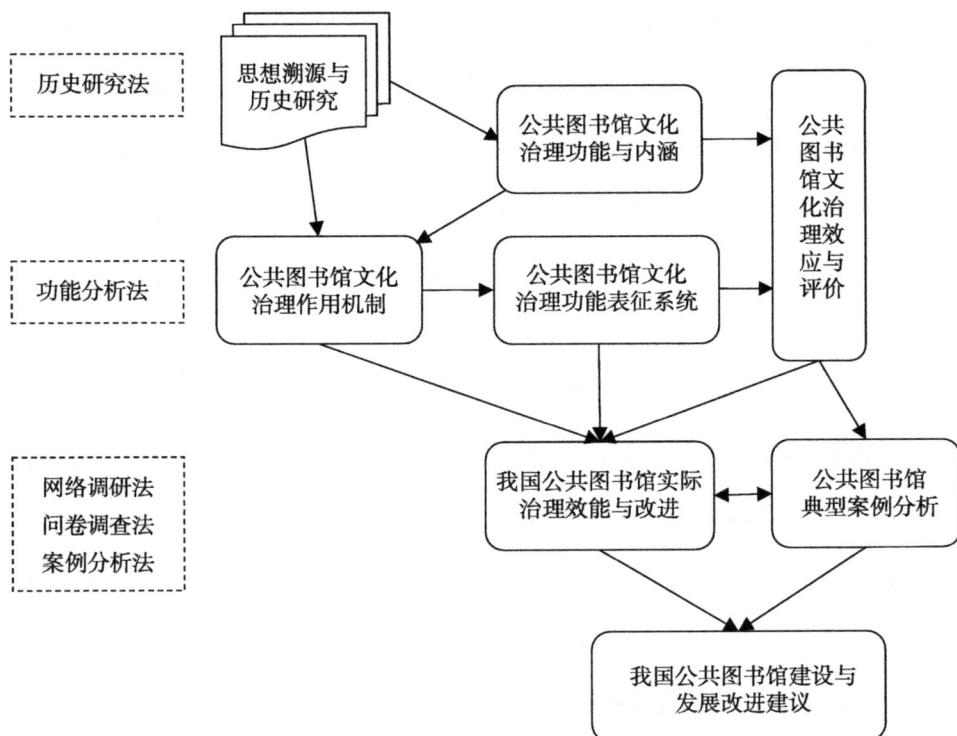

图 1-1　研究框架

1.4 研究方法与创新点

1.4.1 研究方法

历史研究法。以数据库、图书及档案文献等书面记录为主要考证资料，考察公共图书馆的发展历史及其对当时社会发展的影响，剖析公共图书馆的建设与发展在优化当地民众行为和社会关系、改善当地社会治理等方面的表现。

功能分析法。分析公共图书馆文化治理功能表征系统的关键组成，各组成部分的文化治理效用、相互关系与影响，以及文化治理功能表征系统整体产生的文化治理表现。

网络调研法。通过网络收集我国公共图书馆现行文化治理功能表征系统及文化治理实际效能数据，调查范围覆盖我国东、中、西部地区省、市、县 3 个行政级别的公共图书馆，在东部地区选取 15 个公共图书馆，中部和西部地区各 10 个公共图书馆，样本量为 35 个。

问卷调查法。收集我国公共图书馆现行文化治理功能表征系统及文化治理实际效能数据，问卷调查范围和目标样本量同上。

案例分析法。结合网络调研、问卷调研及对馆员的深度访谈，对样本公共图书馆的品牌活动案例进行筛选、分析，利用公共图书馆文化治理效应评价指标体系考察样本公共图书馆品牌活动的文化治理效应，分析并提炼其提升文化治理效果的实践经验，以期为我国其他公共图书馆提供参考。

1.4.2 研究创新点

在学术思想上，突破公共图书馆功能研究的断点式思维，考察公共图书馆对国家、社会发展的关联性、系统性影响。

在学术观点上，将文化治理作为公共图书馆文化功能的延伸，分析公共图书馆对国家治理的重要效用，提升公共图书馆的社会站位。

在研究方法上，在历史研究和功能分析的基础上探讨公共图书馆文化治理功能的内涵与特征，剖析了其内在逻辑，构建了公共图书馆文化治理功能表征系统，为公共图书馆文化治理功能的理论研究奠定坚实的基础。

在研究结果上，提出一种创新性的公共图书馆评价工具——公共图书馆文化治理指数，从绩效（功能）和成效（效应）两方面构建公共图书馆文化治理能力评价指标体系，综合考察公共图书馆的文化治理能力。将公共图书馆按照文化治理指数的不同划分为 9 种基本类型，并根据各类型特征提出针对性的改进建议。

第 2 章

公共图书馆文化治理功能
相关研究述评

费孝通曾指出,文化是社会中的人们共同接受的一套办法,是社会创造出来的使人类可以共同生活的手段,是以社会力量来维持的生活方法,人类用社会的力量创造出种种文化设备来达到维持社会完整的目的[①]。公共图书馆就是这样一种文化设备,其所具有的文化治理功能即源于文化所具有的社会治理功能。公共图书馆是文化建设基地,是公共文化服务体系的重要组成部分,这就天然地赋予它承载文化的社会治理效能的重要责任,并由此成为国家实施文化治理技术的重要媒介。

2.1 文化治理相关理论

2.1.1 文化的社会治理功能

文化的社会治理功能是指文化在社会公共治理活动中所具有的作用与效能,它通过认同建构、利益协调与资源整合,解决社会中存在的各种失范和问题,最终实现国家善治。国家是由人、制度和文化这三个基本要素所构成的有机体,其中,人是国家的核心,制度是国家的架构,文化是国家的精神[②]。文化蕴含着理想信念、价值取向、道德规范,其对社会公众精神世界的影响最终作用于社会公众的行为。即内化于心、外化于行。文化通过对社会个体与群体德性、行为的塑造与规训,对社会心理与社会行为予以优化,从而实现社会控制与导向功能,并对

---

① 费孝通. 生育制度 [M]. 北京:群言出版社,2016:150.
② 付春,王善迈,任勇. 文化资本与国家治理 [M]. 北京:中国社会科学出版社,2015:4-15.

政治、经济等其他社会单元产生影响。

文化具有社会教化和维系功能，人们创造和生产文化的动力就是疏解人与社会之间出现的问题，实现对人、对社会的治理。"上古结绳而治，后世圣人易之以书契"，这是我国古代最早的关于文化与社会治理的关系的描述[①]。无论是"结绳"这种物质符号的表达，还是"书契"这种文字符号的表达，所承载的都是我们祖先最初创造和积累下来的文化信息，"治"的意思就是"治理"。

统治阶级要同时拥有武力统治权和文化领导权，实现国家、社会的安定有序和健康发展，这不仅需要军事、政治、经济等手段，还需要文化措施。我国古代即有"以文化人"的思想，《周易·贲卦·彖传》有"刚柔交错，天文也。文明以止，人文也……观乎人文，以化成天下"的认识；西汉刘向《说苑·指武》中的"圣人之治天下也，先文德而后武力。凡武之兴，为不服也；文化不改，然后加诛"，首次将"文"与"化"合成一个整词；西晋束晳的《补亡诗·由仪》将文与武、内与外相对而论，提出"文化内辑，武功外悠"的治国方略。这些都是中国传统文化中"文化立国"的思想。儒家的仁政爱民、合而不同、为政以德、克己复礼、修齐治平思想，道家的天人合一、以道莅天下的思想，墨家的爱无差等的兼爱思想、"大不攻小，强不侮弱，众不贼寡"的非攻思想、任人唯贤的尚贤思想，都是典型的以文化治理国家、治理社会的理念。

当代的国际竞争，很大意义上是国与国之间不同文化的竞争。文化作为一个国家或民族精神力量的集中反映，其战略地位已随着国际竞争重点的变化而进一步凸显，不同文化之间的比较和竞争也日益成为国际竞争的重要内容。因此，需

---

① 胡惠林.国家需要文化治理[N].学习时报，2012-06-18（009）.

要从国家战略的高度理解并发挥文化的社会治理作用，并从国家层面制定文化发展战略。有文章指出，"在国际社会中，像中国这样一个发展中大国，要掌握自己的前途命运，就必须有自己的文化设计，有自己的文化力量"。①文化是实现国家长治久安不可或缺的途径，是实现国家富强、人民幸福不可替代的措施。文化的社会治理功能，能有效提升全民价值认同、观念认同、道德认同和信仰认同。我国正走向文化治理（建设社会主义文化强国）②，努力用文化来达到培育公民、整合社会、巩固政权的目的，在"五位一体"总体布局中发挥文化治理在治理体系和国家治理能力现代化中的作用。

2.1.2 本尼特的文化治理性

托尼·本尼特（Tony Bennett）是当代英国文化研究的代表人物之一，是文化政策与治理研究领域的重要开创者。他将文化看作一系列通过历史特定的制度形成的治理关系，目标是转变广大人口的思想和行为③。本尼特超越葛兰西的"文化霸权"思想，借鉴福柯"治理性"理论，指出博物馆、艺术馆、图书馆、音乐厅等能动地塑造着公民的文化能力，是民主制度下一系列文化与权力关系的一部分④。

---

① 云杉.文化自觉 文化自信 文化自强——对繁荣发展中国特色社会主义文化的思考（下）[J].红旗文稿，2010（17）：4-9.

② 胡惠林.国家文化治理：发展文化产业的新维度 [J].学术月刊，2012（5）：28-32.

③ 托尼·本尼特.文化、治理与社会——托尼·本尼特自选集 [M].王杰，强东红，等，译.上海：东方出版中心，2016：210.

④ 托尼·贝内特，黄望.英国文化研究的另一种范式——托尼·贝内特学术自述 [J].洛阳师范学院学报，2007（4）：8-11.（此参考文献中贝内特即为本尼特。——编者注）

安东尼奥·葛兰西是意大利著名的马克思主义哲学家、实践者，是国际共产主义运动史上的传奇人物。他认为要取得革命的胜利，必须先进行文化意识形态上的革命，取得文化领导权。葛兰西将文化视为相对于强制性国家机器而言的隐蔽的专制统治形式，它形成了一定社会形态下某一社会集团在思想、意识、文化、道德等方面的领导权，即"文化霸权"，这种霸权的形成以被统治者自愿地接受和赞同为前提①。因此，国家"最重要的职能就是把广大国民的道德文化提高到一定的水平，与生产力的发展要求相适应，从而也与统治阶级的利益相适应"②。葛兰西将国家分为"政治社会"和"市民社会"两部分，政治社会通过监狱、法庭、军队等专政机构行使强制职能，市民社会则是统治集团通过包括政党、工会、学校、教会等在内的社会团体和各种新闻媒介行使"霸权"职能，意在通过文化、宗教、习惯、教育等在道德上说服被统治阶级，将统治阶级的道德观念、价值体系、审美趣味、行为规则和习惯等向整个社会渗透，使社会公众积极地认可和赞同统治阶级的领导。在现代资本主义统治中，资产阶级不仅要靠强制性的统治，更要靠市民社会中各个团体在文化和思想道德上对其统治的认同，国家的强权政治功能在现代社会已经逐渐弱化，它必须有被民众认同的道德基础③。

1978年，福柯在法兰西学院讲授"安全、领土与人口"课程中首次提出了"治理"概念，他认为"治理术"是由制度、程序、分析、反思、计算和策略所

① 李震.葛兰西的文化霸权理论[J].学海，2004（3）：55-62.

② 安东尼奥·葛兰西.狱中札记[M].曹雷雨，姜丽，张跣，译.郑州：河南大学出版社，2014：335.

③ 金莉.本尼特"文化治理性"的理论逻辑与价值意蕴——从"葛兰西方法"到"福柯思想"[J].文艺评论，2017（2）：4-10.

构成的总体，治理的工具是多种多样的策略和手段，在17世纪、18世纪这些手段被称为"治安"（Police）①。治安是一套既可以增加国家力量又能维持良好秩序的方法，包括行政管理、司法、军队、财政等手段，国家的治理化则是使国家幸存下来的原因。福柯指出，治理并不只涉及政治结构或国家管理，它也表明个体或集体的行为可能被引导的方式——孩子的治理、灵魂的治理、共同体的治理、家庭的治理和病人的治理，它覆盖的不仅是政治或经济屈从的合法构成形式，还包括行为模式，即治理是对他人的行为可能性领域进行组织②。因为每一种生产技能都需要个体行为的调整来匹配，而这种调整不仅体现在技术的掌握上，也体现在态度的转变上③。福柯的治理既不是政治意义上的统治，也不是一种技术实践，而是社会这一复杂系统的各要素在相互交织、彼此建构的过程中逐步形成的，普遍贯穿社会之中。这种治理也不是强加的，而是通过一系列的冲突、和解、讨论与互相妥协，通过一种广义上的交易，最终形成一种治理实践中普遍性的事实划分④。它所要表达的政治理念是，政府的管理用于引导和塑造人们的行为方式，从而生产出符合现代国家需要的公民⑤。

葛兰西强调在市民社会中对文化霸权的争夺，而福柯注重通过文化知识在大众心灵上的作用获得民众的认同，注重个体行为的塑造。葛兰西关注宏观问题，

---

① 米歇尔·福柯.安全、领土与人口[M].钱翰，陈晓径，译.上海：上海人民出版社，2018：129-143.

② 米歇尔·福柯.自我技术：福柯文选Ⅲ[M].汪民安，译.北京：北京大学出版社，2016：54.

③ 米歇尔·福柯.自我技术：福柯文选Ⅲ[M].汪民安，译.北京：北京大学出版社，2016：54.

④ 崔月琴，王嘉渊.以治理为名：福柯治理理论的社会转向及当代启示[J].南开学报（哲学社会科学版），2016（2）：58-67.

⑤ 周海玲，张志强.文化政治美学视野下的治理理论研究——从福柯的政治治理到托尼·本尼特的文化治理[J].韩山师范学院学报，2014（2）：43-47.

福柯更关注微观权力的运作。福柯的治理性是通过特定的政治制度和叙述事实的策略使公众更积极地参与对自身的管理和监督之中，并促进自身的发展，包括"他人治理"和"自我治理"[①]。本尼特继承福柯关于文化作为管制人口的一种资源的用途的观点，提出"文化治理性"概念，即利用随着现代阶段产生的知识和专门技术等具体文化形式的发展而产生的各种文化手段，作用于塑造人类总体[②]。本尼特利用这一概念审视文化机构的运作过程，提出博物馆等公共文化机构的运作是对社会产生作用的文化体制。这些公共文化机构一方面象征着民主、普及着大众教育，另一方面也在改变着公众的行为方式，在无差别地对待公众的同时，也实现了对公众的区分。

本尼特将文化表现为一套独特的知识、技能、技术和机制，文化通过与权力技术相关的符号技术系统所发挥的作用以及通过自我技术机制的运作，以一种独特的方式对社会交往起作用，并在这种关系中与社会交往结合[③]。博物馆的定位是展现和讲述，以此将权力透明地呈现给普通民众，同时又将权力表现为属于普通民众自己。美术馆、图书馆、博物馆等构成文化联合体，它们利用具体类型的知识和技能将文化资源转换和组织成作用于社会的手段，目的是使行为发生具体变化或持久不变。部分国家于 19 世纪设置博物馆、美术馆和图书馆就是为了让它们完成塑造工人的任务，把工人改变成谨慎的主体。本尼特认为文化史的现代构

---

① 金莉 . 本尼特"文化治理性"的理论逻辑与价值意蕴——从"葛兰西方法"到"福柯思想" [J]. 文艺评论，2017（2）：4-10.

② 金莉 ."文化治理"视域下的公共博物馆——基于托尼·本尼特文化治理的视角 [J]. 学理论，2019（8）：126-128，133.

③ 托尼·本尼特 . 文化、治理与社会——托尼·本尼特自选集 [M]. 王杰，强东红，译 . 上海：东方出版中心，2016：273，288，291，341，332.

建本质上是治理性的，是一种社会管理领域，文化在其中作为一种意欲通过使民众开展自我教化而提升自己的资源来运用。

2.1.3 我国文化治理相关研究

葛兰西的"文化霸权"（Cultural Hegemony）、福柯的"治理性"（Governmentality）、本尼特的"文化治理性"（Cultural Governmentality）等思想，共同促成了"文化治理"概念的诞生。2000 年左右，我国学者开始关注文化治理问题，并将"文化治理"作为一个独立的术语提出，而相对应的英文术语 Cultural Governance 也直到此时才开始出现。2007 年，《欧盟文化政策与文化治理》一文从文化政策视角关注"文化治理"概念，本文作者将文化治理等同于文化政策，认为文化治理是为文化发展确定方向的公共部门、私营机构和自愿 / 非营利团体组成的复杂网络[1]。2011 年，有学者从文化治理的角度考察了公共文化服务，认为公共文化服务既是文化治理的一种形式也是文化治理的一项内容，通过公共文化服务可以实现文化引导社会、教育人民、推动发展的功能，向民众提供公共文化服务是政府治理的一种新形式[2]。2012 年，有学者指出，文化治理是国家通过采取一系列政策措施和制度安排，利用和借助文化的功能克服与解决国家发展中的问题的工具，并将文化产业明确为用以克服和解决经济和社会发展问题的治理工具和治理手段，发展文化产业不是为了经济而是为了完善国家治理[3]。2013 年，党的十八届三中全会提出全面深化改革的总目标是"完善和发展中国特色社会主义制度，推进国家

---

① 郭灵凤. 欧盟文化政策与文化治理 [J]. 欧洲研究，2007（2）：64-76.

② 吴理财. 公共文化服务的运作逻辑及后果 [J]. 江淮论坛，2011（4）：143-149.

③ 胡惠林. 国家文化治理：发展文化产业的新维度 [J]. 学术月刊，2012（5）：28-32.

治理体系和治理能力现代化"，引发了学界对"文化治理"研究的热潮。为了更好地理解文化治理，2014年有学者从政治、社会和经济三个方面分析了文化治理的不同面孔，指出在不同的历史时期不同面向的文化治理的作用相似，虽然具体的文化治理实践形态丰富，但实质都是透过文化和以文化为场域达到治理的目的[①]。

目前，国内对"文化治理"有两种理解，第一种是对文化的治理，第二种是基于文化的治理[②]。前者指针对文化领域开展治理活动，将文化公共行政的传统管制模式转变为现代的治理模式，目的是使文化领域各种组织、机构的运行与发展更符合社会经济、政治发展的需要；后者则是以文化为手段对国家、社会进行治理，发挥文化的功能解决国家和社会发展中存在的问题。后者认为文化所具有调节社会运行即社会治理功能，此概念下的文化治理通过认同建构、利益协调与资源整合，解决社会中存在的各种失范和问题，最终实现国家善治。如有学者通过梳理文化治理概念演进过程提出，文化治理既涉及文化功能的重新发掘，又涉及文化组织方式的革新以及个体文化能动性的彰显，实现治理的技术包括政策话语表达、文化象征操作、活动程序安排、实物空间布局等对其他事物的治理技术，以及文化解码、价值认同和行为自觉等自我治理技术[③]。有学者认为文化治理是统治者在其权力运作的相关场域，通过各种观念意识的表达和实施，对社会资源进行分配、对政治生活参与主体的思想和行为施加影响，借以达到维护社会稳定、巩固政治统治，最终实现整个社会有序运转的一种治理机制[④]。文化治理利用

---

① 吴理财. 文化治理的三张面孔 [J]. 华中师范大学学报（人文社会科学版），2014（1）：58-68.

② 廖胜华. 文化治理分析的政策视角 [J]. 学术研究，2015（5）：39-43.

③ 王前. 理解"文化治理"：理论渊源与概念流变 [J]. 云南行政学院学报，2015（6）：20-25.

④ 邓纯东. 当代中国文化治理体系和治理能力现代化的理论反思 [J]. 湖湘论坛，2018（6）：13-22.

熏陶、引导等方式实现价值整合和文化认同，是从民族精神、时代精神、文化价值体系的构建和发展切入的根本性治理。还有一些研究者对不同类型文化产生的治理功能、我国不同历史时期的文化治理现象进行了讨论，如有学者讨论了民俗文化对个体社会化、社会秩序的维持和运转的意义，认为民俗文化具有教化、维系和规范三种主要社会功能，并指出民俗文化不能仅限于被保护、被传承以彰显地域特色、增加旅游经济效益的角色，还应当以积极能动的姿态参与社会治理创新，彰显独特的价值[1]。还有人讨论了乡村文化的社会治理功能，认为乡村文化是实现乡村有效治理的路径和抓手[2]。有学者对我国封建社会时期的文化治理现象进行了分析，认为在我国封建社会时期文化治理不仅存在，而且有制度层面的设计和具体的实践，并对清代云南改土归流地区的文化治理方略进行了讨论[3]。

　　同时，研究者也已认识到在"基于文化的治理"理解之下文化治理的开展需要借助文化存储介质实现文化传输，通过特定信息和知识的分类、整理、展示以及资源分配等实践活动，将其中蕴含的文化转化为社会中个体的行为逻辑[4]。有人指出，在国家治理实践中，文化空间能够发挥身体规训与身份认同的文化隐性权力的治理性功能，塑造具备公共精神的公共人与现代公民，培育社会公共性与政权合法性[5]。而公共图书馆等文化机构作为重要的公共文化空间，是实现文化传输

① 沈昕，周静.民俗文化的社会治理意义——以徽州古村落为例 [J].理论建设，2015（3）：95-98，112.

② 汪漪，刘金峰.乡村振兴视角下乡村文化的社会治理功能及实现机理 [J].黑龙江工业学院学报：综合版，2021（10）：94-99.

③ 廖国强."以汉化夷"与"因俗而治"——清代云南改土归流地区两种文化治理方略及其关系 [J].云南师范大学学报（哲学社会科学版），2020（6）：21-33.

④ 徐春光.公共文化服务的"软治理"要义与发展逻辑 [J].学习与实践，2016（8）：63-68.

⑤ 李山.文化空间治理：作为文化政治的行动策略 [J].学习与实践，2014（12）：103-110.

的重要工具，是文化的社会治理功能得以践行的载体，本课题所要探讨的便是公共图书馆对国家、社会所具有的这种文化治理功能。

2.2　公共图书馆与文化治理

作为文化机构重要组成部分的公共图书馆，自诞生之日起就发挥着规训主体和塑造主体的作用。公共图书馆的展览、讲座、培训等人文、历史、艺术类活动，通过艺术审美和智性作用提升公民的道德修养；其科普活动以及对先进技术的展示与应用，向广大民众传达着现代性理念。公共图书馆竭力表现自由、民主、平等和进步，并将这种价值观悄然地用于对公民的塑造当中，使其变为对自我行为进行约束和修正的主体，形成温柔而又优雅的行为，成为具有自由、民主、平等和进步观念的现代公民。

当前，关于图书馆的研究主要以图书馆的实践、技术、业务等"怎么做"问题为导向，同时也有少量研究将图书馆置于更大范围的政治、经济、社会背景中，关心围绕着图书馆产生的种种互动关系。例如，有研究者讨论了民国时期我国图书馆面对政治风云变幻、内忧外患迭起的环境及时调整使命将政治与文化并重的种种表现，如宣传进步思想、激发爱国情怀等[①]；有研究者分析了在开放政府背景下图书馆在社会治理中的作用，如支持公共信息获取、帮助公众获取公共服务等，认为在社会治理过程中图书馆可以帮助治理主体达成共识，在促进社会转

---

① 张书美. 政治与文化并重——论民国时期图书馆的使命 [J]. 图书馆建设，2011（10）：90-92.

型过程中发挥重要作用[①]。为了促进图书馆学研究成果向其他学科的输出，有研究者提出了"文献政治学"概念，针对我国古代社会，从文献经典化过程、文献整理活动、文献传播过程以及文献阐释活动四个方面分析了权力对文献活动的介入情况[②]。有研究者指出图书馆不是中性的文化机构，而具有强烈的政治文化功能，图书馆使政治文化得以社会化[③]。有研究者也提出图书馆是政治社会化的重要途径，具有传播政治文化、教育社会个体、巩固政治统治、推动政治发展的功能，直接或间接影响着公民的政治社会化进程，对政治体系有较大的影响[④]。马赫迪·德瑞姆萨瑞（Mahdi Deramnesari）等通过半结构化访谈和问卷调查对公共图书馆在伊朗信息地缘政治中的战略作用进行调研，结果表明公共图书馆在加强文化认同和提高公共意识方面发挥着隐性作用，他们提出国家决策者应重视公共图书馆传播文化和信息的公共话语空间以及增强软防御力量的基础方面的作用[⑤]。安德里亚斯·维赫姆（Andreas Vrheim）研究了第一代墨西哥移民在参加公共图书馆举办的英语、计算机和公民课程之后其社会信任发生的变化[⑥]。

图书馆作为民族文化传承与创新的重要场所，是文化储存的宝库、文化传承

---

① 李思艺.开放政府背景下图书馆参与社会治理：理论依据与实现路径 [J].图书馆建设，2020（2）：98-103，150.

② 蒋永福.文献政治学：图书馆学研究的新领域 [J].图书与情报，2011（6）：42-46.

③ 刘惠平.图书馆政治文化功能的历史考察 [J].中国图书馆学报，1999（6）：29-33.

④ 赵一帆，王艳梅.政治社会化视角下的图书馆功能及其引导策略探析 [J].农业图书情报学刊，2010（9）：199-202，207.

⑤ DERAMNESARI M. Analysis of the Strategic Role of Public Libraries In Iran's Geopolitics of Information[J]. International Journal of Information Science and Management，2022，20（1）：131-151.

⑥ VRHEIM A .Trust in Libraries and Trust in Most People: Social Capital Creation in the Public Library[J]. Library Quarterly: Information，Community，Policy，2014，84（3）：258-277.

的基地、文化交流的场所、文化创新的摇篮、全民终身学习的学校。图书馆是文化的集散地，是人和文化之间的桥梁与纽带，起着重要的联结作用。公共图书馆不仅仅是人类文化和文明的象征，其对文化的作用不仅仅是存藏、传承，更重要的是作为文化治理的载体，通过对文化的散播，滋润万民。古代藏书楼重视对承载了文献的物理载体的存藏，现代图书馆重视的是对物理载体承载的文献的利用，未来的公共图书馆应重视的是文献所承载文化的散播。

2.2.1　公共图书馆的文治教化起源

图书馆是文化的产物，是一种文化现象①，其重要职能为收藏和传播文献。但对于公共图书馆来说，其产生更应该说是人类文明的进步催生了一种新的社会治理工具、一种新的文治教化手段。阮冈纳赞在《图书馆学五定律》一书中曾提到，18 世纪的典型思想是要在最差的条件下使社会得到幸福、人民得到安乐，就必须使大多数人处于愚昧无知和一贫如洗的状态，劳动人民对与劳动无关的事情了解得越多就越不愿意吃苦，因此应当把劳动阶层的知识限制在其职业范围内②。而在18 世纪末，国家的功能发生了重要转变，不再对被统治阶级进行暴力镇压，而是转为引导和规训，国家和公民之间形成了新的权力关系，国家逐渐转变为教育者。19 世纪的最后二三十年中，政府采用了大量的改革计划，以各种方式将公众

---

① 李满花 . 图书馆的文化本质和图书馆学研究的文化选择 [J]. 中国图书馆学报，2009（3）：4-8，92.

② 阮冈纳赞 . 图书馆学五定律 [M]. 夏云，王先林，侯汉清，译 . 北京：书目文献出版社，1988：67-69.

塑造成为具有现代性的公民，即成为具有平等、自由、进步与发展理念的公民^①。19 世纪中后期，美国公共图书馆的发展成果是在政府、慈善家等方面的共同努力下取得的。19 世纪 50 年代，波士顿名门望族的领袖乔治·蒂克纳认为公共图书馆的目标是教育民众使他们成为好人，以维持国家的稳定^②。19 世纪末 20 世纪初，卡内基图书馆计划的顺利实施使美国公共图书馆事业获得长足发展，该时期美国著名图书馆学家达纳指出，公共图书馆把城市居民凝聚成一个文明而有教养的整体，并且成为城市创造社会效益活动的中心；提高社会效率唯一的有效途径是提高民众的知识水平，而公共图书馆所试图实现的即帮助民众增长知识^③。1927 年凯尼恩报告（The Kenyon Report）也指出，英国公共图书馆的首要任务是塑造良好的社会公民^④。可以说公共图书馆的发展也是在国家职能转变这一历史趋势的推动下实现的，是应国家发展需求而产生的一种社会教化机构。

人类历史上第一家现代意义上的公共图书馆美国波士顿公共图书馆的建立，就是出于控制与约束所谓的危险阶级的目的，其真正意图是通过公共图书馆的社会教育，使危险阶级能跟随上层阶级的价值观，以确保社会安定，使上层阶级的地位不致受到挑战^⑤。谢拉（1965）也曾指出，美国公共图书馆的开端更多地源

---

① 金莉．"文化治理"视域下的公共博物馆——基于托尼·本尼特文化治理的视角 [J]. 学理论，2019（8）：126-128，133.

② 郑永田．美国公共图书馆思想研究（1731—1951）[M]. 北京：社会科学文献出版社，2015：109.

③ 郑永田．美国公共图书馆思想研究（1731—1951）[M]. 北京：社会科学文献出版社，2015：138-139.

④ Board of Education, Public Libraries Committee. Report on Public Libraries in England and Wales（The Kenyon Report）[R]. London, 1929.

⑤ 解胜利，吴理财．公共图书馆的文化治理学——对一个省级图书馆的文化政治分析 [J]. 湖北社会科学，2014（9）：70-76.

于一位自私吝啬的波士顿商人为了满足其自尊心并遮掩其在世人眼中的缺点和错误[①]。哈里斯（1973）也曾论及美国早期的公共图书馆并非以大众教育为目标，也并非客观和中立，其真正意图是对新移民进行意识形态的同化（即控制），维护已经建立的社会秩序[②]。以约瑟夫·布拉泽顿（Joseph Brotherton）为代表的公共图书馆的支持者认为图书馆教化着下层民众，将他们融入当前的政治体系之中[③]。联合国教科文组织发布的《公共图书馆宣言》1949年版，便将鼓励民众成为国家及国际更好的社会公民与政治公民列为公共图书馆的任务之一[④]。也许公共图书馆的产生并没有我们想象中的那么美好，但这也恰恰体现了公共图书馆疏导公众思想意识的功能，公共图书馆作为一种文治教化工具，使公众的社会认识和能力朝着对上位阶层有利的方向发展。

清末，公共图书馆在我国的创设也是一场自上而下的运动，公共图书馆同样被视为重要的"教民之法"[⑤]。当时的改良主义者为了教育民众、开启民智、传播改良主义思想，将图书馆作为宣传普及新文化、新知识、新思想、新观点的重要阵地。由于清政府的提倡，西方的图书馆观念在清末新政时期得到了更加广

① SHERA J H. Foundations of the Public Library: The Origins of the Public Library Movement in New England 1629-1855[M]. Hamden, Connecticut:The Shoe String Press, INC. 1965：19.

② HARRIS M. The purpose of American public library: A revisionist interpretation of history[J]. Library Journal, 1973, 2513（Sept 15）：2.

③ BLACK A. The People's University: Models of Public Library History[M]// Alistair Black, Perter Hoare. The Cambridge history of libraries in Britain and Ireland. V3.New York: Cambridge University Press, 2006：36.

④ United Nations Educational, Scientific and Cultural Organization. The public library：A living force for popular education[EB/OL].[2021-11-20].

⑤ 李晓新. 普遍·均等：中国公共图书馆的百年追求 [M]. 天津：南开大学出版社，2007：25-26.

泛的传播，并由此形成了一场"公共图书馆运动"，为民国时期的"新图书馆运动"奠定了基础[①]。我国近代图书馆等公共文化设施的建设，是为了达到政府教育和引导民众意识形态的作用，公共图书馆所推崇的公共性和大众化也催生和培育了市民的公共精神、公共观念，对市民的文化认同产生了积极作用[②]。我国古代的藏书楼，只为少数人服务而不向公众开放，其功能也仅仅是实现文献的存藏和传递，公共图书馆的建立则标志着图书馆这一上位阶层的专属物走向社会公众，其职能从传承文献知识拓展到社会教化。在西方国家，统治阶级将公共图书馆视为一种社会政策，即利用公共图书馆这一手段达到缓和阶级矛盾的目的，以致资产阶级政治家在讨论公共图书馆法时，认为公共图书馆法的审议通过等于配备了最便宜的警察[③]。公共图书馆的出现，不仅是人类文明的重大进步，也是人类统治手段的重大变革，从专制走向民主，从愚民走向教民，这也是人类社会发展的重要进步。

近现代以来，在"思想自由""价值中立"等观点的影响下，公共图书馆逐渐弱化了其对社会公众的教化功能[④]，《公共图书馆宣言》1994年版也删除了相关表述。目前，业界对公共图书馆功能的普遍认知主要包括社会教育、信息保障、促进阅读、文化传播、休闲娱乐和促进社会和谐等。其中，社会教育、文化传播

① 谢灼华. 中国图书和图书馆史 [M] .3 版. 武汉：武汉大学出版社，2011：266.
② 耿达，傅才武. 塑造"公共文化"：近代图书馆建设与城市发展——以武汉为中心（1927—1937年）[J]. 图书情报知识，2016（3）：39-46.
③ 杨威理. 西方图书馆史 [M]. 北京：商务印书馆，1988：195.
④ 于良芝. 探索公共图书馆的使命：英美历程借鉴 [J]. 图书馆，2006（5）：1-7，31.

功能主要是信息、知识以及技能的学习与普及[①②③]，促进社会和谐功能也主要是指通过对图书馆的平等使用促进民主[④]、社会包容[⑤]与社会公正[⑥]。这些都主要从资源视角分析公共图书馆的功能，即公共图书馆利用其储存的信息、知识资源满足公众个体发展的学习性或休闲性需求。而本研究提出的公共图书馆的文化治理功能是对其文化功能的进一步延伸，所要实现的不仅仅是公民个体的愿求，更重要的是对国家和社会的治理效用。

2.2.2　公共图书馆文化治理功能相关研究

公共图书馆、博物馆、美术馆、文化馆等公共文化机构是文化治理实践的机构主体，它们共同构成文化分配的微观系统，通过微观物质机制对人的精神世界产生影响[⑦]。文化分配的微观系统使秩序的力量与原则对公众可见，并培养

---

① 黄宗忠. 充分发挥图书馆功能 [J]. 图书馆论坛，2011（6）：14-22.
② 柯平. 公共图书馆的文化功能——在社会公共文化服务体系中的作用 [M]. 上海：上海交通大学出版社，2010.
③ ERICH A. The public library and its role in the community[J]. Library and Information Science Research, 2015（19）：27-32.
④ KARGBO J A. The role of public librarians in disseminating information for true democracy[J]. Public Library Quarterly, 2014（33）：362-371.
⑤ RUIU M L, RAGNEDDA M. Between digital inclusion and social equality：The role of public libraries in Newcastle Upon Tyne[J]. Library & Information Research, 2016, 40（123）：69-87.
⑥ WIDDERSHEIM M M. Governance, legitimation, commons：A public sphere framework and research agenda for the public library sector[J]. LIBRI, 2015, 64（5）：237-245.
⑦ 徐一超. 聚焦"文化治理"：问题史、理路与实践 [J]. 中国文化产业评论，2014（1）：137-149.

人的一种自愿的自我控制能力[①]，这就是公共图书馆等公共文化机构所承载的文化治理意义与机制。早在 1888 年，托马斯·格林伍德（Thomas Greenwood）就将公共博物馆、公共图书馆、警力的提供以及街道的清扫等并列为英国主要城市市民自治程度的表征[②]。有研究者也提出公共图书馆、博物馆、美术馆、文化馆等公共文化机构通过微观物质机制对人的精神世界产生影响，使秩序的力量与原则对公众可见，并培养人的一种自愿的自我控制能力。也有研究者提出，公共文化服务并不仅仅是政府为公众提供的社会福利，更是文化治理的一种形式[③]。国家通过供给文化服务向社会输送意识形态价值，完成对社会的统摄[④]。因此，公共文化机构提供公共文化服务的过程实质上是一个公共性培育的过程，但在这一过程中民众并非被动地接受权力的规训，而是在逐步发觉和认识自身的社会主人公地位并积极认同于权力，最终实现社会认同。当今社会，人们的生活方式、利益诉求、思想观念和价值取向日益多元化，因此更需要利用公共文化服务在满足人们日趋个性化的精神文化需求的同时，传输主流文化与意识形态价值，以统领社会发展潮流。而公共图书馆等公共文化机构，则是实现这种传输的重要的辅助工具，是文化的社会治理功能得以践行的载体。例如，我国当代公共图书馆凭借其丰富的传统文化与现代文化资源，开展讲座、展览、阅读推广以及各种文化活动，成为培育和传播社会主义核心价值观的

----

① 托尼·本尼特. 本尼特：文化与社会 [M]. 王杰，强东红，译. 桂林：广西师范大学出版社，2007：239.

② GREENWOOD T. Museums and Art Galleries[M].London：Simpkin Marshall，1888：18.

③ 吴理财. 把治理引入公共文化服务 [J]. 探索与争鸣，2012（6）：51-54.

④ 王谓秋，任贵州. 公共文化服务体系共建共享的社会动因与路径选择——基于文化治理的视角 [J]. 图书馆理论与实践，2016（9）：61-65.

重要阵地。

关于图书馆所具有的这种治理功能，本尼特已做出相关论述[①]，他认为在图书馆等环境中审美文化变得可以触知、可以看见并且可以表演。而审美可视为塑造主体的治理性技术，通过对感性世界的审美介入，在文化空间构建广义的政治权力共享与共治模式[②]。本尼特还指出，19 世纪设置博物馆、美术馆和图书馆等公共文化空间就是为了实现塑造工人的任务，改变他们的行为，最终使他们成为谨慎的主体，拥有更优雅、更温顺的举止[③]。文化通过对社会个体与群体德性、行为的塑造与规训，对社会心理与社会行为予以优化，从而实现社会控制与导向功能，并对政治、经济等其他社会单元产生影响。而公共图书馆、博物馆、美术馆、文化馆等公共文化机构就是文化治理实践的机构主体。也有研究者开始探讨图书馆在文化方面的能动作用，如关于图书分类法中所隐含的文化倾向[④][⑤]，图书馆在文献的收集、整理、保存和利用过程中对社会文化产生的反向建构作用[⑥]，以

① 托尼·本尼特.审美·治理·自由 [J].姚建彬，译.南京大学学报（哲学·人文科学·社会科学版），2009（5）：48-59.

② 李艳丰.审美文化的治理性与当代美学话语的文化政治转向 [J].文学评论，2019（3）：12-20.

③ 托尼·本尼特.文化、治理与社会——托尼·本尼特自选集 [M].王杰，强东红，译.上海：东方出版中心，2016：328-331.

④ 袁学良.论古籍分类法体系构建的政治文化思想基础 [J].四川图书馆学报，2005（2）：77-80.

⑤ Wan-Chen Lee.Culture and Classification：An Introduction to Thinking about Ethical Issues of Adopting Global Classification Standards to Local Environments[J]. Knowledge Organization，2015，42（5）：302-307.

⑥ 傅荣贤.论图书馆的社会文化建构功能 [J].图书情报工作，2015（13）：31-36.

及公共图书馆对社区文化、城市文化发展的影响①②。还有学者从"人文化成"角度呼吁图书馆人文理性的回归③，并在关怀性思维下强调图书馆对人的文化成长的重要作用④。

目前，国内外明确将公共图书馆与文化治理二者相结合的研究尚不多见。国内学者张国圣的《后现代语境下公共图书馆的文化治理功能》一文⑤虽然引入了"文化治理"这一概念，但其探讨的主要是公共图书馆的多元、均等文化服务问题，并未体现出对社会发展的治理性。解胜利和吴理财的《公共图书馆的文化治理学——对一个省级图书馆的文化政治分析》一文⑥对湖北省图书馆新馆建设中蕴含的文化政治意图进行了解读，虽然该文仅分析了公共图书馆空间所表征的治理性，但它却撩起了公共图书馆文化治理研究帷幕的一角，对本课题具有一定的指引性。此外，曾茜基于本课题阶段性研究成果提出的公共图书馆文化治理功能概念讨论了广州图书馆读者委员会在完成公共性培育、实现公共图书馆文化治理功能方面的作用⑦，可以说是对本课题提出的公共图书馆文化治理功能概念的比较好的一次应用。

---

① SKOT-HANSEN D，RASMUSSEN C H，JOCHUMSEN H.The role of public libraries in culture-led urban regeneration[J].New Library World，2013，114（1/2）：7-19.

② KLOPFER L，NAGATA H.Contextual approach to understanding the socio-cultural function of a public library in Japan[J].Performance Measurement & Metrics. 2011，12（1）：66-77.

③ 刘亚玲 . 人文化成——图书馆社会教育功能的理性回归 [J]. 图书馆建设，2014（9）：7-10.

④ 刘亚玲 . 文化哲学视域下图书馆学科关怀性思维转向 [J]. 国家图书馆学刊，2016（4）：3-10.

⑤ 张国圣 . 后现代语境下公共图书馆的文化治理功能 [J]. 社会治理，2016（4）：117-124.

⑥ 解胜利，吴理财 . 公共图书馆的文化治理学——对一个省级图书馆的文化政治分析 [J]. 湖北社会科学，2014（9）：70-76.

⑦ 曾茜 . 文化治理视角下的读者服务创新——广州图书馆读者委员会的实践及探索 [J]. 河南图书馆学刊，2022（2）：102-105，110.

公共图书馆在意识形态价值方面对整个社会产生着影响，而这种影响是一种"文化治理"，并非"文化驯服"。文化治理对社会和人的影响和控制并不具有强制性，它是一种使人的思想和行为由内而外转化的过程，具有个体的主动性。"文化治理"也不同于"文明镇压"，前者重在"自我疏导"，后者意在"强力压制"，但意识形态价值的调节不是通过强迫手段就能实现的。促进社会的发展需要综合性的方法，公共图书馆则应成为这种方法的重要组成部分。公共图书馆作为文化的社会治理功能实现的载体，以辅助维护、优化国家与社会的运行的理念指引公共图书馆的发展，制定公共图书馆建设的相关政策，这对公共图书馆功能及其社会价值的实现有着重要意义。

对于公共图书馆的功能，业界囿于表层的信息、知识资源作用的发挥和满足各个单体民众的需求，而对功能目的的描述也在经济发展、社会资本、知识创新等方面相互独立，忽视了社会所具有的网络性及网络中的复杂关联机制，缺少国家、社会层次的关系性、系统性研究。业界曾经提倡的教化功能，因蕴含着一种强制性而更适用于集权制度下的独裁者，历史实践也已证明这种"镇压式"意识形态价值填充并不具有可持续发展性。而"文化治理"关注自我审视以及社会关系的重构，强调自治、自由、自我疏导，并利用对微观个体的影响实现宏观规模人口和社会关系的调整，最终实现对国家、社会的治理目的。但目前社会学领域对公共图书馆文化治理角色的分析多为列举性介绍，并未针对公共图书馆文化治理功能的表现与实现等进行较详细或深入的讨论；而图书馆学领域的研究则主要着眼于"公共图书馆—文化—社会（国家）"这一链条的前半段，即"公共图书馆—文化"，缺少对整个链条的贯通，也就无法参透公共图书馆在信息知识性教育之上对社会所具有的文化治理功能与效应。为了更好地助力我国的文化强国战略，并在我国努力完善国家治理体系的过程中实现最佳站位，公共图书馆亟须突破资源储存与服务机构的桎梏，将自己的社会功用升华至一个新的高度——文化治理，重构公共图书馆的发展路径，使其能够在推动国家、社会的改良与发展中做出更加重要的贡献。

第 3 章

公共图书馆文化治理功能的
内涵、表征与实践

3.1　公共图书馆文化治理功能的内涵与逻辑

公共图书馆的文化治理功能潜隐在其文化功能和教育功能之中，是其文化功能的延伸，是教育功能的终极目标。根据对文化治理的理解及公共图书馆所产生的文化治理效用的相关研究，可以将公共图书馆的文化治理功能界定为：公共图书馆利用所拥有的文化资源、打造的文化空间、开展的文化服务活动等，在社会秩序、社会认同、社会整合、公民培育等方面所发挥的作用，这种作用对提升社会治理水平有着积极的助推效应。

3.1.1　公共图书馆文化治理与社会秩序

社会秩序包括两个层面[①]：一个是外在秩序，即社会活动的组织体系及其规则系统；另一个是内在秩序，即为外在秩序提供合理性与意义的价值系统。外在秩序所要实现的是实用性、有效性、效率等功能性问题，内在秩序解决的则是正当性、权威性、神圣性等合法性问题。外在秩序的形成需要各种规则、规范、政策、法规等的约束，内在秩序的维护则有赖于文化的功能，文化知识使人们对权利、利益、价值等的分配和界定形成统一的认识，使人们之间的沟通和交流能够顺利开展。外在秩序和内在秩序共同保障人类社会的有序运行。

---

① 郭湛，王文兵. 文化自觉与社会秩序 [J]. 甘肃社会科学，2006（2）：13-16.

公共图书馆作为一种全民共享的公益性文化组织，其制定的读者入馆和身份管理制度、开放时间、借阅规则、读者行为规范、活动参与指南等是社会外在秩序系统的组成部分，不仅是对社会公众形成的一种约束，同时也是对公众的秩序意识与习惯的一种培育。这些限制性措施一方面可以提高公共图书馆的运行效率，另一方面则是对公众的社会行为进行的一种管理与优化，有利于提高公众的文明化水平。读者管理制度与规范是公共图书馆维护社会秩序的重要手段，是其实现文化治理功能的显性策略。

文化对社会秩序的维护有着重要的作用。作为一种公共文化机构，公共图书馆对社会文化有一定的引领作用，其本身就蕴含着一种社会秩序。公共图书馆是重要的公共文化服务机构，其对文献资源的整理、加工，对人类文化遗产的开发、利用，最终形成的是有序的文化资源。社会公众在利用这些资源的过程中也会受其蕴含的秩序的影响，体现在其行为上则是对公共图书馆资源的有序化使用，在提升其文化素质的同时维护社会秩序。同时，公共图书馆作为一种公共文化空间，其布局设计对社会公众也具有引导作用，在对公共图书馆文化空间所表达的顺序、关联的接受与互动过程中，公众的社会秩序意识得到强化。公共图书馆利用承载的文化内涵及其对文化的控制形式，建构并传达社会秩序，这是其实现文化治理功能的隐性策略。

社会秩序是基于利益才得以形成的[①]，公共利益的实现是维护良好公共秩序的目标，更是社会得以有序运行和发展的前提。对公共图书馆来说，保障公民的基本文化权益是其重要职责，也是其实现维护社会秩序功能的基础，而其对社会秩

---

① 黄谋琛. 社会秩序的治理机制 [J]. 党政干部论坛，2020（9）：31-33.

序的维护也是为了更好地保障公民的基本文化权益。只有在公民的基本文化权益得到保障的基础上，公共图书馆的文化治理功能才会有充分发挥的机会和空间。

3.1.2 公共图书馆文化治理与社会认同

社会认同指社会成员对社会核心价值体系所确立的主导价值原则、价值选择标准和行为道德规范的认知、接受和践行，一般包括利益认同、政治认同、文化认同，其中利益认同是社会认同的基础和前提，政治认同是社会认同的关键，文化认同则是社会认同的核心[①]。当个体、群体的社会认同趋于一致或被整合为相对稳固的认同结构时，社会认同就会发挥凝聚社会成员、稳定社会秩序的作用，社会认同是社会秩序的重要意识和情感来源[②]。目前关于公共图书馆与社会认同关系的讨论，集中于通过各种策略来获得社会公众对公共图书馆自身的认同[③]，但实际上，公共图书馆在社会认同方面还具有更加重要的作用，即凭借其文化治理功能强化社会公众对国家和社会的认同。

公共图书馆作为一种免费向社会公众开放并提供文献信息查询、借阅等相关服务的公共文化设施，其设立本身就是向社会公众提供的一种福利，在满足公众基本文化需求的同时增强社会公众的主体感，进而获得公众对国家和社会的认同。公共图书馆对公众基本文化权益的维护与保障，是对公众权益的尊重，有助于强化其利益认同。图书典籍从产生起就具有政治文化性，是传播政治文化的工

① 孙树文.论社会主义核心价值体系社会认同的内在逻辑——一个政治文化的分析视角 [J].云南行政学院学报，2013（5）：60-63.
② 张荣.新中国成立以来社会认同形成机制的发展及变迁 [J].社会科学战线，2016（11）：204-209.
③ 许军林.公共图书馆提高社会认同策略研究 [J].图书馆，2012（5）：46-49.

具，图书馆作为人类知识与文化的保存与传递场所，也是社会意识传递的物质载体，与政治文化有着密切的关系。文献是政治文化的载体，而图书馆则是移植这种政治文化的场所[1]。公共图书馆面向全体社会公众开放，其开展的文献资源服务，对政治认同的实现有着重要的促进作用。同时，公共图书馆大力提倡、推动均等化服务，可以让社会公众在心理上感受到社会的公平，这也促进了政治认同的产生。文化认同是一种重要的战略资源，是构建公众个人的自我认同和国家认同的基础，在维护国家利益和社会秩序的过程中扮演着积极而重要的角色[2]。公共图书馆承载着历史和文化，是社会文化记忆和情感的浓缩。公共图书馆开展的传统文化、地方文化等服务活动，向社会公众传递着文化思想和价值，在服务公众的同时作用于公众，推动着文化认同的实现。此外，公共图书馆开展的社会参与活动，如读者反馈、读者荐购、社会捐赠、社会化合作等，为公众提供了一种表达机制，满足了公众的参与和表达欲望，可以进一步增强其社会认同感。

3.1.3　公共图书馆文化治理与社会整合

社会整合是通过利益的调整和协调使社会个体和社会群体结合成为社会生活共同体的过程，即社会一体化的过程[3]。社会整合的本质是关系的协调和利益的协调，而利益不仅包括政治利益、经济利益，还包括文化利益。公共图书馆在社会整合方面所实现的文化治理功效，主要通过其对文化资源的整合、对服务群体的

---

① 刘惠平. 图书馆政治文化功能的历史考察 [J]. 中国图书馆学报，1999（6）：29-33.

② 俞楠. "文化认同"的政治建构：当代中国公共文化服务战略研究 [D]. 上海：华东师范大学，2008.

③ 杨信礼，尤元文. 论社会整合 [J]. 理论学习，2000（12）：28-31.

划分、对文化空间的设定及志愿活动的开展等来实现，通过实现公众的文化权益来达到社会整合的目的。

文化资源是对一个国家和社会的历史与现在的整体反映，公共图书馆对文化资源的整合不仅是通过组织和协调将文化资源关联成为一个系统的整体，同时也对社会公众的文化资源利用形成一种引导，对社会公众的行为方式形成一种协调作用。公共图书馆对服务群体的划分和对文化空间的设定通过聚类将社会公众结构化，这种结构便于管理和协调，形成一种社会整合系统。但结构化的目的不是区分，而是更好地向各种群体提供更具针对性的服务，更好地将社会公众纳入服务体系。公共图书馆不分年龄、种族、性别、社会地位等面向所有公众提供均等化服务，体现着一种包容精神，有利于促进社会包容性发展。志愿活动通过一定的组织形式把不同领域、不同文化背景、不同年龄的人聚集在一起，为公共图书馆的活动或项目的顺利开展做出贡献。志愿活动的开展可以增强公众的社会联系和归属感，在一定程度上有利于形成社会凝聚力，加深社会整合的程度。公共图书馆以读者为中心，为读者提供便利服务，这有利于增强社会公众的信任感和社会归属感。公共图书馆在运行过程中，协调着各种社会关系，包括政府与公众、公共图书馆与公众、公众与公众、公共图书馆与社会等，其对社会公众文化权利的实现也是对文化利益的一种协调，保障每位社会公众都可以享受文化成果，减少利益分化带来的消极影响，促进社会公平与和谐有序发展。

3.1.4　公共图书馆文化治理与公民培育

积极公民指积极参与公共生活，并承担责任的公民[①]。积极公民强调自由与责任、个体与社会的交融，主张个体在捍卫个人权利的同时也要勇于担当公共责任[②]。与之相对，消极公民倾向于将个体的自由和权利置于集体之上，将个体的自由视为重中之重，这种观念和做法容易导致个体与社会之间的分裂和疏离。积极公民是国家实现有效治理的基础，是维持社会稳定和繁荣发展的重要力量，对积极公民的培育有教育、参与等途径。公共图书馆作为重要的公共文化和社会教育设施，肩负着公民培育的重要职责，并将该职责的履行渗透管理与服务的方方面面。

在教育方面，《中华人民共和国公共图书馆法》第一条提出其制定目的之一为"提高公民科学文化素质和社会文明程度"。除了馆藏资源天然具有的文化输出效能，公共图书馆还通过展览、讲座、培训、阅读推广等活动，以及先进技术的应用和推广、创新性文化空间（创客空间等）的打造，向社会公众传递社会核心价值观，培育公众的文化素养和科学素质，提升公众参与社会公共事务的意识和能力。在数字化、智能化技术日益发展的今天，人类逐渐迈进数字世界，公共图书馆积极普及数字资源、建设数字化体验空间，以促进全体社会成员共同实现数字化转型，努力保障在数字化浪潮中"不让一个人掉队"。

在参与方面，《中华人民共和国公共图书馆法》第四十二条："公共图书馆应

---

① 邓大才，周珊. 积极公民的形成要件与进路：比较视角的案例研究 [J]. 财经问题研究，2022（2）：3-10.

② 叶飞. 道德教育与"积极公民"的培育——从以赛亚·伯林的两种自由概念谈起 [J]. 苏州大学学报（教育科学版）2019（4）：47-54.

当改善服务条件、提高服务水平，定期公告服务开展情况，听取读者意见，建立投诉渠道，完善反馈机制，接受社会监督。"这通过扩大公众的知情权，赋予公众参与的权利。该法第六条鼓励公众向公共图书馆捐赠，第二十三条提出要吸收社会公众参与管理，第四十七条要求对公共图书馆的服务质量和水平的考核"应当吸收社会公众参与""考核结果应当向社会公布"。公共图书馆采取各种参与措施为公众提供融入公共事务的路径，引导公众关注公共事务，培养其改善公共生活、建设公共秩序的意愿。

3.1.5　公共图书馆践行文化治理功能的内在逻辑

关于公共图书馆，业界普遍认为其具有信息保存与传承、社会教育、情报传递、促进阅读和休闲娱乐等职能[①]，其中社会教育主要是知识性学习与普及。这些并不能体现出公共图书馆的本质功能，再加上公共图书馆服务对象的广泛性，公共图书馆功能方向不清，服务职能的边界被模糊泛化。对公共图书馆功能的研究不能局限于公民个体的视角，从国家、社会高度俯瞰便会发现其价值不是消极地对信息、知识的以"藏"促"传"，而是在播撒文化的过程中实现一种社会序化。作为一种社会体制，公共图书馆的职责并非仅仅是保存与传承文化，更重要的是通过文化的散播培育社会的道德氛围和公共秩序，进而促进社会经济、技术等的发展。因此，公共图书馆对社会具有重要的文化治理功能。

图书馆是文献的集散地，文献是文化的载体，公共图书馆向社会公众提供各种文献服务的过程就是向社会空间播撒文化、传递行为秩序的过程。公共图书馆

---

① 汪东波.公共图书馆概论[M].北京：国家图书馆出版社，2012：19-22.

通过文化的散播，在意识形态方面对社会公众产生潜移默化的影响，对社会公众的工作、生活、娱乐等行为产生一定的调节作用，进而对整个国家、社会行为与心理进行纠偏，并从整体上推动国家社会的进步。古代统治阶级为了专权而采取愚民政策，故建"藏"书楼，文献仅供上层人士使用。当社会发展到一定程度，普通民众在意识形态方面的落后必然会导致其在行为能力方面的局限，从而成为社会发展的掣肘因素，这时仅依靠个别精英已无法带动社会整体的前进，亟须提升社会整体的文化层次。公共图书馆则应国家大力普及文化、开化民智之势而生。

但对于社会文化，公共图书馆并非被动地接受，而是在传承散播的过程中对社会文化发挥着其建构能力。无论在文献的收集、整序，还是利用环节，公共图书馆都直接影响着社会民众对文献的接受及对文化的理解，从而参与社会文化的塑造与定型。在文献收集、整理、组织过程中，公共图书馆通过对文献的筛选、排序与展示在一定程度上实现了对社会文化资源的整序，并在这种整序过程中融入其对文化的理解与表达，甚至选择性突显与隐匿；然后通过公众服务将其建构过的文化进行散播，悄无声息地对社会公众的意识形态产生影响，对其价值判断进行微调，进而优化社会行为。

公共图书馆文化治理功能的实现，并非运用强制手段向公众灌输文化思想，而是通过图书借阅、讲座、展览、公共空间等公众服务实现潜移默化的效果。这主要也是由"治理"本身的概念所决定的，治理不同于管理，它更突出人和社会的自主性、能动性，意在调理与改造。文化治理的实现有示范与规范两种理论路径[①]：示范式通过"展示与讲述"吸引个体作为主体参与客观知识与权力的表征体系，进而助推主体追求教养；规范式则是人作为客体被监督、规约，通过对他人评价的想象反观、审视自身，进而实现自我管理。前者通过积极、正面的表征系统调动主体能动性与认同感，后者则以他人为中介，通过被评价这一中间环节实现暂时性的抑制与规约，最终还是强调将他人评价转化为自我审视的内化机制，进而实现自我管理。从其运行特点可以看出，公共图书馆更多的是一种示范式的文化治理工具，它通过建筑空间、借阅系统、展览体系等表征文化，利用其信息组织体系向社会公众传达着文化倾向。对于其表征的文化内容，公众在反复鉴别吸收的过程中最终有选择地内化成自身的意识形态，进而实现价值与行为的优化。

例如，公共图书馆的展览能够透过其物质空间、物质材料所承载的设计策略传达精神性的信息与文化内涵，并对社会公众产生影响。公共图书馆的各种展览，是在特定目的的指引下对相关信息、知识进行筛选、整理，然后按照一定的顺序精心布置，其中渗透着文化理解与文化引导，并传达着一种秩序。这些展览使秩序的力量与原则从抽象到具体，对参观人群可见，而参观人群则在观展这一过程中得以被转化[②]。这种转化就实现了对公众的塑造，即通过示范践行了公共图书馆的社会文化治理功能。同时，在观展过程中社会公众是积极的认识主体，而并非强迫接受，人们在自我认知的过程中实现自我调整。由此也可以看出，建筑空间设计、文献布局、展品布置等物质载体与机制对公共图书馆的重要性。为有

---

① 徐一超 . 聚焦"文化治理"：问题史、理路与实践 [J]. 中国文化产业评论，2014（1）：137-149.

② BENNETT T. The Birth of the Museum: History, Theory, Politics[M]. London and New York：Routledge，1995：62-63.

效传递文化策略，公共图书馆的建设应避免数量达标、外表光鲜而内里粗制滥造等现象。

虽然公共图书馆面向公众平等开放，但由于公众在心理基础、接受能力等方面存在差异，其对公众的作用不可能实现同质化，即文化治理并非也不能实现文化单一。文化治理的目的是疏通社会心理，培养社会共同的价值观念，通过达成社会共识形成国家的文化凝聚力，进而协调完善各种社会关系。同质化不是文化治理的初衷，文化永远是在统一的基础上呈现多样性特征。

社会文化治理借助文化解决国家、社会发展中的经济、政治问题，优化整个社会运作体系；公共图书馆作为社会文化治理体系的一种文化载体，则通过自身功能的发挥，辅助实现国家、社会的良性运转。保障民众平等的公共图书馆权利，从民众需求的角度来看是民众的权利；但从国家的角度来看则是公共图书馆需要面向全社会扩散文化，实现其作为国家文化机构的文化治理功能。对公共图书馆来说，满足民众的文化需求与经由文化的散播教化民众疏导社会，是"一枚硬币的两面"。

3.2　公共图书馆文化治理功能的特征

公共图书馆的文化治理功能在微观社会中渗透、生成，其展开文化治理的过程不仅是散播文化、培育民众的过程，也是社会公众参与文化活动、享受文化权利的过程，社会公众在与公共图书馆的互动中通过协商产生心理认同和价值共识。无论图书借阅，或是咨询、展览、讲座等，还是各种线上、线下的阅读推广活动，都为规范社会成员的行为、构建社会秩序营造了良好场域。图书馆的文化资源建设和各种服务活动的开展，注重价值引领，凝聚共识，营造现代公民意识，在实现心理认同和价值共识的基础上塑造社会共同体。公共图书馆文化治理功能的实现离不开社会公众的积极参与，在规范行为和凝聚社会的过程中，公共图书馆努力寻求一种制约与合作的平衡点，再加上文化治理本身的潜在性、诱导性，公共图书馆的文化治理功能具有社会性、开放性、协同性、福利性、潜隐性这五种特征，具体阐述如下。

3.2.1 社会性

公共图书馆的文化治理功能是为人类社会的发展而服务的，这是其社会功能。农业社会将与血缘、家庭紧密联系的社会身份、等级作为社会治理的工具，承认并冻结人与人之间的差异；而在工业社会，社会身份和等级逐渐瓦解，并尽最大可能地消除个体差异[①]。公共图书馆的出现在某种程度上就是现代社会消除个体差异、加强社会控制的需要。正如公共图书馆设立之初对工人的塑造，是在国家的功能转变为教育者的背景下使工人阶级提升文化道德水平并向资产阶级靠拢的措施。随着社会的发展，公共图书馆也在不断发展、演变和完善，其服务形式越来越多样：展览、讲座、阅读推广等活动，提升公众的文化鉴赏能力和参与热情，从而起到调适心理的作用；各种读者活动需要参与者在活动中相互配合、共同合作，这就促进了公众的社会交往和情感沟通，增强了社会的凝聚力，同时通过活动的参与还可以规范人们的行为，进而提高人们的素质。公共图书馆以其所

① 谢新水.数字技术对人的解析：社会功能与社会失范[J].浙江学刊，2021（3）：47-55.

承载的文化治理功能参与社会治理场域中，调节民众心理，增强公众社会交往，强化社会秩序意识，加强社会凝聚力，促进社会的和谐、稳定、创新发展。

3.2.2　开放性

公共图书馆是一种开放的社会空间，其文化治理功能也具有一定的开放性，具体体现在公共图书馆根据内外部环境的变化对新的文化治理功能实现路径的追求上。当内外部环境发生变化时，具有开放性的公共图书馆文化治理功能能够适时调整实现策略，根据变化的环境去选择新的表征形式。从传统图书馆到数字图书馆再到智慧图书馆，从单纯的图书借阅服务到以各类型资源和技术为基础的形式多样的读者活动，从单调、局促的阅览室到宽敞、先进、灵活多样的建筑空间，随着经济、技术的发展不断创新、完善，公共图书馆承载文化的构件与体系，并回应着国家、社会及公众的需求。公共图书馆文化治理功能的开放性能够使其与国家、社会保持同步，降低公共图书馆因受制于旧思维的影响而成为国家和社会发展的绊脚石的可能性，更有效地为国家、社会服务是公共图书馆实现可持续发展的基础。作为国家和社会的有机组成部分，公共图书馆的开放性使其在纷繁复杂的环境中始终保持旺盛的生命力，其文化治理功能的开放性是保证公共图书馆承载的文化效应能够顺利、有效发挥的前提和基础，也是实现与国家、社会、行业、公众协同的重要条件。

3.2.3　协同性

公共图书馆文化治理功能的实现需要公共图书馆之间、公共图书馆与其他文化机构之间、公共图书馆与社会公众之间、公共图书馆与国家治理之间相互协同。公共图书馆之间展开跨区域的合作，可以扩大资源和服务的影响力，使其活动的文化效应能够覆盖更广的区域，实现更大范围的文化治理效能，进而促进不同区域之间的社会协调，在一定程度上推动国家的整体发展。公共图书馆与博物馆、文化馆、美术馆等在文化资源开发利用方面的协同合作，不仅有利于国家资源的整合，还可以实现不同文化机构文化治理功能的叠加效应，更充分地发挥文化设施、文化资源在国家、社会建设中的作用。公共图书馆凭借凝聚社会、整合群体意识为现代化国家治理体系的形成提供的基础性作用不是单向的，而是一种双向互动机制。相关研究指出，公众对公共文化生活的参与可以提供一条形成公共秩序的文化途径，这将有助于在公共领域中重构文化主体性价值[①]。在公共图书馆文化治理功能的实现过程中，公共图书馆与社会公众之间也是一种共同协商的关系，公共图书馆施展各种推广措施吸引公众接受其文化治理活动，公众也根据自身的偏好和需求决定是否介入、如何介入公共图书馆的文化治理场域，在与公众的协商过程中，公共图书馆的文化治理功能得以实现。《中华人民共和国公共图书馆法》第二条明确了公共图书馆是开展社会教育的公共文化设施。该法第三条则指出，公共图书馆应当坚持社会主义先进文化前进方向，坚持以社会主义核心价值观为引领。公共图书馆文化治理功能的践行应始终保持与国家治理方向高度一致，在与国家治理的协同发展中实现公共图书馆推动国家进步、促进社会发展的重要使命。

---

① 　吕晓东.城市文化治理：让文化成为城市发展的灵魂[J].青年学报，2017（4）：101-106.

3.2.4 福利性

公共图书馆的文化治理功能是依附在其提供的文化服务之上而实现的，它在增强社会凝聚力的同时还提升了民众的素质，从而提升民众在社会中生存与发展的能力，具有一定的福利性，是一种发展性福利。发展性福利强调个人能力的培育，认为人力资本的建设或者人力资本的投资是促进社会进步与摆脱贫困，进而实现社会发展目标的主要措施之一[①]。基本文化需求是每个公民所必需的，它影响着社会的价值体系和文化秩序，国家通过免费或低价为满足百姓的基本文化需求而提供基本公共文化服务，既可以在百姓享受服务的过程中增强其对政府的合法性认同，又可以通过文化产品传递国家意识形态和核心价值观[②]。公共图书馆是国家公共文化服务体系的重要组成部分，其所承载的文化治理功能在实现国家善治目标的同时也实现了对文化福利的一种传送，即公共图书馆文化治理功能在具有治理性的同时也具有福利性。

3.2.5 潜隐性

公共图书馆的文化治理功能源于其所承载的文化，文化通过公共图书馆、博物馆、美术馆等社会机构组成的微观分配系统在整个社会中实现毛细血管式分布并发挥其功用[③]。在这个文化微观分配系统中，公共图书馆不仅承载着社会记忆，

[①] 苏昕，赵琨. 发展性福利视域下中国贫困的可持续治理 [J]. 山西大学学报（哲学社会科学版），2019（6）：73-79.

[②] 张良. 论国家治理现代化视域中的文化治理 [J]. 社会主义研究，2017（4）：73-79.

[③] 托尼·本尼特. 文化、治理与社会——托尼·本尼特自选集 [M]. 王杰，强东红，译. 上海：东方出版中心，2016：307-319.

记录着国家和地方的文化历史以保障社会传承的连续性、稳定性，同时还传播主流文化、引领意识形态、塑造国家认同，利用其丰富的资源和不断创新的服务将文化渗透人们的日常生活，潜移默化地培育国家公民，实现其文化治理功能。公共图书馆文化治理功能的实现不直接进行宣教，也没有成形的教案，而是潜隐在文化产品、文化服务、文化空间中，以润物细无声的方式调节主体意识、规范社会行为。公共图书馆的阅览、娱乐、社会教育等功能都蕴含着文化调节作用，文化治理功能体现在公共图书馆服务的各个方面，含蓄地实现着推动和促进公众与社会共融的作用。

3.3　公共图书馆实现文化治理的原则

3.3.1　公众权益原则

公共图书馆与社会公众之间是一种利益共同体的关系，公共图书馆的存在与发展有赖于对公众需求的满足、对公众文化权益的实现，公共图书馆为国家和社会的发展而培育公民、优化和巩固秩序的治理性能力的实现同样以公众权益原则为基础。公众到公共图书馆参观展览、阅览图书、参加活动、听讲座等行为都是为了实现自我学习和获得体验，这也是公众的文化权益。公共图书馆只有在保障公众能够享受到这些文化权益并有效满足其需求的基础上，才能吸引公众参与到其治理场域中并顺利实现治理目标。而缺少公众参与的公共图书馆，是无法将公众纳入治理场域并向其传递治理信号的。随着社会的变迁，公众权利意识大大增强，其判断、评估自身权益满足程度的能力也得到提升，公共图书馆应以谦逊而非自卑的态度面对自身角色的转变，将文化供给由单向自主向双向互动转变，结合公众的需求和自身的资源动态筹划为公众提供服务，在保障公众权益的基础上发挥文化治理功能。

3.3.2　共同协商原则

公共图书馆的文化治理功能基于自身蕴藏的文化内涵向社会公众传递修身、向上的信号、知识和意象，在实现着社会塑造功能的同时为公众提供文化营养，但公众是否会吸收、如何吸收、吸收多少则基于自身的文化水平和需求，而公共图书馆的文化治理功能只有得到社会公众的积极参与、互动和反馈才能充分发挥效用。因此，公共图书馆的这种文化治理需要与公众展开互动并不断地磨合，形成一种对话、一种协商，公共图书馆与公众的共同协商是其实现文化治理功能的重要保障。在协商的过程中，公众的文化水平和公共图书馆的服务能力，公众参与社会的能力和公共图书馆的文化治理效果，同时得到提升。公共图书馆在资源建设、服务创新、实体或虚拟空间设计等活动的实施中积极回应公众的诉求，在整合、协调公众价值取向的基础上进行拓展和深化，这样既可满足公众的民主诉求，同时又可实现公共图书馆的价值引导作用。公共图书馆与社会公众在共同协商的过程中不断契合，公共图书馆在社会网络中的地位愈加稳固，公共图书馆的话语权不断增强，其文化治理功能得以充分显现，最理想的效果就是公共图书馆与社会公众之间形成一种文化互证的关系。

3.3.3　充分表征原则

鉴于公共图书馆的服务对象是全体社会公众，其对文化的表征应对所有社会群体有意义和效力，即能够被所有社会公众所理解和吸收。相应地，公共图书馆文化治理功能所要达成的也是一种对社会的整体性建构，追求充分满足不同社会群体的文化与价值需求并塑造整体性的社会认同，因此充分表征是公共图书馆构建文化治理功能实现方法与技术体系的重要原则与标准。公共图书馆利用资源体系、服务体系、空间体系等实现文化的外化与表征，使文化成为社会公众可见、可触、可感知的具体化存在，进而履行面向社会公众的文化治理功能。资源、服务、空间提供的不同的表征形态以多样化的形式充分表达公共图书馆的基本文化价值和规范，并充分回应不同社会群体的多元文化需求，促进社会公众对公共图书馆传递的文化与价值的吸收。在这种表征与吸收中，公共图书馆实现其对社会行为的整体性塑造功能，达成对社会秩序的一种共同筹谋。

3.4　公共图书馆文化治理功能表征系统

表征是一种能动过程，公共图书馆通过自身的话语体系建构文化表征空间，成为文化表征的实践领域并具有了文化治理功能，公共图书馆需要运用各种策略与机制使其文化治理功能能够有效地作用于社会公众。空间、资源及服务是公共图书馆进行社会文化展演的媒介，由此可获得在场者的文化认同和审美自治，从而实现文化治理功能。在维护文化多元性的基础上，公共图书馆通过空间设计、资源建设、用户服务对社会公众产生潜移默化的影响，实现其文化治理功能。公共图书馆文化治理功能表征系统如图 3-1 所示。

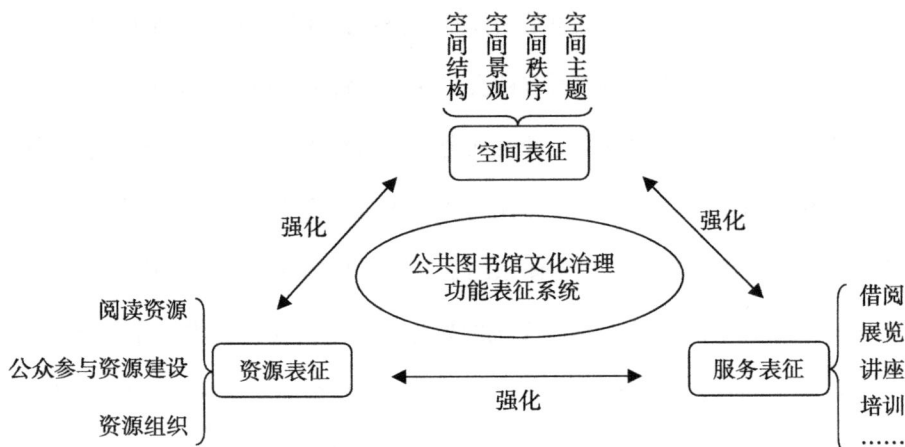

图 3-1　公共图书馆文化治理功能表征系统

3.4.1　空间表征与实践

空间不仅指物理空间，也是一种社会关系[①]；空间不仅是物质空间，还包括仪式、场域、惯习和权力的文化空间。进化论者将共时性的空间作为承载人类文化发展不同阶段的载体，而传播论者将空间视为文化扩布的点、线、面的结构[②]。在国家治理实践中，文化空间发挥着身体规训与身份认同的文化隐性权力的治理性功能，不断塑造具备公共精神的公共人与现代公民，培育社会公共性与政权合法性[③]。作为国家重要的公共文化空间，公共图书馆空间兼具物理现实性和文化体验

① 黄应贵. 空间、力与社会 [J]. 广西民族学院学报（哲学社会科学版），2002（2）：9-21.

② 姜又春，禹四明. 侗族村寨聚居模式的空间结构与文化表征 [J]. 原生态民族文化学刊，2017（3）：82-87.

③ 李山. 文化空间治理：作为文化政治的行动策略 [J]. 学习与实践，2014（12）：103-110.

性，以公开化和可视化手段实现公共图书馆的文化治理功能。公共图书馆是免费向社会公众开放的空间，同时它也是考验公众、培养一种自愿的自我控制能力的场所，公众在审视公共图书馆空间的同时还看到了自己，并使自己的行为顺应所在的场景，达成文化自治。

对于公共图书馆空间表征中蕴含的文化治理意图，有研究者以湖北省图书馆新馆为例进行了探寻[①]。他们提出，公共图书馆空间结构的规划由空间秩序构想主体和国家意志的执行者制定决策，受到国家政策话语和意识形态及当地政治文化的影响，所构建的空间表征也打上了国家意志和意识形态烙印及贴上了当地文化的标签。例如，公共图书馆空间的宏大使公共图书馆成为国家逐渐强大的政治、经济、文化权力化身，可以激发国民的认同感和自豪感；而公共图书馆空间营造的景观化、美学化则隐藏了层级化的文化规训，置身其中的读者需要以合宜的文化素养来展演身体言行，从而形成自我审视、自我节制和自我调整；湖北省图书馆新馆建筑主体造型的"楚天鹤舞，智海翔云"主题充分展现了荆楚文化内涵，旨在构建地方文化认同。

美国加州南部的一个社区图书馆——拉霍亚瑞夫特图书馆将其建设历史以时间轴的形式做成历史档案，张贴在借阅台旁边的玻璃橱窗中；并以专门的档案室保存图书馆重要的历史资料，包括社区规划地图、以缩微胶卷形式保留的老报纸，同时档案室还负责口述史和家谱的整理[②]。公共图书馆专设的历史记忆空间展

[①] 解胜利，吴理财.公共图书馆的文化治理学——对一个省级图书馆的文化政治分析[J].湖北社会科学，2014（9）：70-76.

[②] 郑红.公民精神与公共空间的互生和强化——以拉霍亚瑞夫特图书馆为例[J].建筑与文化，2022（12）：20-22.

现了对共同记忆的珍视，激发了居民对社区的认同感和亲近感，夯实了社区居民作为一个共同体的心理基础。拉霍亚瑞夫特图书馆还在访问率较高的地点设置了大面积的捐款墙，并且对最低捐款额的要求较低，以尽可能多地展示捐款人，从而促成公民精神的扩展和强化，最终将会使其成为一种传统。公共图书馆的空间可以强化历史记忆，可以强化公众的奉献精神，进而提升社会认同和公民精神。

作为天津滨海新区文化地标重要工程打造的滨海图书馆，从正面看是一只巨大的眼睛，寓意"滨海之眼"，观察着所在的城市，也引导着人们去探究世界。同时，眼睛造型也深刻阐释了滨海图书馆的使命愿景——你在我眼里，我在你心里，体现出浓浓的人文关怀色彩。滨海图书馆中庭利用阶梯式上升和下沉的形式构建"书山"造型，增加人们攀爬阅读的行为感受[1]，营造着"书山有路勤为径""知识无限""逐理求索"的意境，引导人们奋进、探索未知。虽然"书山"上的读者很多，但都自觉保持安静，在"看与被看"中，人们寻找着自己的定位，遵守着场景中的行为准则，匹配着相应的情感与态度[2]，最终形成一种认同。

空间是人类生活方式的文化表征场域，空间的秩序和象征作用具有鲜明的政治性和意识形态性。作为国家开展公共文化服务的重要机构，公共图书馆的空间必然要表征一定的意识形态和社会文化。精心设计的图书馆建筑空间可以使读者在进入图书馆后获得最大的收益，在公共图书馆创设的体验空间中，文化概念、文化景观、文化秩序影响着读者的文化体验，读者的身体空间、心灵空间与公共图书馆空间呼应和比对，进而形成读者的审美意识和文化认同。公共图书馆空间

---

① 刘佳其. 浅谈滨海图书馆的空间设计 [J]. 艺术科技，2018（6）：185-186.

② 陈辉，姜丽娟. 文化场景视域下图书馆阅读空间视觉效能研究——以天津滨海图书馆为例 [J]. 城市建筑，2021（6）：88-91.

与社会文化因素融合，以表意、象征、隐喻等方式构建文化空间，公众在公共图书馆空间结构的游历中可以实现素质的提升。

3.4.2　资源表征与实践

文献资源是公共图书馆空间存在的基础，也是公共图书馆的核心内容。文献是文化传播的重要载体，阅读文献是提升公众素养和自我调适能力的直接途径，阅读行为能影响个体对社会公正的认知[①]、促进人们的亲社会行为[②]。因此，阅读资源是公共图书馆实现文化治理的直接媒介，而对阅读资源的推广也一直是公共图书馆重要的服务工作，通过对阅读资源的推广传播文化、凝聚共识，扩大公共图书馆文化治理的影响范围。近年来，公共图书馆大力推广的阅读资源从主题来说有地方文献资源、红色文献资源、古籍资源、经典阅读资源、科普文献资源等，其推广渠道从馆内物理空间拓展到网站、社交媒体等，合作主体包括家庭、学校、书店、公园、新闻媒体等，推广对象涉及婴幼儿、青少年、老年人等各类群体。2021 年我国城镇成年居民在使用过的公共阅读服务设施中，对公共图书馆的满意度最高，达 77.1%[③]。公共图书馆的阅读资源在知识传播、文化传承、文明提升等方面发挥了积极作用，促进了公民素质的整体优化，有效推动了社会的健康发展。

---

① 姚君喜.媒介接触与社会公正认知、态度及行为——以上海在校大学生为对象的实证研究 [J]. 现代传播（中国传媒大学学报），2012（3）：12-18.

② 李武，艾鹏亚，周冬.阅读使人更亲社会吗?——一项基于 CGSS 数据的初探 [J]. 中国出版，2020（16）：8-14.

③ 中国新闻出版研究院发布第十九次全国国民阅读调查结果 [EB/OL].[2022-06-12].

公众对公共领域文化生活的充分参与可以提供一条形成公共秩序的文化途径，它将有助于在公共领域中重构文化主体性价值[①]。公共图书馆努力将社会公众引入资源建设过程，如读者决策采购、众包等项目，对公共图书馆资源建设的参与可以使公众认识到参与公众事务既是权利又是义务，从而培育公民的参与意识、责任感、互助精神及主人翁精神，为构建良好的社会秩序奠定基础。即公众参与资源建设在调动社会公众自主性、营造现代公民意识的基础上实现公共图书馆的文化治理功能。文化治理的终极目标在于营造一种黏合的心理认同和价值共识基础上的社会共同体[②]，由公众参与的资源建设活动不仅有助于培养现代公民意识，还将社会公众组织在了一起，提高了社会凝聚力并加深了社会协作程度。

公共图书馆文化治理功能的资源表征不仅是文献资源本身携带的文化元素，还在于公共图书馆利用分类、组织、展示等技术和方法形成资源体系过程中内嵌其中的文化导向。资源组织是公共图书馆实现文化建构的重要方式，其形成的文化导向则是体现公共图书馆文化治理能力的重要元素。信息组织技术是公共图书馆的核心技术，其发展水平是衡量公共图书馆存在价值的重要标准，信息组织过程中形成的文化导向是其作用于社会的重要方式，是体现公共图书馆文化治理能力的重要元素。公共图书馆在文献收集、整理、组织过程中对社会文化予以整序，而这种整序蕴含着其对文化的理解与表达，甚至筛选。文献分类法在组织和整理文献的同时声称着一种文化信念，图书馆利用其信息组织技术总结、构建文

---

① 吕晓东. 城市文化治理：让文化成为城市发展的灵魂 [J]. 青年学报，2017（4）：101-106.

② 王慧斌，董江爱. 文化治理：乡村振兴的内在意蕴与实践路径 [J]. 山西师大学报（社会科学版），2020（2）：14-20.

化系统，然后再通过各种服务活动传达给社会公众[①]。对于文化，图书馆并不是被动存在，它不是社会文化的被动产物，也不是被动地接受社会语境的规约，图书馆并不是一个中立的中介机构，在文献收集、整理、保存和利用过程中它以自身独特的方式建构着社会文化[②]。文化环境会影响分类体系中的术语、概念识别，以及命名、分类、主题焦点、引用次序等的界定，而分类体系也会对文化产生影响，如杜威十进分类法（DDC）中存在的文化设定就影响着引进该分类法的地区的文化[③]。中国古代文献分类的宗旨最终也落在伦理教化、整饬思想秩序的功能上，通过文献分类活动把统治集团认可的"经义"（王道）突显出来，通过树立经典、经学至高无上的地位来教化民众，以达到"治民"和"治国"的目的[④]。图书馆利用其信息组织技术总结、构建文化系统，然后通过公众服务将其予以散播，影响着社会公众的价值判断，引导文化接受，对其意识形态产生影响。

此外，文化产品可以生产和形成文化影响力、吸引力和感召力，公共图书馆基于自身资源开发与推广文化创意产品，一方面可以满足人民日益增长的精神文化消费需求的多样性，另一方面也传播着思想文化、价值理念，从而实现文化治理功能。当前，文创产品开发已经成为公共图书馆价值彰显和服务内容创新的重要发展路径。2016 年发布的《关于推动文化文物单位文化创意产品开发的若干意

---

① 傅荣贤，李满花，王宏义. 从文献服务到文化建构：论图书馆既是职业也是事业 [J]. 大学图书情报学刊，2015（5）：5-9，20.

② 傅荣贤. 论图书馆的社会文化建构功能 [J]. 图书情报工作，2015（13）：31-36.

③ Wan-Chen Lee. Culture and Classification：An Introduction to Thinking about Ethical Issues of Adopting Global Classification Standards to Local Environments[J]. Knowledge Organization，2015，42（5）：302-307.

④ 蒋永福. 尊经重教以成"为治之具"——中国古代文献分类活动的思想宗旨 [J]. 中国图书馆学报，2012（2）：117-125.

见》明确要求文化文物单位依托馆藏资源发展文创产业，开发文创产品。此后，公共图书馆立足本馆特色典籍资源，积极开发文创产品，频频推出创新举措：成立研发中心或相关内部机构，设计研发种类齐全的产品式样，成立全国范围内的合作开发联盟与共建共享平台，举办文创产品成果展或参与大型展销会，广泛开展"线上＋线下"多渠道营销，等等。国内许多公共图书馆均在此新兴领域有所作为。例如，广东省立中山图书馆以馆藏清末民初广东石印画报为素材，设计了描绘岭南风俗文化的系列明信片；上海图书馆以《周易》《妙法莲华经》等馆藏精品文献为创意来源推出领带、桌上屏风、丝巾等衍生产品[①]。

3.4.3　服务表征与实践

作为一种具体的文化实践活动，公共图书馆提供的服务项目和服务产品具有一定的文化影响力、吸引力和感召力，是公共图书馆文化治理功能的重要表征和实现途径。借阅服务是公共图书馆向社会公众传递文化资源的直接表达，公众主动借阅的文献资源有助于其在自我完善中实现文化素养的提升，培养自治于社会的能力，促进个人与社会的和谐发展。在新的社会发展与技术环境下，公共图书馆不断创新借阅服务形式，以实现更好的资源传递与文化传播功能。例如，获得 2020 年度国际图书馆协会联合会（IFLA）国际营销奖的广东省佛山市图书馆的"邻里图书馆"项目，该项目以家庭为基点向邻里、亲戚、朋友提供借阅服务，鼓励家庭阅读资源参与社会共享，从而盘活了市民的藏书资源，营造出良好的阅读氛围。"邻里图书馆"项目引导、支持家庭发展成为民间阅读推广的主体，不

---

① 　马祥涛 . 关于图书馆文创产品开发未来发展的思考 [J]. 山东图书馆学刊，2021（4）：16-22.

仅把书送到市民家门口，还以书为媒打破了现代社会的社交隔阂，融洽了邻里关系[①]。当前公共图书馆已广泛普及的自助借阅服务，除了可以为社会公众提供便捷的借还书服务外，还增强了所在地区的书香氛围，在某种意义上也是社会自治的一种表现。而公共图书馆推出的信用借阅服务允许读者凭借个人信用享受免押金借阅，则有助于增强公民的信用意识，助推诚信社会的建设与发展。

公共图书馆的展览活动，其文化功能在于向人们展示从内部塑造公民的一系列文化知识、文化秩序及知识与秩序之间的关系，无论时事教育展还是专题作品展，都通过传达精神性的信息与文化内涵对社会公众产生影响。当前公共图书馆展览的内容与形式多样：从主题内容看，有红色记忆展、科普教育展、历史文化展、艺术作品展、民间工艺展等；从组织形式看，有图书文献展、图片文字展、历史文物展等；从举办主体看，有馆办展览、联合展览、巡回展览。公共图书馆的展览既可以在线下举办，也可以在线上举办，还可以在线上、线下共同开展。这些展览不仅可以弘扬文化、提升社会公众的科学与文化素养和审美情趣，还有助于引导社会认同、培育核心价值观，进而增强社会凝聚力。例如，上海图书馆自 1996 年以来已举办展览 1 000 多场，并形成"上图展览"品牌，累计接待观众 600 多万人次，以立体化、多元化形式提升社会公众的文化体验，凝结社会共同体[②]；天津图书馆于 2000 年开始将展览业务列为每年的重点工作之一，一般情况下，每个月都会有新展览推出，天津图书馆现已成为天津市文化宣传的重

---

① 邻里图书馆：让书香溢满左邻右舍 [EB/OL].[2022-06-12].

② 张晓翔.公共图书馆展览服务助力体验式阅读推广——以"上海图书馆展览活动"为例 [J]. 新世纪图书馆，2021（8）：32-36.

要平台①；为解决部分市县级公共图书馆经费不足、资源匮乏、设施设备落后的问题，2010 年由浙江省文化厅牵头、浙江省图书馆主导、浙江省各市县公共图书馆共同参与成立了浙江省公共图书馆展览联盟，以提升浙江省公共图书馆整体服务能力，充分发挥各馆优势资源②。该联盟的建立实现了展览资源的浙江全省共建共享，真正把展览办成了传播先进文化、提高公众素养的社会大课堂。

各种专题讲座和培训班是文化传播、交流的有效方式，公众在倾听、互动的过程中获得更深刻的文化理解，进而实现自我提升与塑造。在我国近代，社会教育受到知识精英和国家政权的重视，知识精英希望通过教育的手段培养现代国民，并经由国民性改造实现民族独立、建立现代化国家，政府层面则更看重社会教育在地方控制与民众动员方面的作用③。社会教育是现代公共图书馆的职能之一，讲座和培训则是公共图书馆履行社会教育职能的重要方式。2006 年，文化部（现文化和旅游部）办公厅下发了《关于深入开展公共图书馆讲座工作的通知》，各地公共图书馆纷纷结合本馆的优势和本地文化特点开办讲座，讲座品牌如雨后春笋般涌现，如湖南图书馆每周末开展的"湘图讲坛"便以弘扬湖湘文化为主线邀请各界名家开展讲座，甘肃省图书馆的"陇上文化行"项目利用讲座、展览、竞赛、读书等活动推广甘肃特色文化。广州图书馆电子阅览室从 2007 年开始举办爱心计算机俱乐部，免费为老年人开办计算机培训班，2013 年 6 月培训班受众又扩大到外来务工人员、留守儿童等，培训内容也延伸至微信、手机 APP 等新技

① 高原春.公共图书馆展览业务的发展与探索——以天津图书馆为例 [J].图书馆工作与研究，2008（6）：97-99.

② 郑健.浙江省公共图书馆展览联盟的建设与发展研究 [J].图书馆研究，2014（5）：16-19.

③ 赵倩.现代化语境下的民众教育与社会改造：1928—1937 年北平地区民众教育馆研究 [M].北京：中国人民大学出版社，2015：1-3.

术应用及数字信息素养。该培训活动每年举办 3~4 期，截至 2021 年 10 月，已举办相关免费培训 400 余场，惠及约 1.6 万人次^①。在当前国家加快构建现代公共文化服务体系和增强文化自信、构建文化强国的时代背景下，公共图书馆通过深入挖掘优秀传统文化和地方文化的丰富内涵并积极使之融入新时代，滋养民众的心灵，促进和谐社会建设。同时，作为一种兜底性公共文化服务机构，公共图书馆也致力于保障社会公众跟上时代的发展，促进社会公众素养的整体提升，讲座和培训是公共图书馆实现文化治理功能的有效措施。

　　公共图书馆服务具有普惠性、多元性等特征，普惠性体现在公共图书馆向所有社会公众提供公益性服务，所有社会公众免费享受公共图书馆基本文化服务；多元性则是指公共图书馆的服务对象多元化，并支持多元文化服务。公共图书馆是一所没有围墙的大学，具有极强的社会穿透力，可以造就人的心理和人格，改善人的思想道德、思维方式和社会心态，引导读者的行为取向^②。而公共图书馆的这种效用则源于其所提供的文化服务在维系社会秩序和社会稳定方面的特殊作用，源于文化服务中所蕴含的精神信仰、思想理论、道德风尚和价值观念的指引作用。公共图书馆为各种服务群体提供多元文化服务，使其服务覆盖社会各个角落，并为各种群体提供适用的不同的文化服务，使其服务能得到广大社会公众的普遍接受，这样其文化治理功能就能得到最大限度的延伸、渗透，进而对整个社会发挥作用，公共图书馆的使命得以充分实现。从"县县有图书馆"到基本服务全部免费，从杭州图书馆不拒绝乞丐入内到东莞图书馆农民工的留言，均体现了

① 广州图书馆普及数字培训，升级助老服务——记"广图·蓝马甲公益行"系列活动 [EB/OL].[2022-10-08].

② 樊广玲.公共图书馆对弱势群体知识援助探讨 [J].图书馆论坛，2005（2）：54-55，81.

公共图书馆文化服务的普惠与多元，公共图书馆面向各类群体努力践行《公共图书馆宣言》（1994 年）中所倡导的"在人民的思想中树立和平观念和丰富人民大众的精神生活"①。

对公共图书馆来说，空间是资源和服务的承载，资源和服务是空间的内容；资源是空间和服务的内在，空间和服务是资源的表达；服务是资源和空间的外化，资源和空间是服务的支撑。空间表征、资源表征和服务表征互为依托和助力，相互强化作用和内涵，空间表征的发展为资源和服务提供更新颖的承载体，资源表征的发展为空间和服务提供更丰富的内涵，服务表征的发展则为资源和空间提供更加多样的传递形式。空间表征、资源表征和服务表征互为表里，通过有机统一构成公共图书馆文化治理功能表征系统。

---

① 教科文组织公共图书馆宣言（1994 年）[EB/OL].[2021-11-20].

第 4 章

公共图书馆文化治理能力评价：
指数设计

对公共图书馆文化治理能力的评价，可通过设计公共图书馆文化治理指数实现。公共图书馆文化治理指数的设计应遵守客观化、全面化的原则，从文化治理功能、文化治理效应两方面进行综合评价。其中，文化治理功能评价是对公共图书馆在文化治理中所付出的努力的评估，文化治理效应评价是对公共图书馆在文化治理中所获得成效的评估。因此，本章通过构建公共图书馆文化治理能力的评价指标体系，来实现对公共图书馆文化治理能力的客观评价。

4.1 公共图书馆文化治理指数设计背景

早在 20 世纪 70 年代，图书馆界便开始意识到图书馆评估的重要意义，开展了针对图书馆服务质量评估的理论和实践研究，形成了《图书馆服务的衡量与评价》《公共图书馆的绩效评估》等评估办法 [①]。随着全面质量管理思想和方法在图书馆界的引入，1995 年后的图书馆服务质量评估开始拆解细分，最终形成绩效评估和成效评估两条路径，并开展了一系列相关评估指标体系研究。例如，IFLA 于 2007 年出版的《质量评估：图书馆绩效评估》（*Measuring Quality: Performance Measurement in Libraries*）第二版，将评估对象从学术图书馆扩展至公共图书馆范围，并从以下四个部分进行图书馆绩效评估：一是资源、基础设备；二是使用；三是效率；四是潜力与发展 [②]。又如美国大学与研究图书馆协会（Association of

---

① 张红霞. 国际图书馆服务质量评价：绩效评估与成效评估两大体系的形成与发展 [J]. 中国图书馆学报，2009（1）：78-85.

② POLL R, BOEKHORST P J M. Measuring quality：performance measurement in libraries. 2nd revised edition[M]. Walter de Gruyter，2007.

College and Research Libraries，ACRL）学术图书馆成果评估报告工作组于 1998 年 6 月发布的《学术图书馆成效评估报告》白皮书[①]，成为图书馆成效评估研究的里程碑和示范蓝本[②]。除了对图书馆服务质量评估之外，图书馆界对图书馆的某一特定功能或效果进行深入研究，发展出多种图书馆评价指标体系。例如，针对公共图书馆的影响力表现，由全国图书馆标准化技术委员会组织，东莞图书馆、国家图书馆、北京大学信息管理系为起草单位的行业标准《信息与文献 公共图书馆影响力评估的方法和流程》（WH/T 84—2019）于 2019 年 8 月 1 日起正式施行，标志着我国对公共图书馆影响力评估有了统一标准[③]；在行业标准之外，有学者通过对我国主流媒体相关报道进行内容分析，确定了主流媒体报道语境下公共图书馆影响力的六大表现维度，为构建具有中国特色的公共图书馆影响力话语表达体系奠定了基础[④]。针对公共图书馆服务均等化的问题，学者们从资源投入、服务产出、公众受益三个层面出发，构建了我国公共图书馆服务均等化评价指标体系[⑤]；在阐述信息公平与公共图书馆公平服务基本概念基础上，构建基于"投入 - 产出 - 受益"的公共图书馆公平服务评价指标体系[⑥]。针对图书馆阅读推广活动，中国图书馆学会在文化部（现为文化和旅游部）公共文化司的委托下，制定并发布

---

① ACRL.Task Force on Academic Library Outcomes Assessment Report[EB/OL].[2022-5-28].
② 张红霞 . 国际图书馆服务质量评价：绩效评估与成效评估两大体系的形成与发展 [J]. 中国图书馆学报，2009，35（1）：78-85.
③ 杨晓伟 . 图书馆的社会价值与影响力评估 [J]. 图书馆论坛，2020（12）：34-35.
④ 唐琼，蓝丽婷 . 我国主流媒体报道语境下的公共图书馆影响力表现维度研究 [J]. 图书情报知识，2021（3）：74-87，13.
⑤ 胡锐 . 我国公共图书馆服务均等化测度及空间格局分析 [J]. 图书情报工作，2015（7）：83-90.
⑥ 吴正荆，孙成江，袁艺 . 基于信息公平的东中西部公共图书馆公平服务评价研究 [J]. 图书情报工作，2014（2）：27-31.

了"书香城市（县级）""书香社区"标准指标体系，涉及对公共图书馆的阅读推广功能和效果评价；有学者从投入、运行管理和产生的效果三个方面，结合关键绩效指标（KPI）法、专家调查法和层次分析法，构建了我国公共图书馆阅读推广绩效评价指标体系[①]。针对公共图书馆空间价值，有学者结合智能化空间服务特点，构建基于资源配置、功能设计、用户体验、馆员评价、公共文化服务贡献五个维度的公共图书馆智能化空间服务效能评价指标体系[②]。

　　尽管图书馆界学者对公共图书馆的多种功能构建了评价体系，但对公共图书馆文化治理能力的评价，尚未有系统性的研究出现。根据前文关于公共图书馆文化治理概念的讨论，公共图书馆文化治理的范畴比较广泛，难以用单一指标进行衡量，对公共图书馆文化治理能力的评价需要用一个指标集合来反映。本研究在梳理、整合公共图书馆文化治理相关研究的基础上，提出以公共图书馆文化治理指数来衡量公共图书馆文化治理能力的设计思路。公共图书馆文化治理指数包括功能指标（绩效指标）体系和效应指标（成效指标）体系两部分，功能指标反映公共图书馆在文化治理方面的投入情况，效应指标反映公共图书馆在文化治理方面所获得的成效情况。公共图书馆文化治理指数能够客观真实地评价公共图书馆在文化治理方面做出的贡献，以及用户是否受到了公共图书馆文化治理活动的影响，有助于公共图书馆了解自身文化治理能力，为其动态调整服务内容和服务方式提供有力参考。

---

① 吴金敦.公共图书馆阅读推广绩效评价研究 [J].四川图书馆学报，2021（5）：58-61.
② 崔岩.公共图书馆智能化空间服务效能分析与评价初探 [J].图书馆学刊，2021（11）：45-51.

4.2 公共图书馆文化治理指数理论模型

公共图书馆的文化治理功能是借助文化存储介质实现文化传输，进而实现对用户和社会的文化转化的。由此可见，公共图书馆文化治理功能的实现需要满足以下条件：一是具备文化存储介质；二是对用户和社会产生文化影响。因此，对公共图书馆文化治理能力的评估可以从这两个方面入手。

虽然 1995 年后对公共图书馆的评估走向绩效评估和成效评估两条路径，但在实际的指标体系构建过程中，往往存在绩效指标和成效指标混合使用、绩效评估和成效评估混淆的情况。因此，本研究对绩效评估和成效评估进行梳理和区分，以厘清两者的异同之处。绩效评估侧重评估公共图书馆在空间、资源、服务等文化存储介质方面的投入情况，包括实体的、有形的文化存储介质和虚拟的、无形的文化存储介质；成效评估侧重评估公共图书馆的投入给用户和社会带来的实际影响，包括对文化认同、社会整合、公民培育等的影响。从绩效到成效，中间需要作用因素进行连接。作用因素强调公共图书馆推动文化存储介质中蕴含的文化向用户和社会转化的过程，该过程可通过用户对公共图书馆投入的使用情况，如人均借阅量、人均下载量、场均活动参与人数等指标进行描述，完成从文化存储介质到文化治理的映射连接过程。图 4-1 所示为公共图书馆文化治理指数理论模型。

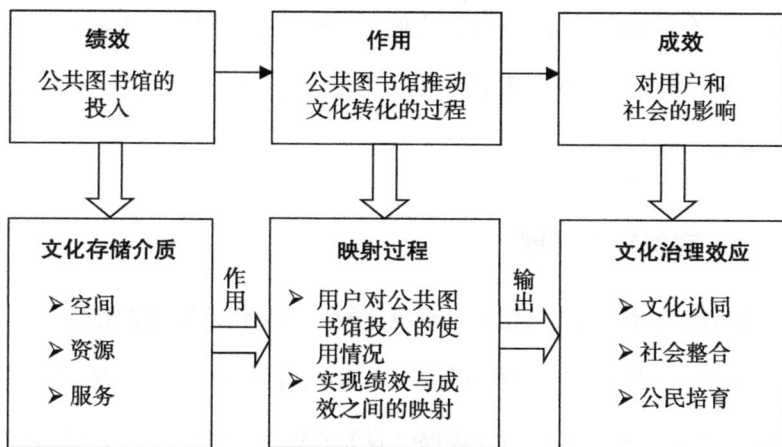

图 4-1　公共图书馆文化治理指数理论模型

4.3　公共图书馆文化治理功能评价指标体系

空间、资源、服务是公共图书馆文化治理功能实现的媒介，因此，可将空间、资源及服务列为评价公共图书馆文化治理功能的一级指标，通过对一级指标的细分，最终构建公共图书馆文化治理功能评价指标体系。

4.3.1　空间表征评价指标

空间表征评价指标反映公共图书馆为了实现文化治理功能在空间表征要素中的投入情况。空间表征的影响涉及物理范围、人群种类、内涵意蕴，因此以空间辐射范围、空间多元性、空间人文关怀、空间文化底蕴、绿色生态设计作为二级指标。其中，空间辐射范围体现影响的地域广度，空间多元性反映影响的功能种类，空间人文关怀反映影响的群体，空间文化底蕴体现影响的内涵特征，绿色生态设计反映影响的人文目标。在这 5 个二级指标的基础上继续深入细分，共形成 22 个三级指标。具体指标说明如下。

4.3.1.1　空间辐射范围

本二级指标是指公共图书馆通过建筑空间实现文化治理的辐射范围。

图书馆空间是指存放传统图书资源、印刷资源等各类型信息资料，并为读者的阅读学习、知识获取、科学研究等提供服务的物理空间集合[1]。公共图书馆是一个立体的文化信息空间，根据空间辐射范围将公共图书馆空间划分为内部空间和外部空间两个部分，并从馆内空间辐射和馆外空间辐射两方面衡量空间辐射范围对文化治理功能实现的作用。

（1）万人使用面积

本三级指标是指每一万服务人口所拥有的公共图书馆场馆面积，主要用于衡量公共图书馆的馆内空间辐射影响，反映馆内空间对文化治理功能的支持充分性。

计算公式如下：

万人使用面积（平方米 / 万人）= 图书馆建筑面积 ÷ 服务人口总数（万）

其中，图书馆建筑面积仅指该公共图书馆的主馆建筑面积，不包括分馆、流通服务点、自助图书馆等场馆面积。服务人口是指图书馆受委托提供服务的人

---

① 陈丹 . 现代图书馆空间设计理论与实践 [M]. 上海：上海社会科学院出版社，2020：6-11.

数，对公共图书馆来说，服务人口是指辖区范围内的常住人口 [①]。

（2）图书馆分馆数量

本三级指标是指该公共图书馆所拥有的图书馆分馆数量，包括乡镇分馆、行业分馆、社区（乡村）分馆。

（3）流动服务点数量

本三级指标是指该公共图书馆所拥有的流动服务点数量，包括地铁站、汽车站服务点等场所。

（4）自助图书馆数量

本三级指标是指该公共图书馆所拥有的自助图书馆数量，包括 24 小时自助图书馆等场所。

图书馆分馆数量、流动服务点数量、自助图书馆数量这 3 个三级指标主要用于衡量公共图书馆的馆外空间辐射影响，反映馆外空间对文化治理功能的支持充分性。

4.3.1.2　空间多元性

本二级指标考察公共图书馆借助多元性的建筑空间实现文化治理的能力，从信息中心、学习中心、文化中心三个方面来设置三级指标。引领健康的社会文化、促进社会教育、提供信息服务是公共图书馆发挥文化治理功能的重要途径。根据 IFLA 在《多元文化社区：图书馆服务指南》中的界定，各类图书馆服务需要满足服务对象的需求，在教育、社会关系和促进全球理解上充分发挥学习中

---

① POLL R，BOEKHORST P T . Measuring Quality：Performance Measurement in Libraries（2nd revised edition）[M/OL]. Munich：K.G. Saur，2007 [2022-05-20].

心、文化中心、信息中心的作用①。在公共图书馆相关政策文件中，要求公共图书馆成为所在社区的教育中心、信息中心、文化中心，保存所在社区的历史和传统②，这与 IFLA 所提倡的三大中心角色类似。因此，此处使用 IFLA 对三大中心的名称界定。从空间结构来看，公共图书馆可借助公共空间的布局设计，分别体现三大中心在文化治理过程中发挥的作用。

（1）信息中心

信息中心指该公共图书馆向用户提供信息资源的空间场所数量，包括阅览区、文化信息资源共享室等。

作为信息中心，图书馆获得、生产、组织、保护信息并使其可被访问，同时保证信息可在多元文化社区中传播③。在传统模式中，公共图书馆的信息中心功能可以借助物理空间得以实现，如提供文献阅览区。随着数字化时代的到来，信息传播方式走向多元化，单一的物理空间无法满足当下的信息访问需求，出现了文化信息资源共享室、网络信息空间等兼具物理和虚拟性质的空间场所。

a. 物理信息中心数量。

本三级指标统计公共图书馆内仅由物理空间实现信息访问的场所总数量，包括文献阅览区等，以"个"为计量单位进行计数。

b. 多元信息中心数量。

本三级指标统计公共图书馆内用于实现信息访问的、兼具物理和虚拟性质的

---

① 国际图联 . 多元文化社区：图书馆服务指南（第三版）[EB/OL].[2022-05-20].
② 周旖 . 英美公共图书馆的社会角色设计 [J]. 图书情报知识，2014（1）：52-61.
③ 国际图联 . 多元文化社区：图书馆服务指南（第三版）[EB/OL]. [2022-05-20].

空间场所总数量，包括文化信息资源共享室、网络信息空间等，以"个"为计量单位进行计数。

（2）学习中心

学习中心指该公共图书馆向用户提供学习、创作的空间场所数量。

随着数字化时代的到来，公共图书馆需要承担不同于以往的新使命，扮演新角色。不论联合国教科文组织发布的《公共图书馆宣言》（1994），还是 IFLA 发布的《公共图书馆服务指南》（2001 年版及 2010 年版），都表明了社会教育一直是公共图书馆的历史使命[①]。公共图书馆通过提供市民再教育、会议、各类培训所需空间，实现社会教育功能[②]。学习中心包括活动室、会议室等教育空间，以及创客空间、录音棚、写作室等激发市民创作灵感的创作空间。

a. 教育空间数量。

本三级指标统计公共图书馆内教育空间的总数量，包括活动室、会议室、自习室等，以"个"为计量单位进行计数。

b. 创作空间数量。

本三级指标统计公共图书馆内创作空间的总数量，包括创客空间、录音棚、写作室等，以"个"为计量单位进行计数。

（3）文化中心

文化中心指该公共图书馆向用户提供的、传播文化（尤其是地方文化）的空间场所数量，包括地方文化区和鉴赏交流区。

根据 2008 年美国公共图书馆协会（Public Library Association, PLA）出版的

---

① 周旖. 英美公共图书馆的社会角色设计 [J]. 图书情报知识，2014（1）：52-61.

② 廖小梅. 城市图书馆与城市文化建设概说 [J]. 图书馆论坛，2010（5）：140-142.

《面向结果的战略计划》，公共图书馆需要响应以下服务来实现文化功能。一是鼓励多元化：文化意识。二是寻根：家谱和当地历史[1]。地方文化区的设置便是满足以上服务需求，通过设立地方文献库、文化遗产专区等空间场所，促进地方文化传播。鉴赏交流区以促进文化交流为目标，主要提供学术讲座、文化观演、文化陈展等各类型文化表演活动，常见空间场所有报告厅、多功能厅、剧场、展览空间等[2]。

a. 地方文化区数量。

本三级指标统计公共图书馆内地方文化区的总数量，包括地方文献库、地方文化遗产展示区等，以"个"为计量单位进行计数。

b. 鉴赏交流区数量。

本三级指标统计公共图书馆内鉴赏交流空间的总数量，包括报告厅、艺术厅、多功能厅、剧场、展览空间等，以"个"为计量单位进行计数。

4.3.1.3 空间人文关怀

本二级指标考察公共图书馆依托空间规划满足特殊读者群体需求的举措，从未成年人专属空间多元性、残障人士专属空间多元性、老年人专属空间多元性三个方面进行衡量。图书馆是社会文化、教育与科学事业的一部分，作为一个部门是社会的产物，其目的是通过帮助个人了解他自己和他所处的环境来改良社会[3]。但图书馆所关心的也是具有理性的人，因此它主要还是一个人文主义性质的事

---

① NELSON S.Strategic planning for results[M].Chicago：American Library Association，2008：48.

② 杜晗.当代公共图书馆功能空间的构建与组织研究[D].南京：东南大学，2016.

③ 何长清.谢拉图书馆观对当代人的三点启示[J].图书馆理论与实践，2005（2）：32-33.

业①，确定了"以人为本"的服务理念。基于此，图书馆空间设计也需遵循人性化设计的宗旨。人性化设计体现在对读者群体的关爱和体护上，尤其是对残障人士、老年人、未成年人等特殊读者群体，需要创造满足其不同需求的学习交流空间或特殊服务区②。这种设计理念被安德鲁·麦克唐纳（Andrew McDonald）总结为现代图书馆空间的多样性特征③。

（1）未成年人专属空间多元性

未成年人专属空间多元性使用未成年人阅览区数量、未成年人娱乐区数量、未成年人上网区数量3个三级指标衡量公共图书馆向未成年人提供特定空间场所的多元性，反映公共图书馆对未成年人的人文关怀。

a.未成年人阅览区数量。

本三级指标是指该公共图书馆面向未成年人开放的阅览区数量，包括少儿阅览室、少儿绘本阅览室、亲子阅览区等阅读导向专属空间。

b.未成年人娱乐区数量。

本三级指标是指该公共图书馆面向未成年人开放的娱乐区数量，包括少儿玩具图书馆、绘画区、手工区等娱乐导向专属空间。

c.未成年人上网区数量。

本三级指标是指该公共图书馆面向未成年人开放的上网区数量。

①　谢拉.图书馆学引论[M].张沙丽，译.兰州：兰州大学出版社，1986.

②　许建业，杨亮.国内生态图书馆建筑研究综述[J].图书馆理论与实践，2010（11）：15-19.

③　LATIMER K，NIEGAARD H. IFLA Library Building Guidelines：Developments & Reflections[M]. München：K. G. Saur Verlag，2007.

（2）残障人士专属空间多元性

残障人士专属空间多元性使用视障人士阅览区数量、听障人士阅览区数量、其他残障人士阅览区数量 3 个三级指标衡量公共图书馆向残障人士提供特定空间场所的多元性，反映公共图书馆对残障人士的人文关怀。

a. 视障人士阅览区数量。

本三级指标是指公共图书馆面向视障人士开放的阅览区数量，如南京图书馆、天津图书馆、陕西省图书馆等公共图书馆均设有视障人士阅览室。

b. 听障人士阅览区数量。

本三级指标是指该公共图书馆面向听障人士开放的阅览区数量。

c. 其他残障人士阅览区数量。

本三级指标是指公共图书馆面向其他残障人士开放的阅览区数量，如首都图书馆 A 座一层设有康复文献阅览室，用于接待残疾读者和老年读者。

（3）老年人专属空间多元性

老年人专属空间多元性使用老年人阅览区数量衡量公共图书馆向老年群体提供特定空间场所的多元性，反映公共图书馆对老年人的人文关怀。

老年人阅览区数量。

本三级指标是指公共图书馆面向老年人开放的阅览区数量。

4.3.1.4　空间文化底蕴

本二级指标考察公共图书馆依托建筑空间设计形象实现文化治理的能力，从地方文化特色和城市文化地标两个方面进行衡量。20 世纪末，挪威学者克里斯蒂安·诺伯格 - 舒兹（Christian Norberg-Schulz）提出两种场所精神：与空间相关的定向感，以及与文化相关的认同感①。公共图书馆是被赋予文化或地域文脉意义的场所，其文化价值不容忽视。作为城市的文化中心和象征，公共图书馆的空间文化底蕴可以通过标志性的外观建筑得以体现，通过建筑设计独特的文化性来建立用户的文化认同和归属感。因此，公共图书馆的建设风格应反映一个地方的文化特色，在所在城市中成为标志性的文化建筑②。

（1）地方文化特色

根据公共图书馆的建筑设计理念，考察公共图书馆的建筑外观是否具有一定的地方文化特色。根据已有文献，建筑设计需要考虑自然、人文、地域文化、空间格局等诸多因素③④。因此，评估公共图书馆建筑的地方文化特色可从以下两个方面进行：一是是否与本土文化相融合；二是是否与当地其他文化机构相呼应。

a. 是否与本土文化相融合。

本三级指标考察公共图书馆的建筑布局、建筑形式是否与该地区的特色建筑风格相融合。本指标统计仅包含"0"（没有体现与本土文化的相融性）和"1"（体现与本土文化的相融性）。

以广州图书馆为例，其建筑设计以"美丽书籍"为设计理念，整体造型呈现出东西走向、南北塔楼、独特的"之"字优雅造型，突出层叠的建筑特色，寓意书籍的重叠和历史文化的沉积，同时融入骑楼等文化元素，体现了岭南建筑艺术特色。因此，判定广州图书馆在本指标评估中具备与本土文化的相融性。

① 诺伯舒兹 . 场所精神：迈向建筑现象学 [M]. 施植明，译 . 武汉：华中科技大学出版社，2010：3-4.

② 鲍甬婵 . 图书馆：城市的"第三空间"[J]. 图书馆论坛，2011（5）：16-18，26.

③ 胡鸿 . 建筑空间的地域性设计探讨 [J]. 低碳世界，2016（14）：122-123.

④ 杨椰蓁 . 历史空间中建筑的悬置与错位——对当代西安城市建筑地域文化特色的解析 [J]. 建筑设计管理，2017（7）：67-72.

b. 是否与当地其他文化机构相呼应。

本三级指标考察公共图书馆的建筑布局、建筑形式是否与该地区的其他文化机构（如博物馆、文化馆等）建筑相呼应。本指标统计仅包含"0"（没有与当地其他文化机构相呼应）和"1"（与当地其他文化机构相呼应）。

以广州图书馆为例，其建筑位置处于广州市的新城市中心，与周边的广东省博物馆、广州大剧院、广州市第二少年宫形成文化共同体，共同成为广州的文化窗口。因此，判定广州图书馆在本指标评估中与当地其他文化机构相呼应。

（2）城市文化地标

根据公共图书馆提供的建筑设计理念和相关新闻媒体报道，考察公共图书馆是否成为当地文化地标的情况。本指标统计仅包含"0"（不具备文化地标功能）和"1"（具备文化地标功能）。

基于公共图书馆自身功能转变需求和我国文旅融合发展的政策要求，公共图书馆开始探索成为城市文化地标的可能性和实现路径[①]。以天津市滨海新区图书馆为例，其设计立意为"滨海之眼"和"书山有路勤为径"，自开馆以来就成为滨海新区的文化新地标[②]。因此，判定天津市滨海新区图书馆在本指标评估中具备文化地标功能。

---

① 冯雅璐. 公共图书馆通过艺术融合成为城市文化地标的探索——以日本富山市立图书馆为例 [J]. 图书馆界，2020（5）：55-58.

② "滨海之眼"看"书山" [EB/OL].[2022-05-16].

4.3.1.5 绿色生态设计

图书馆建筑的绿色生态设计能够体现图书馆对人文精神的追求[①]。本二级指标考察公共图书馆的建筑空间是否满足绿色生态设计，体现公共图书馆的人文关怀精神，以馆舍绿化设计和节能减排设计两个子指标进行测算。

20世纪60年代，美籍意大利建筑师保罗·索莱里（Paola Soleri）率先提出"生态建筑"的理念[②]，也被称为"绿色建筑"。作为城市生态文明建设的重要组成部分，图书馆生态环境是图书馆可持续发展的核心要素之一，绿色生态图书馆是21世纪图书馆的发展方向[③]。绿色生态图书馆并不仅仅指一般意义上的图书馆绿化情况，更强调图书馆整体生态环境的优化[④]。发展绿色生态图书馆，需要遵循建筑与自然共生、减轻环境负荷等绿色生态原则[⑤]，具体体现为采用节能环保、环境绿化、低碳、自然采光与遮阳、防治减少声光色彩的污染、综合利用自然能源等举措[⑥]。因此，绿色生态图书馆建设的具体举措可归纳为以下两大类：馆舍绿化设计和节能减排设计。

（1）馆舍绿化设计

本三级指标考察公共图书馆的馆舍绿化情况，重点关注用户公共区域的绿化情况，如馆舍绿化面积率、是否合理布置与摆放盆栽植物等。

---

① 陈虹涛.绿色生态的图书馆建筑 [J].图书馆建设，2007（1）：19-20，24.

② 石同生.生态图书馆理论与实践 [J].图书馆工作与研究，2003（4）：8-10.

③ 武春福.试论21世纪图书馆发展生态 [J].图书与情报，2001（3）：13-15.

④ 武春福.试论21世纪图书馆发展生态 [J].图书与情报，2001（3）：13-15.

⑤ 陈虹涛.绿色生态的图书馆建筑 [J].图书馆建设，2007（1）：19-20，24.

⑥ 曾强，李娟，吴英伟.国内生态图书馆文献研究综述 [J].图书馆学刊，2021（6）：100-103.

（2）节能减排设计

本三级指标考察公共图书馆通过建筑设计实现节能减排的途径，如是否具有通风、自然采光等措施。

4.3.2 资源表征评价指标

资源表征评价指标反映公共图书馆为了实现文化治理功能在资源表征要素上的投入情况，资源表征影响着公共图书馆文化治理功能实现的深度和潜力，以硬件设施、网络设施、传统文献资源建设、数字资源建设 4 个二级指标进行测算，在此基础上形成 16 个三级指标。其中，硬件设施和网络设施体现公共图书馆对现代化设备的推广及推动公众融入现代社会的能力，传统文献资源建设和数字资源建设则反映公共图书馆的文化建构与传播能力，是公共图书馆实现文化治理功能的核心要素。具体指标说明如下。

4.3.2.1 硬件设施

本二级指标使用读者用计算机终端数量、是否具有可发放的免费数字设备，以及存储容量来衡量图书馆硬件设施对图书馆助推用户实现现代性发展的充分支持性。

（1）读者用计算机终端数量

本三级指标是指公共图书馆内供读者使用的计算机终端设备的数量，以"台"为计量单位进行计数。仅供公共图书馆员工使用的工作用计算机，不计入统计范畴。

（2）是否具有可发放的免费数字设备

本三级指标是指图书馆是否拥有向其服务人群免费发放的数字设备。

本指标所指的数字设备包括笔记本电脑、平板电脑、电子阅读器、电子通信设备等。公共图书馆作为基层治理的重要事业机构，通常承担提升区域文化水平的责任，在数字化程度愈来愈高的今天，要求公共图书馆承担起其服务区域和人群数字化技能提升责任的呼声越来越高。针对数字化弱势群体，公共图书馆可以通过免费发放数字设备，增加其融入数字化社会的可能性，这也是公共图书馆文化治理的重要目标之一。本指标统计仅包含"0"（不具有可发放的免费数字设备）和"1"（具有可发放的免费数字设备）。

（3）存储容量

本三级指标使用最大数字存储容量衡量公共图书馆的硬件设施。公共图书馆的数字存储容量在一定程度反映着该地区数字技术的发展水平、文化资源的丰富度及未来发展前景。

4.3.2.2　网络设施

本二级指标使用读者用网络带宽、馆内无线网覆盖率，以及馆外网络覆盖面积来衡量公共图书馆网络对用户的充分支持性。

（1）读者用网络带宽

本三级指标是指图书馆向读者提供的网络带宽，计量单位为"Mbit/s"。

需注意的是，部分公共图书馆可能存在多处网络带宽不一致的情况，例如，某公共图书馆区域内部可能涉及多处局域网，需要经常处理大量数据的部分使用带宽较高的网络，公共区域使用正常带宽的网络。而此处统计的网络带宽是指公共图书馆公共服务区域，尤其是读者阅览区、休息区等区域的网络带宽。

（2）馆内无线网覆盖率

本三级指标是指公共图书馆读者服务区的无线网覆盖率。

计算公式如下：

馆内无线网覆盖率＝提供无线网络连接服务的读者服务区的面积（平方米）÷

读者服务区的总面积（平方米）×100%

该指标仅计算读者阅览区、休息区等读者服务区的面积，不包括公共图书馆仅用于办公、藏书的区域，且仅计算无线网覆盖区域面积。

（3）馆外网络覆盖面积

本三级指标是指公共图书馆的无线网络覆盖的馆外面积。

其中，馆外是指图书馆主馆之外的区域。例如，为方便在邻近的公园中人们的休闲用网，图书馆网络覆盖该公园，则该公园面积计入馆外网络覆盖面积。

4.3.2.3　传统文献资源建设

本二级指标使用人均文献馆藏量、年人均新增文献入藏量和荐购采纳率来衡量图书馆传统文献资源建设情况，反映传统文献资源所蕴含的文化治理强度。

（1）人均文献馆藏量

本三级指标是指公共图书馆服务区域内每人拥有的文献馆藏量。

计算公式如下：

人均文献馆藏量（册次／人）＝文献馆藏总量（册次）÷服务人口（人）

其中，文献馆藏总量与服务人口需为同一时间维度的数据。服务人口是指图书馆受委托提供服务的人数。对公共图书馆来说，服务人口是指辖区范围内的常住人口。

（2）年人均新增文献入藏量

本三级指标是指公共图书馆某年每人新增的文献入藏量。

计算公式如下：

年人均新增文献入藏量（册次/人）= 年新增文献入藏量（册次）÷ 服务人口（人）

其中，年新增文献入藏量与服务人口需为同一时间维度的数据。

（3）荐购采纳率

本三级指标是指用户荐购图书最终被公共图书馆采纳的比例，在很大程度上反映公共图书馆对用户参与的支持力度及用户参与的质量。

计算公式如下：

荐购采纳率 = 用户荐购图书采纳量（册次）÷ 用户荐购图书量（册次）

其中，用户荐购图书采纳量为同年度公共图书馆最终采纳并购买的新增的图书数量，用户荐购图书量为某一年度用户荐购的图书总量。

4.3.2.4　数字资源建设

本二级指标使用是否有图书馆网站、图书馆网站多语言设计、图书馆网站无障碍设计、自建数字资源总量、数字资源发布占比、可远程访问数字资源占比，以及地方文献专题数据库建设数量来衡量图书馆数字资源建设所体现的现代性、包容性及其对地方文化的传播能力。

（1）是否有图书馆网站

本三级指标是指公共图书馆是否具有官方网站。

需要注意的是，此处特指公共图书馆的官方网站，并不包括社交媒体账号等。公共图书馆官方网站应该经过官方认定，并不断更新图书馆信息。本指标统计结果包括"0"（没有图书馆网站）和"1"（有图书馆网站）。

（2）图书馆网站多语言设计

本三级指标是指图书馆是否具有多种语言版本的官方网站。

其中，多语言是指至少具有两种及以上的语言版本网站。比如，至少具有常用的中文、英文网站，或者除了简体中文版本外具有部分少数民族语言文字版本的网站。本指标统计结果包括"0"（图书馆网站存在多语言设计）和"1"（图书馆网站不存在多语言设计）。

（3）图书馆网站无障碍设计

本三级指标是指图书馆网站是否具有无障碍设计。

无障碍设计是指为了保证所有群体都能够正常使用网站，而采取的放大镜辅助技术、页面文字信息转语音设计等措施。本指标统计结果包括"0"（图书馆网站存在无障碍设计）和"1"（图书馆网站不存在无障碍设计）。

（4）自建数字资源总量

本三级指标是指公共图书馆过去一年自建数字资源总量。

自建数字资源是公共图书馆开发馆藏的重要措施。本指标统计时注重收集公共图书馆过去一年利用馆藏进行数字资源自建的情况。

（5）数字资源发布占比

本三级指标是指公共图书馆已发布的数字资源在图书馆所有数字资源中的

占比。

计算公式如下：

$$数字资源发布占比 = 已发布的数字资源量（TB）÷ 数字资源总量（TB）× 100\%$$

其中，数字资源总量是指公共图书馆自有版权的数字资源总量，不包括仅可阅览的，但版权非自身的数字资源，若购买了数字资源的版权，则该部分数字资源可以计入数字资源总量。

（6）可远程访问数字资源占比

本三级指标是指公共图书馆可远程访问数字资源在公共图书馆所有数字资源中的占比。

计算公式如下：

$$可远程访问数字资源占比 = 可供远程访问的数字资源量（TB）÷$$

$$数字资源总量（TB）× 100\%$$

其中，可供远程访问是指用户在客户端就可以访问图书馆网站的虚拟电子资源数据库。数字资源总量是指公共图书馆自有版权的数字资源总量，不包括可阅览但版权非自身所有的数字资源，若购买了数字资源的版权，则该部分数字资源可以计入数字资源总量。

（7）地方文献专题数据库建设数量

本三级指标是指公共图书馆自建的地方文献专题数据库的数量。

地方文献专题数据库的建设对传播区域风土人情、历史文化具有重要意义[1]。

---

[1]　尹洪英.关于图书馆地方文献数据库建设的几点建议[J].图书馆工作与研究，2018（S1）：3.

本指标统计时应注意专题数据库应具有地方特色，突出本地区风土人情、历史文化等。

4.3.3 服务表征评价指标

服务表征评价指标反映公共图书馆为了实现文化治理功能在服务表征方面的相对水平投入情况，以馆务信息公开服务、政府信息公开服务、阅读推广、志愿服务、特殊群体服务品牌建设、新媒体服务等 6 个二级指标进行测算。在此基础上，深入细分二级指标，共形成 21 个三级指标。具体指标说明如下。

4.3.3.1 馆务信息公开服务

馆务信息公开服务可以保障公众的知情权，促进公众对公共图书馆运营情况的了解、对公共图书馆资源与服务的利用及对公共图书馆活动的参与，进而提升公众的社会主人翁意识和责任感。在操作化层面，本指标主要从落实情况和更新与发布的时效性两方面衡量。

（1）图书馆网站是否公开年报 / 月报

本三级指标即公共图书馆是否通过网站将本馆年度或月度工作报告向社会进行公开，具体应涵盖资源建设、读者服务、馆舍建设、学术研究、活动开展和经费支出等各项工作。此外，在移动互联网环境中，部分公共图书馆对年报 / 月报数据进行创新性开发，通过新媒体以图文或短视频的形式向广大用户传播，也符合该三级指标的基本定义。

（2）网站的业务统计是否得到及时更新

本三级指标用于评估公共图书馆网站馆务信息更新与发布的时效性，可以反映公共图书馆对推动公众知情参与的重视程度。

4.3.3.2 政府信息公开服务

政府信息公开服务不仅可以满足公众对政府信息的需求，还可以提升公众的政务参与意识，通过政府信息公开培养社会治理共同体的参与主体。《中华人民共和国政府信息公开条例》要求，各级人民政府应当在国家档案馆、公共图书馆、政务服务场所设置政府信息查阅场所，并配备相应的设施、设备，为公民、法人和其他组织获取政府信息提供便利[①]。作为公共文化服务机构，公共图书馆应保障公众可以平等获取政府信息资源[②]。在操作化层面，本指标根据服务形式，从线下服务和线上服务两方面来衡量政府信息公开服务开展的程度。

（1）线下服务

本三级指标是指公共图书馆以线下形式开展政府信息公开服务的情况，如在实体场馆设置政务信息公开查询室或提供专门的政务信息咨询服务。

（2）线上服务

本三级指标是指公共图书馆以线上形式开展政府信息公开的服务情况，如通过网站、微信公众号、小程序等为政务信息提供线上获取渠道。

4.3.3.3 阅读推广

阅读推广是以培养全民阅读兴趣、提高国民素质和建立新型阅读社会为目的

---

① 中华人民共和国政府信息公开条例 [EB/OL].[2022-04-03].

② 宋晓莉 . 公共图书馆政府信息公开工作与地方文献工作 [J]. 图书情报工作，2010（S1）：51-53.

所采取的一系列读书活动，是公共图书馆通过促进阅读资源的传播实现文化治理功能的重要举措。在操作化层面，本指标根据阅读推广活动的不同类别来衡量其对文化治理的效力水平。

（1）年度开展讲座、培训次数

本三级指标是指公共图书馆在统计年度内开展讲座、培训的总次数之和。

（2）年度开展展览次数

本三级指标是指公共图书馆在统计年度内开展展览活动的总次数。

（3）年度阅读推广活动次数

本三级指标是指公共图书馆在统计年度内开展阅读推广活动的总次数。

（4）阅读指导服务

本三级指标是指公共图书馆开展阅读指导服务的情况，包括服务形式、活动次数和组织保障等相关内容。

4.3.3.4　志愿服务

公共图书馆志愿服务是以公共图书馆为场所或平台，由公民、法人和其他组织自愿、无偿向社会或者他人提供社会教育、专业服务、辅助管理、扶弱助残等公益服务，不仅有助于实现公共图书馆场所空间价值、拓宽公共图书馆服务范围、提升公共图书馆服务水平[①]，而且是公共图书馆提供社会参与、培育积极公民的重要途径。在人员构成上，既可由公共图书馆自行招募组建志愿者团队，也可由社会力量组织志愿者。在操作化层面，本指标主要从制度、规模等方面来衡量

---

① 金武刚，穆安琦，刘一凡，等 . 公共图书馆志愿服务研究：起源，类型与创新进展 [J]. 国家图书馆学刊，2022（1）：42-51.

公共图书馆提供志愿服务的力度。

（1）志愿者管理制度

本三级指标是指公共图书馆是否已制定系统、成文的志愿者管理制度，反映公共图书馆开展志愿服务和志愿者管理培训方面的规范化程度。

（2）志愿者团队总人数

本三级指标是指公共图书馆志愿者团队的总人数，反映公共图书馆志愿者团队的规模。

（3）年度开展志愿活动次数

本三级指标是指公共图书馆本年度内开展志愿者活动的次数，反映公共图书馆对志愿服务的组织与参与程度。

（4）志愿服务类品牌活动的数量

本三级指标是指公共图书馆开展志愿服务类品牌活动的数量，其类别包括但不限于社会教育、专业服务、扶弱助残等方面。其中，品牌活动指志愿服务在辐射区域内形成了一定的影响力与品牌效应。

4.3.3.5　特殊群体服务品牌建设

为了保障人人都能够享受到适宜的服务，让公众更好地感受社会公平与包容，公共图书馆积极开展面向不同群体的多元化服务，针对特殊人群的群体特征与实际需求，打造品牌服务。在操作化层面，本指标主要根据特殊群体的类别进行划分，以此衡量公共图书馆借助特殊群体服务品牌建设实现社会包容的投入情况。

（1）未成年人品牌服务活动数量

本三级指标是公共图书馆专为未成年人策划与举办的服务活动的次数。

（2）老年人品牌服务活动数量

本三级指标是公共图书馆专为老年人策划与举办的品牌服务活动的次数。

（3）残障人士品牌服务活动数量

本三级指标是公共图书馆专为残障人士策划与举办的品牌服务活动的次数。

（4）其他特殊群体品牌服务活动数量

本三级指标是公共图书馆专为其他特殊群体策划与举办的品牌服务活动的次数。

4.3.3.6 新媒体服务

随着信息与通信技术的深入发展，"互联网＋信息服务"使公共图书馆的服务模式发生了变化。公共图书馆通过搭建新媒体矩阵，凭借其平台流量、用户黏性、圈层内容和用户关系链[①]，能够帮助自身在更大程度上创新服务方式与扩大服务范围，更好地实现文化治理功能。在操作化层面，本指标主要从公共图书馆新媒体服务的开展状况来衡量其利用新媒体服务实现文化治理的情况。

（1）是否运营微信公众号、微信小程序

本三级指标是指公共图书馆是否开通与运营微信公众号或微信小程序。

---

① 刘溪. 公共图书馆新媒体矩阵服务现状及构建策略研究 [J]. 新世纪图书馆，2021（5）：62-66.

（2）是否运营微博

本三级指标是指公共图书馆是否开通与运营微博账号。

（3）是否运营其他社交平台账号

本三级指标是指公共图书馆是否开通与运营除微信公众号、微信小程序和微博之外的社交平台账号，包括但不限于抖音、快手、哔哩哔哩等平台。

（4）是否有移动图书馆

本三级指标是指公共图书馆是否开发了移动图书馆，允许用户通过移动端远程访问馆藏数字资源。其形式既可以是独立的 APP，也可以是内嵌于微信公众号等平台的功能模块。

（5）是否有针对特殊群体的无障碍小程序 /APP

本三级指标是指公共图书馆在提供新媒体服务时，是否面向特殊群体提供无障碍版本的小程序或 APP，如针对视力障碍、认知障碍的特殊人群提供色彩变化、字体大小设置、语音阅读等无障碍服务，反映数智时代图书馆智能服务的普及化与均等化。

4.4 公共图书馆文化治理效应评价指标体系

本节基于公共图书馆文化治理功能的内涵，尝试建立公共图书馆的文化治理效应评价指标体系。具体的评价指标体系构建思路如下。

第一，公共图书馆的文化治理效应体现在对公民个人和社会整体两个方面，既要关注微观上图书馆文化治理对公民的影响，也要关注宏观上对社会的广泛影响。同时，公共图书馆作为公共文化服务机构，具有文化性的内在[①]，所产生的文化治理效应也应该考虑文化特征。因此，在构建文化治理效应评价指标体系时，可从文化、公民、社会三个维度出发。

第二，结合前文的内涵分析，公共图书馆在社会认同、社会秩序、社会整合和公民培育等方面发挥着重要作用，助推提升社会治理水平。其中，社会认同包括政治认同、利益认同和文化认同等，由于本研究重在评价公共图书馆文化治理效应，因此只对文化认同的效应进行讨论。社会秩序体现在图书馆通过对文献资源的整理、加工和序化，文化空间的布局设计，让公众受其蕴含的秩序的影响，从而起到约束公众的作用。而社会整合也强调了公共图书馆通过对其文化资源的整合、服务群体的划分、文化空间的设定等来协调社会公众的行为方式。二者在表象上存在交叉，因此在效应评价中将社会整合与社会秩序合并，以"社会整合"作为一级指标。基于此，就构成了公共图书馆文化治理效应评价指标体系的3个一级指标：文化认同、社会整合和公民培育。

第三，在文化认同的评价指标构建中，思路如下。一是本研究参考学者对文化认同及其根源的研究[②]，即人们对"民族文化传统、传统文化的认同"会促使文化认同的建立。同时根据中共中央办公厅、国务院办公厅颁布的《关于实施中华优秀传统文化传承发展工程的意见》，保护和传承中华优秀传统文化，有利于增强国家认同、民族认同和文化认同[③]。因此，将"传统文化保护与传承"设置为文

---

① 常莉，张豪. 公共图书馆服务成效评估指标体系构建 [J]. 图书馆理论与实践，2021（3）：10-15，39.

② 崔新建. 文化认同及其根源 [J]. 北京师范大学学报（社会科学版），2004（4）：102-104，107.

③ 中华人民共和国中央人民政府. 中共中央办公厅 国务院办公厅印发《关于实施中华优秀传统文化传承发展工程的意见》[EB/OL].[2022-07-31].

化认同的二级指标。二是参考学者对族群认同的研究[①]，即地方文化是"不同族群之间的互动，在一定的地域范围内整合出一互相认同的超越族群的地域文化"，是文化认同的一部分。同时，参考有关学者对地方公共图书馆使命的陈述，即"促进当地居民对自己文化的理解与认同……通过地方性文化传播和交流活动促进文化间对话、理解和包容"[②]。基于此，将"地方文化认同与交流"设置为文化认同的二级指标。三是结合3.1.2小节中公共图书馆文化治理与社会认同的内涵，可得出公共图书馆为公众提供服务，推动着文化认同的实现，公众对公共图书馆的认同一定程度上可以反映公共图书馆在文化认同上的成效，因此将"对公共图书馆的认同"设置为文化认同的二级指标。

第四，在社会整合的评价指标构建中，思路如下。一是基于3.1.3小节中公共图书馆文化治理与社会整合的内涵分析，社会整合的程度与社会凝聚力密切相关。有学者指出了社会整合和社会凝聚力的区别和联系，社会整合强调的是社会系统的总体状态，社会凝聚力则强调社会成员的协调性和向心力[③]，也有学者认为社会凝聚力是社会整合的重要标志[④]。迄今为止，有不少学者、组织机构对社会凝聚力进行了量化，因此，在社会整合的评价指标构建中，纳入社会凝聚力的操作化指标体系。二是社会凝聚力研究[⑤]、社会心态理论的研究报告[⑥]、城乡社会质量比

---

① 麻国庆.全球化：文化的生产与文化认同——族群、地方社会与跨国文化圈[J].北京大学学报（哲学社会科学版），2000（4）：152-161.

② 于良芝.图书馆情报学概论[M].北京：国家图书馆出版社，2016：252.

③ 石海波.中间阶层的社会凝聚力研究[M].哈尔滨：黑龙江大学出版社，2016：34.

④ 贺治方.社会动员在国家治理中的功能及其合理边界[J].学术界，2019（7）：83-91.

⑤ 石海波.中间阶层的社会凝聚力研究[M].哈尔滨：黑龙江大学出版社，2016：35-36.

⑥ 皮书数据库.社会凝聚力[EB/OL].[2022-07-31].

较研究①为参考来源。有学者②指出可以以社会的信任水平、社会规范与价值观、社会认同三个重要指标来测量。有学者③认为社会的信任水平是社会凝聚力的关键指标，包括了人际信任和机构信任。社会规范与价值观是指道德规范与价值观的遵守。德国贝塔斯曼基金会的研究报告《凝聚力雷达：凝聚力测量》把社会凝聚力划分为社会关系、社会联系和关注社会公益三个维度④。其中，社会关系包括社会网络、社会信任、对多元的接纳（用群体内的态度和对少数群体的容忍程度衡量）等，社会联系包括归属感和认同感，关注社会公益则包括尊重社会秩序和规则、公民参与、团结和帮助。基于此，将社会整合的二级指标设置为"志愿精神培育与发展""社会信任水平提高""社会规范与价值遵守"3个，其中"志愿精神培育与发展"对应的是贝塔斯曼基金会的研究报告中"关注社会公益"维度，"社会信任水平提高"与"社会规范与价值遵守"则是已有社会凝聚力指标中的共性指标。三是结合3.1.3小节中公共图书馆文化治理与社会整合的内涵分析，促进社会包容是社会整合的重要体现，因此，在"社会整合"一级指标下设置"促进社会包容"二级指标，同时这一指标也与贝塔斯曼基金会研究报告中的"对多元的接纳"相对应，但是内涵和外延比"对多元的接纳"更加广泛。

第五，在公民培育的评价指标构建中，思路如下。一是参考第六次全国县级以上公共图书馆评估定级的标准⑤，公共图书馆的服务效能下包括"阅读推广与社

---

① 向丹. 城乡社会质量比较研究 [D]. 贵阳：贵州民族大学，2021.

② 石海波. 中间阶层的社会凝聚力研究 [M]. 哈尔滨：黑龙江大学出版社，2016：35-36.

③ 向丹. 城乡社会质量比较研究 [D]. 贵阳：贵州民族大学，2021.

④ 皮书数据库. 社会凝聚力 [EB/OL].[2022-07-31].

⑤ 中华人民共和国文化和旅游部. 文化部办公厅关于开展第六次全国县级以上公共图书馆评估定级工作的通知 [EB/OL].[2022-07-31].

会教育"这一一级指标；有学者① 在公共图书馆服务成效评估指标体系的构建中，在"用户影响度"这一一级指标下，设置了"文化创作支持""知识技能提升""用户生活质量"3个二级指标。基于此，在"公民培育"一级指标下设置"社会教育与终身学习""全民阅读推广"2个二级指标，其中"社会教育与终身学习"涵盖了读者活动参与、居民文化创作、知识技能培训这三个方面。二是基于3.1.4小节中公共图书馆文化治理与公民培育的内涵分析，提升公众参与社会公共事务的意识和能力、促进公众实现数字化转型也是公民培育的重要使命。而社会捐赠是社会支持的普遍方式②，也是公众社会力量参与的重要体现③，因此以"社会捐赠"作为二级指标，用以衡量公众对社会公共事务参与的意识和能力。三是在"公民培育"这一一级指标下设置"数字化转型"二级指标。

4.4.1　文化认同评价指标

文化认同评价指标反映公共图书馆通过文化认同要素实现文化治理功能的效果，以传统文化保护与传承、地方文化认同与交流和（用户）对公共图书馆的认同3个二级指标进行测算。在此基础上，深入细分二级指标，共形成10个三级指标。具体指标说明如下。

---

① 常莉，张豪.公共图书馆服务成效评估指标体系构建 [J].图书馆理论与实践，2021（3）：10-15，39.

② 张铁.公共图书馆社会支持研究 [J].图书馆建设，2014（10）：1-3，7.

③ 彭秋平，唐琼.社会力量参与广州"图书馆之城"建设：模式、问题与经验 [J].图书馆论坛，2019（5）：79-87.

4.4.1.1 传统文化保护与传承

本二级指标衡量了公共图书馆对传统文化的保护与传承情况，反映了公共图书馆利用传统文化开展文化治理的实现程度和公众的接受程度。

2017 年，由中共中央办公厅、国务院办公厅联合发布的《关于实施中华优秀传统文化传承发展工程的意见》要求图书馆等公共文化机构充分发挥在传承发展中华优秀传统文化中的作用 [①]。公共图书馆已经成为传统文化传播传承的重要阵地。

（1）传统文化相关的品牌活动数量

本三级指标使用统计年度内公共图书馆开展传统文化相关的品牌活动场数测量，其中品牌活动是指截至统计年，已经连续开展 3 年及 3 年以上的活动。

（2）传统文化相关的品牌活动年参与人次

本三级指标使用统计年度内参与传统文化相关的品牌活动人数的总人次测量，反映公共图书馆用户对传统文化保护传承的重视程度。其中，品牌活动是指截至统计年，已经连续开展 3 年及 3 年以上的活动。

（3）传统文化相关的表彰奖励数量

本三级指标使用统计年度内公共图书馆所获得的奖项中与传统文化有关的数量测量，反映公共图书馆在传播传承中华优秀传统文化时所获得的认可与肯定。

4.4.1.2 地方文化认同与交流

本二级指标衡量公共图书馆组织用户对地方文化的保护与传承情况，反映其

[①] 中共中央办公厅、国务院办公厅印发《关于实施中华优秀传统文化传承发展工程的意见》[EB/OL]. [2022-05-26].

利用地方文化开展文化治理的实现程度和公众的接受程度。

地方文化是一个地区的人民在长期的生产实践中所形成的生活经验总结和精神表达，是生态、民俗、传统、习惯等的文明表现，它既以文献史料、文化物品等客体形式存在和延续，又以当地民族、人民的思维方式、风尚习俗、价值观念、伦理道德等主体形式存在和延续[1]。我国公共图书馆按照行政区域设置，因职业属性承担了对文献载体所记录的地方文化予以保护和开发的职能，天然处于地方文化之中。有学者已经指出，省级公共图书馆需要加快对地方优秀传统文化的开发和利用，增强地方文化的影响力，以地方故事的传播增强国家文化软实力[2]。

（1）地方文化交流品牌活动数量

本三级指标使用统计年度内公共图书馆开展的地方性特色文化交流项目数量测量。地方文化交流是实现地方文化认同的重要基础，主要指图书馆针对同根同源文化或跨区域文化，开展的传播、交流活动，如开展同城阅读活动、各民族共享节日活动等，促进文化交流和传播及相互理解和包容。

（2）地方文献工作表彰奖励数量

本三级指标使用统计年度内公共图书馆所获得的奖项中与地方文献工作的开发与利用有关的数量测量，反映公共图书馆在地方文献工作的挖掘和利用中所获得的认可与肯定。

（3）地方文化认同品牌活动数量

本三级指标使用统计年度内公共图书馆开展的地方文化认同品牌活动数量测量。这一指标涵盖了公共图书馆针对地方文化传承与发展，但不包括以文化交流

---

① 李欢. 公共图书馆弘扬地方文化的逻辑阐释与实践 [J]. 图书馆理论与实践，2020（1）：20-24.

② 楼白宇. 新形势下省级公共图书馆服务功能优化建议 [J]. 出版广角，2021（16）：89-91.

作为主要形式的一系列品牌活动，如地方文献导读活动、地方文化研学体验活动等。

4.4.1.3 对公共图书馆的认同

本二级指标通过衡量公共图书馆在用户中的重要程度，即用户对公共图书馆的认同，来反映用户对公共图书馆文化塑造的接受程度。

该指标从用户出发，考量用户从公共图书馆的获得感，明确用户对公共图书馆的关注程度，以及公共图书馆在用户文化生活中扮演的角色。第六次全国县级以上公共图书馆评估中新媒体服务增加了微信公众平台、微博服务的指标，原因在于这些除了受到新技术的驱动外，也是现代图书馆根据用户行为需求变化适时调整服务方式的表现[1]，在此基础上，本研究增加了其他新媒体平台，如抖音关注用户的测量。抖音在短视频平台中的地位毋庸置疑，有学者认为公共图书馆作为文献存储、文化宣传和教育科普的重要阵地，同样可以通过短视频开展阅读推广、讲座预告和藏书介绍等业务[2]，从而利用短视频平台巨大的传播力，实现公共图书馆文化传播的功能。

（1）微博粉丝数量

本三级指标使用同一时间内公共图书馆官方微博账号粉丝数量测量，反映用户在基于弱关系构建社会网络的媒体工具上对公共图书馆的关注程度。

---

① 柯平，胡银霞. 创新与导向：第六次全国公共图书馆评估新指标 [J]. 图书馆杂志,2017（2）：4-10.
② 王海燕. 图书馆短视频发展现状，问题与对策分析——以抖音平台为例 [J]. 图书馆工作与研究，2020（5）：76-80.

（2）微信公众号/小程序/服务号的粉丝数量

本三级指标使用同一时间内公共图书馆官方微信公众号/小程序/服务号的关注数量测量，反映用户在基于强关系构建社会网络的社交工具上对公共图书馆的关注程度。

（3）其他社交平台账号的粉丝数量

本三级指标使用同一时间内公共图书馆其他社交平台账号，如抖音等粉丝数量测量，反映公共图书馆在其他新媒体平台的宣传力度，其他新媒体上用户对公共图书馆的关注程度。

（4）图书馆受访读者整体满意度

本三级指标使用用户对公共图书馆的设备设施、馆藏资源、日常服务等的满意程度进行测量，反映用户对公共图书馆的正向认知程度。

4.4.2 社会整合评价指标

社会整合评价指标反映公共图书馆通过社会整合要素实现文化治理功能的效果，以志愿精神培育与发展、社会信任水平提高、社会规范与价值遵守和促进社会包容4个二级指标进行测算。在此基础上，深入细分二级指标，共形成16个三级指标。值得一提的是，"社会信任水平提高""社会规范与价值遵守"需要从用户角度进行考察，本研究原计划采用参与式观察、深度访谈的方式来测量，但是研究过程中的实地调研计划受到了外界环境影响，无法顺利展开。因此，下文中仅对这两个指标的定义及测量形式进行介绍，尽管缺乏有效的数据支撑，但是对完善公共图书馆文化治理效应评价指标体系，以及后续的评估实践工作仍有一定的借鉴意义。具体指标说明如下。

4.4.2.1 志愿精神培育与发展

本二级指标衡量公共图书馆为社会培育与发展志愿精神所做出的贡献。

图书馆志愿者是指在不为物质报酬的情况下,志愿为图书馆贡献个人时间和服务的人[①]。有学者认为,图书馆精神与志愿精神高度契合,图书馆是志愿精神发扬光大的现实土壤[②]。1996年,福建省图书馆成为我国首个招募志愿者的公共图书馆[③]。引入志愿者(或者义工)对公共图书馆具有积极作用,不仅可以有效缓解公共图书馆人力资源方面的压力,优化员工的知识结构,同时可以为社会参与公共图书馆服务与管理提供良好渠道。

(1)年度志愿者人数

本三级指标是指统计年度内作为服务提供者参与公共图书馆志愿服务的人数,反映公共图书馆在志愿精神培育与发展方面辐射的广度。

(2)年度志愿服务时长

本三级指标是指统计年度内公共图书馆提供的志愿服务活动的总时长,反映公共图书馆在志愿精神培育与发展方面辐射的深度。

(3)年度志愿服务奖励数量

本三级指标使用统计年度内公共图书馆所获得的奖项中与志愿服务有关的数量测量,反映公共图书馆在志愿者组织管理、志愿活动开展等方面所获得的成就

---

① 吴迪.海外图书馆志愿者的经验及启示 [J].图书馆学研究,2009(1):80-81.

② 邓彦.图书馆发展志愿精神略论 [J].图书馆工作与研究,2008(4):3-6.

③ 洪文梅.公共图书馆志愿者服务管理的探讨 [J].图书馆论坛,2010(1):164-166,135.

与受到的影响。

4.4.2.2 社会信任水平提高

本二级指标旨在衡量公共图书馆为提高社会信任水平所做出的贡献。按照社会信任的对象，可以将社会信任划分为人际信任和机构信任两种。

（1）人际信任

人际信任是指人与人在交往过程中产生的一种相互信任的关系，旨在测量用户通过公共图书馆活动所感知到的人与人之间信任程度的变化情况。

可采取的访谈题目为："图书馆能够促进自己与家人、朋友的良性互动""图书馆能够促进邻里关系的和谐""图书馆能够提升我对陌生人的信任水平"。这些题目的选项可分为极大减少、减少、不变、增加、极大增加五级。

（2）机构信任

机构信任测量的是公共图书馆活动在改变用户对社会组织机构的信任程度方面的作用，通常包括对"中央政府、区县政府、乡镇政府、工/青/妇等群团组织、所在工作单位/公司、慈善机构、新闻媒体、银行、保险公司、医院、法院和公安部门12个不同机构"的信任程度 [①]。

可采取的访谈题目为："图书馆能够增强我对××（分别代入12个不同机构）的信心"。这些题目的选项可分为极大减少、减少、不变、增加、极大增加五级。

4.4.2.3 社会规范与价值遵守

本二级指标旨在衡量公共图书馆在引导用户遵守社会规范与价值观方面的作

---

① 向丹. 城乡社会质量比较研究 [D]. 贵阳：贵州民族大学，2021.

用。在具体的操作指标上，主要包括用户对基本的法律和社会规范的遵守，以及对社会主义核心价值观的遵守。

（1）遵守基本的法律和社会规范

法律从底线层面规定了公民的行为，而社会规范则是从道德的人文层面界定公民的是非[1]，这些都是公共图书馆在文化治理中需要教化、引导公众的重要内容。

可采取的访谈题目为："图书馆能够提升我遵纪守法的水平""图书馆能够引导我更好地遵守基本的社会规范，提升我的道德水平"。这些题目的选项可分为极大减少、减少、不变、增加、极大增加五级。

（2）遵守社会主义核心价值观

社会主义核心价值观是党和国家所倡导的全体人民的共同价值追求，代表着国家层面、社会层面和公民个人层面的价值取向和目标。把培育和践行社会主义核心价值观融入公共图书馆活动的全过程，使之无处不在，无时不有，是公共图书馆文化治理功能所要实现的重要任务之一。

可采取的访谈题目为："图书馆增强了我对社会主义核心价值观的认知和理解""图书馆的服务活动能够提升我遵守社会主义核心价值观的水平"。这些题目的选项可分为极大减少、减少、不变、增加、极大增加五级。

4.4.2.4　促进社会包容

社会包容是公共图书馆表征公平的重要措施，本二级指标反映公共图书馆利

---

[1]　向丹. 城乡社会质量比较研究 [D]. 贵阳：贵州民族大学，2021.

用包容性服务所获得的文化治理效果。

　　社会包容是指社会的制度体系对具有不同社会特征的社会成员及其所表现的各种社会行为不加排斥的宽容对待、平等相处，并扶持弱者、共同发展的状态[1]。被越来越多的人认可的是，社会包容是实现公共图书馆作为公共空间的价值[2]、使命[3]之一。为了突出公共图书馆在促进社会包容方面的实际和潜在影响，我们在本二级指标中测量了弱势群体受益于公共图书馆所提供服务的程度。弱势群体的组成部分在不同时期、不同文化背景下有所不同，但是未成年人、老年人、残障人士作为弱势群体可以在学界和业界达成共识。弱势群体的图书馆服务是指"在一般的图书馆服务之外或者替代一般的图书馆服务而进行的活动或项目，目的是延伸到或者服务于某类弱势群体"[4]。在三级指标中，我们选择了对弱势群体开展的品牌服务及对弱势群体提供远程学习工具的数量来测量。品牌服务，可以被认为是公共图书馆依托某种独特性服务在社会上形成优势，树立良好的形象[5]。远程学习工具包括远程阅读工具包和数字设备两种，其中阅读工具包为具有特定阅读需求的读者或读者群体设计，是有助于实现其阅读目标的各种阅读素材及相关工具的总和，是公共图书馆延伸文化服务的有力工具[6]。本研究调研的阅读工具包包括电子书和有声读物的远程借阅、在线课程资源等，数字设备包括笔记本电脑、

①　蒋永福.社会包容：现代公共图书馆的使命 [J].中国图书馆学报，2009（6）：4-9，55.

②　范并思，周吉.公共图书馆与社会包容 [J].图书馆理论与实践，2010（2）：70-74.

③　蒋永福.社会包容：现代公共图书馆的使命 [J].中国图书馆学报，2009（6）：4-9，55.

④　LIPSMAN C K. The disadvantaged and library Effectiveness[M]. American Library Association，1972.

⑤　张晓丽.公共图书馆延伸服务的实践与探讨 [J].图书馆学刊，2008（2）：102-103.

⑥　严贝妮，米雪.全民阅读语境下公共图书馆阅读工具包发展策略研究 [J].图书馆学研究，2017（23）：70-73.

平板电脑、电子阅读器、电子通信设备等。特殊群体是公共图书馆提供远程学习工具服务的重要群体之一[①]，而国内面向的群体主要是未成年人和老年人，所以本研究仅对这两个群体进行测量。

（1）未成年人品牌服务活动年场均参与人次

本三级指标使用参与公共图书馆未成年人品牌服务活动的年场均人次测量，反映公共图书馆包容未成年用户的成效。

计算公式如下：

未成年人品牌服务活动年场均参与人次（人次／场）＝年服务人次÷

公共图书馆未成年人品牌服务活动场数

其中，年服务人次是指统计年度内参与未成年人品牌服务活动的人数。

（2）老年人品牌服务活动年场均参与人次

本三级指标使用参与公共图书馆老年人品牌服务活动的年场均人次测量，反映公共图书馆包容老年用户的成效。

计算公式如下：

老年人品牌服务活动年场均参与人次（人次／场）＝年服务人次÷

公共图书馆老年人品牌服务活动场数

其中，年服务人次是指统计年度内参与老年人品牌服务活动的人数。

（3）残障人士品牌服务活动年场均参与人次

本三级指标使用参与公共图书馆残障人士品牌服务活动的年场均人次测量，

---

① 崔路遥.我国省级公共图书馆阅读工具包服务模式研究[J].河北科技图苑，2019（5）：31-36.

反映公共图书馆包容残障用户的成效。

计算公式如下：

残障人士品牌服务活动年场均参与人次（人次 / 场）＝年服务人次 ÷

公共图书馆残障人士品牌服务活动场数

其中，年服务人次是指统计年度内参与残障人士品牌服务活动的人数。

（4）其他特殊群体品牌服务活动年场均参与人次

本三级指标使用参与公共图书馆其他特殊群体品牌服务活动的年场均人次测量，反映公共图书馆包容其他特殊群体用户的成效。

计算公式如下：

其他特殊群体品牌服务活动年场均参与人次（人次 / 场）＝年服务人次 ÷

公共图书馆其他特殊群体品牌服务活动场数

其中，年服务人次是指统计年度内参与其他特殊群体品牌服务活动的人数；公共图书馆其他特殊群体包含农民工、少数民族群体、流浪乞讨群体、监禁机构人群、医院病人等。

（5）向18岁以下读者发放免费远程阅读工具包的次数

本三级指标使用统计年度内公共图书馆向18岁以下读者提供远程阅读工具包的次数测量，反映公共图书馆包容18岁以下用户的力度。

（6）向60岁以上读者发放免费远程阅读工具包的次数

本三级指标使用统计年度内公共图书馆向60岁以上读者提供远程阅读工具包的次数测量，反映公共图书馆包容60岁以上用户的力度。

（7）向 18 岁以下读者发放免费数字设备的次数

本三级指标使用统计年度内公共图书馆向 18 岁以下读者免费提供数字设备的数量测量，反映公共图书馆包容 18 岁以下用户的力度。

（8）向 60 岁以上读者发放免费数字设备的次数

本三级指标使用统计年度内公共图书馆向 60 岁以上读者免费提供数字设备的数量测量，反映公共图书馆包容 60 岁以上用户的力度。

4.4.3　公民培育评价指标

公民培育评价指标反映公共图书馆通过公民培育要素实现文化治理功能的效果，以社会教育与终身学习、社会捐赠、全民阅读推广和数字化转型 4 个二级指标进行测算。在此基础上，深入细分二级指标，共形成 20 个三级指标。具体指标说明如下。

4.4.3.1　社会教育与终身学习

本二级指标反映公共图书馆在开展社会教育与推动终身学习方面所做出的贡献。

公共图书馆作为知识富集场所，其具有进行社会教育的职能的观点自近代以来一直是学界的普遍共识[1]。联合国教科文组织《公共图书馆宣言》的历次版本都强调了公共图书馆在社会教育方面的使命，认为其应当"为个人和社会群体提供

---

[1]　黄俊贵. 社会教育职能强化——21 世纪图书馆的发展趋势 [J]. 图书馆，2000（1）：6-7.

终身学习、独立决策和文化发展的基本条件"[1]。公共图书馆可以通过文献收集和传递直接为读者提供知识，但仅凭这一点并不能直接达到社会教育的目的，这一职能还要求公共图书馆提供更多的读者活动[2]。有学者[3]认为这样的活动包括对用户文化创作的支持，以及对用户知识技能的提升，但他们也指出，教育性影响属于用户的精神收益，这类指标难以量化。因此，本研究主要选取活动参与人数和开展数量作为替代性的衡量策略，从侧面反映公共图书馆在开展社会教育与推动终身学习方面的效力。

（1）年每万人参加读者活动人次

本三级指标是指一年内每一万服务人口中参加公共图书馆开展的读者活动的人次，反映公共图书馆社会教育活动所产生的规模效应。

计算公式如下：

$$年每万人参加读者活动人次（人次／万人）＝年参加读者活动人次 \times 10\,000 \div$$
$$服务人口总数$$

其中，年参加读者活动人次是指统计年度内参加公共图书馆提供的读者活动的总人次。

（2）年居民文化创作品牌活动数量

本三级指标是指一年内公共图书馆开展的居民文化创作品牌活动总数，反映

[1] 周旖，于沛. 公共图书馆的基本立场与社会角色——对《公共图书馆宣言》1949 年版、1972 年版和 1994 年版的分析 [J]. 图书馆论坛，2014（5）：1-7.

[2] 范并思. 公共图书馆精神的时代辩护 [J]. 中国图书馆学报，2004（2）：7-13.

[3] 常莉，张豪. 公共图书馆服务成效评估指标体系构建 [J]. 图书馆理论与实践，2021（3）：10-15，39.

公共图书馆对通过对文化创作的支持提升公众文化素养和创新能力的效力和影响。居民文化创作活动包括文字写作、手工制作、媒体创作等各种主题的创意活动，活动形式可以涵盖展览、课程、比赛等各种类型。其中，品牌活动是指截至统计年度，已经连续开展3年及3年以上的活动。

（3）年知识技能培训品牌活动数量

本三级指标是指一年内公共图书馆开展的知识技能培训品牌活动总数，反映公共图书馆在优化公众知识技能方面的效力和影响。其中，品牌活动是指截至统计年度，已经连续开展3年及3年以上的活动。

4.4.3.2　社会捐赠

本二级指标通过社会捐赠情况反映公共图书馆为社会公众提供社会参与渠道所获得的认可程度，在一定程度上可以体现公共图书馆在培育公众社会认同度方面的效力与影响。

公共图书馆的良性发展与职能实现需要稳定的社会支持，社会捐赠是国际上普遍采用的社会支持方式[①]，同时社会捐赠也为公众提供了参与公共图书馆事务的入口。社会捐赠对公共图书馆的重要性在近年来的政策文件中得到了体现。中共中央办公厅、国务院办公厅2015年印发的《关于加快构建现代公共文化服务体系的意见》强调，应鼓励和引导社会力量参与公共文化服务建设，具体方式可以包括"投资或捐助设施设备、兴办实体、资助项目、赞助活动、提供产品和服务

---

① 张铁.公共图书馆社会支持研究 [J].图书馆建设，2014（10）：1-3，7.

等"[1]。同时在立法层面，针对公共图书馆的社会捐赠行为也得到了相应的支持[2]。有学者[3]对辽宁地区图书馆所获社会捐赠的调查显示，实际运行中图书馆获得的捐赠主体主要为政府部门、企业公司、名人华侨等，而捐赠内容主要为资金和书籍。据此，本研究主要从公共图书馆获得社会捐赠的广度和力度两方面对该指标进行测量。

（1）年度捐赠主体数量

本三级指标是指一年内向公共图书馆进行捐赠的个人和各类社会组织的总数，反映公共图书馆提供的社会捐赠渠道的影响范围。

（2）年度获得社会捐赠的总金额

本三级指标是指一年内公共图书馆获得的各种形式社会捐赠折算为人民币后的总金额，反映公共图书馆吸纳公众参与和支持的总体力度。

（3）年度获得社会捐赠书籍数量

本三级指标是指一年内公共图书馆获得的捐赠书籍的总数量，反映公共图书馆吸纳公众提供文化资源支持的力度。

4.4.3.3 全民阅读推广

本二级指标是指公共图书馆通过全民阅读推广活动实现公民培育的效力。

---

① 中共中央办公厅、国务院办公厅印发《关于加快构建现代公共文化服务体系的意见》（全文）[EB/OL].[2022-05-30].

② 霍瑞娟.新环境下社会力量参与公共图书馆管理运行创新研究[J].图书馆学研究，2017（9）：19-23.

③ 丁振伟，宫平.图书馆社会捐赠现状实证研究——以辽宁地区图书馆社会捐赠为例[J].图书馆学研究，2014（2）：42-47.

广义的阅读推广指各类主体开展的旨在培养民众的阅读兴趣、阅读习惯，提升民众的阅读质量、阅读能力、阅读效果的活动；以图书馆为主体的阅读推广则专指图书馆通过精心创意、策划，将读者的注意力从海量馆藏引导到小范围的有吸引力的馆藏，以提高馆藏的流通量和利用率的活动[①]。近二三十年来，阅读推广已成为公共图书馆的主流服务[②]，开展阅读推广活动体现了图书馆的核心价值[③]。阅读推广可以分为两种基本类型：一是以资源为中心的推广，指围绕图书馆的馆藏资源进行宣传推荐，以及根据读者需求调整馆藏结构；二是以读者为中心的推广，指培养和引导读者的阅读兴趣，提升其对图书馆的满意度和忠诚度[④]。基于此，本研究主要从两个方面构建阅读推广维度的评价指标，一方面包括文献外借情况的统计，另一方面包括读者的到馆情况及阅读推广活动的参与情况。除此以外，本研究还引入了第三方视角的表彰奖励和媒体报道两项指标，作为对公共图书馆取得成效的补充性评价。

（1）年读者人均到馆量

本三级指标是指一年内公共图书馆服务人群的人均到访次数，反映公共图书馆利用阅读推广实现公民培育的总体规模。

计算公式如下：

年读者人均到馆量（次）＝年到馆总人次 ÷ 服务人口数

---

① 王波.阅读推广、图书馆阅读推广的定义——兼论如何认识和学习图书馆时尚阅读推广案例 [J]. 图书馆论坛，2015（10）：1-7.

② 范并思.阅读推广与图书馆学：基础理论问题分析 [J]. 中国图书馆学报，2014（5）：4-13.

③ 郑章飞.图书馆阅读推广理论与实践研究述略 [J]. 图书馆论坛，2010（6）：46-51，132.

④ 谢蓉，刘炜，赵珊珊.试论图书馆阅读推广理论的构建 [J]. 中国图书馆学报，2015（5）：87-98.

其中，年到馆总人次是指统计年度内到访公共图书馆主馆的总人次，不包括到访公共图书馆分馆和流动服务点的人次。

（2）年人均文献外借量

本三级指标是指一年内公共图书馆服务人群的人均文献外借册数，反映公共图书馆通过文献借阅服务实现公民培育的程度。

计算公式如下：

$$年人均文献外借量（册次／人）＝年文献外借量 ÷ 服务人口数$$

其中，年文献外借量是指统计年度内从公共图书馆主馆借出的文献总册次，不包括从公共图书馆分馆和流动服务点借出的文献。

（3）馆外年人均文献借阅量

本三级指标是指一年内公共图书馆服务人群从公共图书馆主馆以外借阅文献的人均外借册数，反映公共图书馆通过便民性的文献借阅服务实现公民培育的程度。

计算公式如下：

$$馆外年人均文献借阅量（册次／人）＝馆外年文献外借量 ÷ 服务人口数$$

其中，馆外年文献外借量是指统计年度内从公共图书馆分馆和流动服务点借出的文献总册次。

（4）年讲座、培训场均参与人次

本三级指标使用场均参与人次测量公共图书馆讲座和培训活动的开展情况，反映公共图书馆利用教学培训类活动实现公民培育的影响力。

计算公式如下：

$$年讲座、培训场均参与人次（人次／场）＝年服务人次÷$$
$$公共图书馆讲座、培训活动场数$$

其中，年服务人次是指统计年度内参与讲座、培训活动的人数。

（5）年展览场均参与人次

本三级指标使用场均人次测量公共图书馆展览活动的开展情况，反映公共图书馆利用展示类活动实现公民培育的影响力。

计算公式如下：

$$年展览场均参与人次（人次／场）＝年服务人次÷公共图书馆展览活动场数$$

其中，年服务人次是指统计年度内参与展览活动的人数。

（6）年阅读推广活动场均人次

本三级指标使用场均人次测量公共图书馆阅读推广活动的开展情况，反映公共图书馆利用阅读推广活动实现公民培育的影响力。

计算公式如下：

$$年阅读推广活动场均人次（人次／场）＝年服务人次÷$$
$$公共图书馆阅读推广活动场数$$

其中，年服务人次是指统计年度内参与阅读推广活动的人数。

（7）年阅读推广品牌活动数量

本三级指标测量一年内公共图书馆阅读推广品牌活动开展的场数，反映公共图书馆利用阅读推广品牌活动实现公民培育的延续性。其中，品牌活动是指截至统计年度，已经连续开展 3 年及 3 年以上的活动。

（8）年阅读推广相关的表彰奖励数量

本三级指标是指公共图书馆一年内获得的与阅读推广相关的表彰奖励总数，反映公共图书馆利用阅读推广活动开展公民培育得到的认可程度。

本指标以统计年度内公共图书馆获得的与阅读推广相关的表彰奖励总数来衡量。

（9）年阅读推广相关的媒体报道数量

本三级指标是指公共图书馆一年内获得的与阅读推广相关的媒体报道的加权总数，反映公共图书馆利用阅读推广活动开展公民培育产生的社会影响力。

计算公式如下：

$$年阅读推广相关的媒体报道数量 = \sum（年同类型媒体报道的总数 \times 该类型媒体系数）$$

本指标以统计年度内公共图书馆获得的与阅读推广相关的主流媒体报道的加权总数衡量。本研究采纳了某些研究中使用的对主流媒体的划分及其选取的代表性媒体[1]，具体名单如表4-1所示。不同行政级别图书馆在计算中加权的媒体系数不同，具体分值如表4-2所示。

---

[1]　唐琼，蓝丽婷.我国主流媒体报道语境下的公共图书馆影响力表现维度研究[J].图书情报知识，2021（3）：74-87，13.

表 4-1　主流媒体名单

媒体类型	媒体名称	数量
中央报刊	《人民日报》《光明日报》《经济日报》《解放军报》	4
各省（自治区、直辖市）报刊	《北京日报》《天津日报》《解放日报》《重庆日报》《河北日报》《山西日报》《内蒙古日报》《辽宁日报》《吉林日报》《黑龙江日报》《新华日报》《浙江日报》《安徽日报》《福建日报》《江西日报》《大众日报》《河南日报》《湖北日报》《湖南日报》《南方日报》《广西日报》《海南日报》《四川日报》《云南日报》《贵州日报》《西藏日报》《陕西日报》《宁夏日报》《甘肃日报》《青海日报》《新疆日报》	31
各大中城市报刊	《石家庄日报》《太原日报》《沈阳日报》《大连日报》《哈尔滨日报》《南京日报》《杭州日报》《宁波日报》《合肥晚报》《福州日报》《厦门日报》《南昌日报》《济南日报》《青岛日报》《郑州日报》《长江日报》《长沙晚报》《广州日报》《深圳特区报》《南宁日报》《海口晚报》《成都日报》《乌鲁木齐晚报》《昆明日报》《贵阳日报》《西安日报》《银川晚报》《兰州日报》	28
国家重点扶持的大型新闻网站	新华网、人民网	2

表 4-2　媒体系数

媒体类型	省级图书馆	市级图书馆	县级图书馆
中央报刊	1.2	1.7	2.4
各省（自治区、直辖市）报刊	1	1.2	1.7
各大中城市报刊	0.5	1	1.2
国家重点扶持的大型新闻网站（类比省级）	1	1.2	1.7

4.4.3.4　数字化转型

本二级指标反映公共图书馆在推动社会公众共同步入数字化社会上所做出的贡献。随着社会数字化转型的加速，不同地区、不同群体之间的数字鸿沟进一步扩大，为了弥合数字鸿沟、保障社会公众共同步入数字化社会，公共图书馆积极普及数字资源与数字技术，促进社会公众数字素养的整体提升。第六次全国县级以上公共图书馆评估中就新增了数字化指标，如数字阅读、新媒体服务、服务数据显示度等。为了测量公共图书馆在多大程度上影响了社会公众的数字化转型，本研究采用统计年度内公共图书馆向读者发放免费的远程阅读工具包的次数、统计年度内公共图书馆向读者发放免费的数字设备的次数、年人均网站访问量（次／人）、年数字资源访问量（次）、年数字资源下载量（次）5个指标。目前国内的数字设备基本都指向电子阅读器，少有公共图书馆向读者提供其他的数字化设备，如笔记本电脑、平板电脑等。

计算公式如下：

年人均网站访问量（次／人）= 统计年度内公共图书馆网站访问次数 ÷ 服务人口

其中，统计年度内公共图书馆网站访问次数指图书馆网站中所有网页（含文件及动态网页）被访客浏览的总次数。

4.5 公共图书馆文化治理指数计算模型

4.5.1 指标数据的处理

研究前期调研收集的相关数据主要划分为两类：解释型数据和数值型数据。不同类型的数据对应不同的处理方法。

4.5.1.1 解释型数据处理

（1）数据转换

解释型数据是指无法用具体数值衡量的数据类型，通常以文字性描述存在。对于此类数据，本研究对文本内容进行内容分析，根据有无指标描述情况确定数值，即有则标注"1"，无则标注"0"。

（2）数据赋分

解释型数据赋分规则分为三档：低赋分、中赋分和高赋分。每档赋分规则不同，具体如表 4-3 所示。

表 4-3　解释型数据赋分规则

标准	解释	赋分规则
低赋分	某项指标各个图书馆完成程度较好，或某项服务各个图书馆均有开展	有则 1 分，无则 0 分
中赋分	某项指标各个图书馆完成程度一般，或某项服务各个图书馆开展程度适中	有则 2 分，无则 0 分
高赋分	某项指标各个图书馆完成程度较差，或某项服务各个图书馆开展情况较少	有则 3 分，无则 0 分

4.5.1.2 数值型数据处理

由于不同图书馆的实际情况及数据字段的单位的差异化，本研究采用 min-max 标准归一化的手段对数值型数据进行归一化处理。

该归一化手段是对原始数据集合进行的线性变换，不会破坏数据集原有的分布形态，并将其数据集结果有选择地映射到一个特定区间之中，本研究选择将数据集映射到 [0—1]。通过归一计算，能够将数据集压缩至 [0，1]，方便对不同大小的数据集进行赋分。

归一化计算公式如下：

$$x_{scale} = \frac{x - x_{min}}{x_{max} - x_{min}}$$

以万人使用面积这一指标省级图书馆部分数据为例，数据归一化步骤如下。

第一步：确定数据集极值。

根据数据集形态，确定数据集合的极值。数据归一化过程示例如表 4-4 所示。在表 4-4 中，天津图书馆的万人使用面积在该项数据集中最大，确定 95.2 为极大值；河南省图书馆的万人使用面积在该项数据集中最小，确定 2.99 为极小值。需要注意的是，省、市、县三级公共图书馆数据需要分别确定极大值和极小值，数据比较只在同级别公共图书馆间进行。

表 4-4 数据归一化过程示例

	南京图书馆	天津图书馆	首都图书馆	山东省图书馆	安徽省图书馆	山西省图书馆	河南省图书馆	湖南省图书馆	陕西省图书馆	福建省图书馆
万人使用面积（平方米/万人）	9.2	95.2（极大值）	42.94	4.92	6.05	21.47	2.99（极小值）	4.47	11.89	10.01

第二步：利用公式计算归一化结果。

数据归一化结果示例如表 4-5 所示。

表 4-5 数据归一化结果示例

	南京图书馆	天津图书馆	首都图书馆	山东省图书馆	安徽省图书馆	山西省图书馆	河南省图书馆	湖南省图书馆	陕西省图书馆	福建省图书馆
万人使用面积（平方米/万人）	9.2	95.2（极大值）	42.94	4.92	6.05	21.47	2.99（极小值）	4.47	11.89	10.01
归一化后数据	0.067 3	1	0.433 3	0.020 9	0.033 2	0.200 4	0	0.016 1	0.096 5	0.076 1

4.5.2 文化治理指数评分框架

公共图书馆文化治理指数可以表达为：

$$F=（文化治理功能，文化治理效应）\qquad（1）$$

文化治理功能可以表达为：

$$F_1=（空间表征，资源表征，服务表征）\qquad（2）$$

文化治理效应可以表达为：

$$F_2=（文化认同，社会整合，公民培育）\qquad（3）$$

公共图书馆文化治理指标体系如表4-6所示。

表4-6 公共图书馆文化治理指标体系

类别	一级指标	二级指标	三级指标
文化治理功能	空间表征	空间辐射范围	万人使用面积
			图书馆分馆数量
			流动服务点数量
			自助图书馆数量
		空间多元性	物理信息中心数量
			多元信息中心数量
			教育空间数量
			创作空间数量
			地方文化区数量
			鉴赏交流区数量

（续表）

类别	一级指标	二级指标	三级指标
文化治理功能	空间表征	空间人文关怀	未成年人阅览区数量
			未成年人娱乐区数量
			未成年人上网区数量
			视障人士阅览区数量
			听障人士阅览区数量
			其他残障人士阅览区数量
			老年人阅览区数量
		空间文化底蕴	是否与本土文化相融合
			是否与当地其他文化机构相呼应
			城市文化地标
		绿色生态设计	馆舍绿化设计
			节能减排设计
	资源表征	硬件设施	读者用计算机终端数量
			是否具有可发放的免费数字设备
			存储容量
		网络设施	读者用网络带宽
			馆内无线网覆盖率
			馆外网络覆盖面积
		传统文献资源建设	人均文献馆藏量
			年人均新增文献入藏量
			荐购采纳率
		数字资源建设	是否有图书馆网站
			图书馆网站多语言设计
			图书馆网站无障碍设计
			自建数字资源总量
			数字资源发布占比
			可远程访问数字资源占比
			地方文献专题数据库建设数量

（续表）

类别	一级指标	二级指标	三级指标
文化治理功能	服务表征	馆务信息公开服务	图书馆网站是否公开年报/月报
			网站的业务统计是否得到及时更新
		政府信息公开服务	线下服务
			线上服务
		阅读推广	年度开展讲座、培训次数
			年度开展展览次数
			年度阅读推广活动次数
			阅读指导服务
		志愿服务	志愿者管理制度
			志愿者团队总人数
			年度开展志愿活动次数
			志愿服务类品牌活动的数量
		特殊群体服务品牌建设	未成年人品牌服务活动数量
			老年人品牌服务活动数量
			残障人士品牌服务活动数量
			其他特殊群体品牌服务活动数量
		新媒体服务	是否运营微信公众号、微信小程序
			是否运营微博
			是否运营其他社交平台账号
			是否有移动图书馆
			是否有针对特殊群体的无障碍小程序/APP
文化治理效应	文化认同	传统文化保护与传承	传统文化相关的品牌活动数量
			传统文化相关的品牌活动年参与人次
			传统文化相关的表彰奖励数量
		地方文化认同与交流	地方文化交流品牌活动数量
			地方文献工作表彰奖励数量
			地方文化认同品牌活动数量

（续表）

类别	一级指标	二级指标	三级指标
文化治理效应	文化认同	对公共图书馆的认同	微博粉丝数量
			微信公众号／小程序／服务号的粉丝数量
			其他社交平台账号的粉丝数量
			图书馆受访读者整体满意度
	社会整合	志愿精神培育与发展	年度志愿者人数
			年度志愿服务时长
			年度志愿服务奖励数量
		社会信任水平提高	人际信任
			机构信任
		社会规范与价值遵守	遵守基本的法律和社会规范
			遵守社会主义核心价值观
		促进社会包容	未成年人品牌服务活动年场均参与人次
			老年人品牌服务活动年场均参与人次
			残障人士品牌服务活动年场均参与人次
			其他特殊群体品牌服务活动年场均参与人次
			向18岁以下读者发放免费远程阅读工具包的次数
			向60岁以上读者发放免费远程阅读工具包的次数
			向18岁以下读者发放免费数字设备的次数
			向60岁以上读者发放免费数字设备的次数
	公民培育	社会教育与终身学习	年每万人参加读者活动人次
			年居民文化创作品牌活动数量
			年知识技能培训品牌活动数量
		社会捐赠	年度捐赠主体数量
			年度获得社会捐赠的总金额
			年度获得社会捐赠书籍数量

（续表）

类别	一级指标	二级指标	三级指标
文化治理效应	公民培育	全民阅读推广	年读者人均到馆量
			年人均文献外借量
			馆外年人均文献借阅量
			年讲座、培训场均参与人次
			年展览场均参与人次
			年阅读推广活动场均人次
			年阅读推广品牌活动数量
			年阅读推广相关的表彰奖励数量
			年阅读推广相关的媒体报道数量
		数字化转型	统计年度内公共图书馆向读者发放免费的远程阅读工具包的次数
			统计年度内公共图书馆向读者发放免费的数字设备的次数
			年人均网站访问量
			年数字资源访问量
			年数字资源下载量

4.5.3　指标权重的确定

由于多指标权重的确定会影响赋分结果的准确性和科学性，不同权重代表的各类比重需要能够有效而真实地反映出各类型指标的功用和效能[①]。本次调研的数据量，数据值为正向指标和定类数据，一些指标存在空缺值，在综合考虑了赋分特点和指标类型后，采用主观赋权法和客观赋权法相结合的方式确定指标权重。

---

① 杨宇.多指标综合评价中赋权方法评析 [J].统计与决策，2006（13）：17-19.

综合比较了各类指标赋权方式，本研究选择了熵值法（Entropy Method）和层次分析法（Analytic Hierarchy Process，AHP）相结合的指标权重确定方式。这种指标权重确定方式的好处在于，综合考虑了指标的独立性及指标的变异程度，同时也能反映指标制定者对权重的理解。

4.5.3.1　类别、一级指标权重确定

在类别、一级指标的确定方面，本研究选择主观赋权法，采用了 AHP 和组合赋分相结合的方式。

在类别方面，由于文化治理功能和文化治理效应指标在本研究中的重要性相同，两者均需要重点考虑。因此，经研究确定了各 50% 的基础比重作为类别的权重。

在一级指标方面，本研究选择 AHP 作为指标权重的计算方式。AHP 是诞生于 20 世纪末的一种权重决策分析手段，其本质是基于矩阵数学结构和特征向量计算出相关权重的一种方式，它很好地适用于本研究数据结构复杂、个别指标不易量化的分析环境。其权重指标，本研究选择简化的 5 级标度方式，即 5 代指选项相比非常重要，1 代指选项相比非常不重要。基于科学的 AHP 步骤，本研究首先对文化治理的决策问题划分为目的层、准则层及方案层。其中，目的层即为文化治理水平测定，准则层 X_i（i=1, 2, 3）分别表示了绩效和成效中的一级指标。之后，本研究以三位文化治理及图书馆公共文化研究领域的专家进行衡量比重所给分数的平均值作为最终的比重结果。以 1～5 及其倒数作为主要的标度依据，构建了判断矩阵 $A=(a_{ij})_{n \times n}$。根据矩阵计算出一致性指标［见公式（1）］。

$$\text{CI} = \frac{\lambda_{\max} - n}{n - 1} \tag{1}$$

其中，$\lambda_{\max}$ 为判断矩阵的最大特征值。之后，通过给定的随机一致性指标 RI 计算一致性比例［见公式（2）］。

$$CR = \frac{CI}{RI} \qquad\qquad （2）$$

一般情况下，当 CR > 0.10 时，往往认为一致性检验通过。

最终根据判断矩阵 **A**，本研究采用方根法，即元素相乘后每个分量开方再归一得到最终的权重值［见公式（3）］[①]。

$$W_i = \frac{(\prod\limits_{j=1}^{n} a_{ij})^{\frac{1}{n}}}{\sum\limits_{i=1}^{n} (\prod\limits_{j=1}^{n} a_{ij})^{\frac{1}{n}}} \qquad\qquad （3）$$

$$i = 1, 2, ..., n$$

本研究中绩效成效一致性检验结果如表 4-7 所示。

表 4-7　绩效成效一致性检验

指标	最大特征根	CI	RI	CR	一致性检验结果
文化治理功能	12.775	0.178	1.52	0.12	通过
文化治理效应	26.514	0.343	1.629	0.21	通过

4.5.3.2　二级指标权重确定

在二级指标的权重方面，本研究选择熵值法作为二级指标权重确定的方式。熵值法根据信息熵原理测定信息的不确定性，当信息熵值的差异性越大，则指标

---

① 邓雪，李家铭，曾浩健，等. 层次分析法权重计算方法分析及其应用研究 [J]. 数学的实践与认识，2012（7）：93-100.

的有用性就越低，从而确定权重较低[①]。本研究开展公共图书馆文化治理综合评价 X_{ij}（其中 $i=1, ..., n$；$j=1, ..., m$），其表示第 i 个被评价图书馆中的第 j 个指标的指标值，由于熵值法涉及对数的计算，需要所有指标不能为空值和负值，因此本研究对原始的指标值进行正向平移及归一处理。根据之前计算的指标权重，利用线性加权方式确定，计算公式为：

$$y_i = \sum_{j=1}^{m} w_j X_{ij}^* \qquad (4)$$

确定带入一级指标权重的影响后，计算第 i 个图书馆的第 j 个指标的比例，计算公式为：

$$P_{ij} = \frac{x_{ij}}{\sum_{j=1}^{m} X_{ij}^*} \qquad (5)$$

*表示指标均为正实数（下同）。

接着计算第 j 个指标的数据，计算公式为：

$$e_j = -(I_{nn})^{-1} \sum_{i=1}^{n} P_{ij} ln(P_{ij}) \qquad (6)$$

最后，确定指标的差异性和权重，计算公式为：

$$w_j = \frac{1-e_j}{\sum_{j=1}^{n} 1-e_j} \qquad (7)$$

[①] 王会，郭超艺.线性无量纲化方法对熵值法指标权重的影响研究 [J].中国人口·资源与环境，2017（S2）：95-98.

4.5.3.3 文化治理指数权重体系

根据上述对类别、一级指标、二级指标权重的确定，最终得出整个指标体系的权重，如表 4-8 所示。

表 4-8 公共图书馆文化治理能力评价指标最终权重体系

类别	类别权重	一级指标	一级指标权重	二级指标	二级指标权重
文化治理功能	50%	空间表征	1/6	空间辐射范围	7.77%
				空间多元性	11.83%
				空间人文关怀	15.06%
				空间文化底蕴	5.174%
				绿色生态设计	5.345%
		资源表征	1/6	硬件设施	5.50%
				网络设施	5.655%
				传统文献资源建设	5.10%
				数字资源建设	5.204%
		服务表征	1/6	馆务信息公开服务	7.603%
				政府信息公开服务	6.175%
				阅读推广	5.72%
				志愿服务	3.973%
				特殊群体服务品牌建设	4.874%
				新媒体服务	5.015%
文化治理效应	50%	文化认同	1/6	传统文化保护与传承	7.915%
				地方文化认同与交流	8.468%
				对公共图书馆的认同	9.60%
		社会整合	1/6	志愿精神培育与发展	6.88%
				社会信任水平提高	7.167%
				社会规范与价值遵守	7.506%
				促进社会包容	6.936%

（续表）

类别	类别权重	一级指标	一级指标权重	二级指标	二级指标权重
文化治理效应	50%	公民培育	1/6	社会教育与终身学习	10.109%
				社会捐赠	8.276%
				全民阅读推广	10.198%
				数字化转型	16.945%

其中，由于成效指标中馆外网络覆盖面积、志愿服务类品牌活动的数量、未成年人品牌服务活动数量、老年人品牌服务活动数量、残障人士品牌服务活动数量，以及其他特殊群体品牌服务活动数量，绩效指标中未成年人品牌服务活动年场均参与人次、老年人品牌服务活动年场均参与人次、残障人士品牌服务活动年场均参与人次、其他特殊群体品牌服务活动年场均参与人次、向18岁以下读者发放免费远程阅读工具包的次数、向60岁以上读者发放免费远程阅读工具包的次数、向18岁以下读者发放免费数字设备的次数、向60岁以上读者发放免费数字设备的次数这14个指标有效样本量过少，无法计算，因此本研究将其划分为加分指标，单独赋分。

4.5.4　文化治理指数评分计算方法

在指标体系的计算方面，本研究采用TOPSIS（Technique for Order Preference by Similarity to Ideal Solution）法，即逼近理想解排序法。TOPSIS法是一种常用的利用原始数据进行综合评价的方法，其基本原理是通过检测评价对象与最优解、最劣解的距离来进行排序，若评价对象最靠近最优解同时又最远离最劣解，则为最优；否则不为最优。其中，最优解的各指标值都达到各评价指标的最优值，最劣解的各指标值都达到各评价指标的最差值[①]。TOPSIS 法对指标数据的对象类型要求不高，十分切合本研究样本数据，且由于本研究指标权重的构建比较科学，避免了 TOPSIS 法随意制定指标权重的缺陷。

首先，需要构造规范化决策矩阵，其中第 i 个图书馆对不同指标的相关数据表示为 $z_{k=}a_{ij}$（$k=1, 2, ..., n$），根据第 i 个图书馆对第 n 个指标的 j 属性进行的矩阵开展第 k 行的数据连乘，由此得到该属性的评价值列向量，计算公式为：

$$z_k^* = (\prod_{i=1}^{n} a_{ki})^{\frac{1}{n}}, \ z_k = z_k^* (\sum_{i=1}^{n} z_l^*)^{-1} \tag{8}$$

根据最大特征值及逆行一致性检验，进行一致性检验，最终构造出规范化决策矩阵 Z^i：

$$Z^i = \begin{pmatrix} z_{11}^i & z_{12}^i & \cdots & z_{1p}^i \\ z_{21}^i & z_{22}^i & \cdots & a_{2p}^i \\ \vdots & \vdots & \vdots & \vdots \\ z_{n1}^i & a_{n1}^i & \cdots & z_{np}^i \end{pmatrix} \tag{9}$$

$$i = 1, 2, ..., m$$

根据矩阵，确定正负理想解，计算公式为：

$$V^+ = (V_1^+, V_2^+, ..., V_m^+) = \{\max V_{ij} | \ j = 1, 2, ..., m\}$$
$$V^- = (V_1^-, V_2^-, ..., V_m^-) = \{\min V_{ij} | \ j = 1, 2, ..., m\} \tag{10}$$

最后计算每个样本量与正负理想解的距离，计算公式为：

[①] 陈建中，徐玖平 . 群决策的交互式 TOPSIS 方法及其应用 [J]. 系统工程学报，2008（3）：276-281，346.

$$S_i^+ = \sqrt{\sum_{j=1}^{m}(V_j^+ - V_{ij})^2}$$
$$S_i^- = \sqrt{\sum_{j=1}^{m}(V_j^- - V_{ij})^2}$$

（11）

根据距离即可计算出每个公共图书馆对各个指标的接近程度，若相对接近度越高，则指标得分越高，本研究将相对接近度扩大 100 倍作为最后的得分标准，计算公式为：

$$C_i = \frac{S_i}{(S_i^+ + S_i^-)} \times 100$$

（12）

第 5 章

我国公共图书馆文化治理能力调研

为了解我国公共图书馆文化治理能力情况，本研究通过网络调研和问卷调查的方式对我国公共图书馆现行文化治理功能表征系统及其文化治理实际效能进行调研分析，以为我国公共图书馆建设与发展的改进提供数据支撑。

5.1　调研概况

考虑到我国地域广袤，不同地区、不同级别的公共图书馆的公共文化服务水平可能存在不均衡的现象。因此，本次调研以省级、市级和县级的地方行政区划层级划分标准，以及《关于明确东中西部地区划分的意见》（财办预〔2005〕5号）①中对东、中、西部地区的划分标准，对我国公共图书馆进行分类抽样，确保各类型公共图书馆的样本分布均衡，以得到较为科学、合理、全面的调研结果。

本研究采用网络调研法，依据前文构建的公共图书馆文化治理能力评价指标体系，利用公共图书馆官网、官方微信公众号、主流媒体官网（包括人民网、新华网、光明网等大型新闻网站，以及图书馆所在的省级、市级党报官网），收集各指标的对应信息。对于无法在网络上得到的数据，采用问卷调查法来补充。在问卷的编制过程中，主要依据公共图书馆文化治理能力的评价指标体系来设置问题，采用半结构化的形式，围绕公共图书馆的公共文化空间建设、资源建设、社会参与、基本服务四个方面编制公共图书馆文化治理能力调查问卷（以下简称调查问卷，问卷内容详见附录）。本次共调研35个公共图书馆，包括12个省（自治区、直辖市）级公共图书馆、17个地市级公共图书馆及6个县市级公共图书馆，

① 财政部.关于明确东中西部地区划分的意见[EB/OL].[2022-06-30].

具有一定的代表性,具体名单如表 5-1 所示。

表 5-1　公共图书馆调研名单

级别	东部	中部	西部
省级	首都图书馆 山东省图书馆 南京图书馆 福建省图书馆 天津图书馆	河南省图书馆 湖南图书馆 山西省图书馆 安徽省图书馆 江西省图书馆	甘肃省图书馆 陕西省图书馆
市级	金陵图书馆 福州图书馆 天津河北区图书馆 天津滨海图书馆 天津泰达图书馆 广州图书馆 中山纪念图书馆 佛山市图书馆 深圳图书馆 东莞图书馆	郑州图书馆 太原市图书馆 阳泉市图书馆 武汉图书馆	西安图书馆 延安中山图书馆 商洛市图书馆
县级	南京六合区图书馆	长沙县图书馆	西安市长安区图书馆 蓝田县图书馆 延川县图书馆 宜川县图书馆

本次调研数据统一口径为 2020 年数据,受到外界环境影响,公共图书馆的部分月份服务数据为 0。除此之外,由于各地公共图书馆的统计标准不一,部分指标数据存在缺失的情况。以下对我国公共图书馆文化治理能力的分析,是基于本次调研涉及的 35 个公共图书馆,若部分数据多于或少于 35 个,在文中另做标注。

5.2　公共图书馆文化治理功能指标

5.2.1　空间表征指标

5.2.1.1　空间辐射范围

（1）馆内辐射范围

截至 2020 年年底，被调研省级公共图书馆每万人平均拥有建筑面积 21.38 平方米，天津图书馆的万人使用面积达到 95.2 平方米，居于调查样本首位，而河南省图书馆的万人使用面积仅为 2.99 平方米。被调研市级公共图书馆每万人平均拥有建筑面积 58.59 平方米，其中天津滨海图书馆的万人使用面积达到 209.11 平方米，而西安图书馆的万人使用面积仅为 11.58 平方米。被调研县级公共图书馆每万人平均拥有建筑面积 114.59 平方米，蓝田县图书馆每万人平均拥有建筑面积最大，为 167.2 平方米，西安市长安区图书馆万人使用面积为 50.13 平方米。总体来看，同一行政级别的公共图书馆，其万人使用面积以东部地区最大，西部地区次之，中部地区末之；不同行政级别的公共图书馆，其万人使用面积随着行政级别的提升而减少，这应该与人口数量有关系，行政级别越高的图书馆所服务的人口数量也越多。

（2）馆外辐射范围

在所调研的公共图书馆中，由于首都图书馆的官网及年报中并没有提到馆外空间的相关数据，因此首都图书馆的馆外空间辐射范围数据缺失，未能纳入统计。

在图书馆分馆数量的统计上，截至 2020 年年底，被调研省级公共图书馆分馆的平均数量约为 12 个，福建省图书馆的分馆数量为 58 个，居于调查样本首位，而南京图书馆的分馆数量仅为 1 个。被调研市级图书馆分馆的平均数量约为 15 个，东莞图书馆的分馆数量为 52 个，居于调查样本首位，而商洛市图书馆的分馆数量为 0 个。被调研县级图书馆分馆的平均数量约为 11 个，长沙县图书馆的分馆数量为 24 个，居于调查样本首位，而延川县图书馆的分馆数量为 2 个。

在图书馆流动服务点数量的统计上，截至 2020 年年底，被调研省级公共图书馆的流动服务点的平均数量为 41 个，其中福建省图书馆和甘肃省图书馆的流动服务点数量均为 92 个，居于调查样本首位。被调研市级公共图书馆的流动服务点的平均数量为 63 个，其中天津滨海图书馆的流动服务点数量为 360 个，居于调查样本首位。被调研县级公共图书馆的流动服务点的平均数量为 10 个，宜川县图书馆的流动服务点数量为 38 个，居于调查样本首位。

在自助图书馆数量的统计上，截至 2020 年年底，被调研省级公共图书馆自助图书馆的平均数量约为 0.8 个，不足 1 个。其中，陕西省图书馆的自助图书馆数量为 3 个，居于调查样本首位。被调研市级公共图书馆自助图书馆的平均数量约为 40 个。其中，深圳图书馆的自助图书馆数量为 235 个，居于调查样本首位。被调研县级公共图书馆自助图书馆的平均数量为 0.7 个，不足 1 个。其中，长沙县图书馆的自助图书馆数量为 2 个。

总体来看，同一行政级别的公共图书馆，其馆外空间辐射范围以东部地区最大，中部地区次之，西部地区末之；不同行政级别的公共图书馆，市级公共图书馆的馆外空间辐射范围是最大的，其次是省级公共图书馆，最小的为县级公共图书馆。

5.2.1.2　空间多元性

（1）信息中心

截至 2020 年年底，在所调研的省、市、县三级公共图书馆中，35 个公共图书馆均开设了物理信息中心和多元信息中心，占比为 100%。由此可见，公共图书馆作为信息中心的角色发挥得淋漓尽致，物理信息中心和多元信息中心的建设齐头并进，体现了公共图书馆顺应数字化时代的自我变革和创新。在数字化时代，随着数字资源的激增和新媒体的崛起，读者的阅读渠道和阅读习惯也悄然发生变化，无纸化的数字阅读正在成为流行的阅读趋势。显然，图书馆的传统物理空间服务已经不能满足网络化、数字化的信息需求，图书馆需要对空间进行重新定义[1]，"风格各异的建筑物不再是图书馆的唯一形式，而资源互联的虚拟空间很可能就是一个高效的图书馆"[2]。在物理信息空间服务的基础上，公共图书馆充分利用现代信息技术，积极开展线上信息服务。线上虚拟空间和线下实体空间相结合，打破了公共图书馆开展信息服务的时空局限。公共图书馆不仅能够提供"网络的知识共享虚拟空间"，也能提供公共的实体空间，彰显出公共图书馆在信息和知识服务上的"独特性和不可替代性"[3]。

（2）学习中心

截至 2020 年年底，在被调研省级公共图书馆中，开设教育空间的图书馆共有 8 个，占比为 66.67%；开设创作空间的图书馆共有 4 个，占比为 33.33%。在被调研市级公共图书馆中，开设教育空间的图书馆共有 15 个，占比为 88.24%；开

---

[1]　尤越，贾苹. 图书馆创客空间发展实践研究及建议 [J]. 图书馆杂志，2015（5）：95-101.

[2]　马费成，李志元. 新文科背景下我国图书情报学科的发展前景 [J]. 中国图书馆学报，2020（6）：4-15.

[3]　程焕文. 图书馆的价值与使命 [J]. 图书馆杂志，2013（3）：4-8.

设创作空间的图书馆共有 5 个，占比为 29.41%。在被调研县级公共图书馆中，开设教育空间的图书馆共有 5 个，占比为 83.33%；仅有长沙县图书馆开设了创作空间，占比为 16.67%。长沙县图书馆所设立的创作空间星向上·众创空间，提供了创意制作、项目跟踪、文献咨询、阅读推荐、创业指导等服务，开展创客沙龙、创意展览、创意竞赛等活动。

值得一提的是，广州图书馆在打造创作空间的实践中走出了一条创新发展的道路：针对有研究和写作需求的读者，开设了研究写作室；针对有媒体创作需求的读者，开设了自助录音室和多媒体录音室，配置专业的录音软件和设备，室内参照广播级录音棚进行声学装修，并有专业馆员为用户录制[1]。在创客空间的建设实践中，广州图书馆率先尝试运用设计思维突破创客空间的发展瓶颈[2]。设计思维是一种"集思维和实践于一体"的创新方法，源自设计领域的实践经验，基本理念是"以用户的需求为中心"[3]，包括换位思考、形象表达、合作创新三大要素[4]。在设计思维的指导下，广州图书馆的创客空间服务取得了良好的转型成效，打造了全民创客品牌活动"一起创""友创意"[5]。广州图书馆利用创作空间激发市民创新创造活力、促进个人全面发展、孕育和发展创客文化，实现了卓越的文化治理成效。

[1] 广州图书馆.场地预约[EB/OL].[2022-07-01].

[2] 陈欣.设计思维在公共图书馆中的应用研究——以广州图书馆创客空间为例[J].图书馆,2020（4）：79-84.

[3] 萧凯茵.设计思维在图书馆服务创新的应用策略分析[J].图书馆研究,2021（2）：8-17.

[4] 盛卿.设计思维在图书馆中的应用——基于美国IDEO《面向图书馆的设计思维》[J].图书馆论坛,2016（9）：63-70.

[5] 蔡思明,孙绍伟."十四五"规划背景下公共图书馆阅读空间发展策略研究：以广东为例[J].图书馆建设,2021（3）：101-112.

从调研结果来看，开设创作空间的公共图书馆比例仍处于较低水平，这跟构建创客空间的成本和难度有关。构建创客空间需要基础工具、入门项目、成功的实践经验指导、充足的资金、创客目录这五项基本的必备资源，对公共图书馆的空间利用理念、规划能力、内部空间设计水平等提出较高的要求[①]。因此，目前我国公共图书馆打造创作空间的实践，多集中于东部经济较发达的部分地区，如广州图书馆、深圳图书馆、东莞图书馆等。

（3）文化中心

截至 2020 年年底，在被调研省级公共图书馆中，开设地方文化区的图书馆共有 10 个，占比为 83.33%；开设鉴赏交流区的图书馆一共有 7 个，占比为 58.33%。在被调研市级公共图书馆中，开设地方文化区的图书馆共有 14 个，占比为 82.35%；开设鉴赏交流区的图书馆共有 12 个，占比为 70.59%。在被调研县级公共图书馆中，开设地方文化区的图书馆共有 3 个，占比为 50%；开设鉴赏交流区的图书馆共有 3 个，占比为 50%。

以被调研对象中省级公共图书馆和广东省内市级公共图书馆的地方文化区建设为例，各图书馆的地方文化区的主要功能基本上以收藏、整理地方文献资源，并提供阅览、利用服务为主，具体如表 5-2 和表 5-3 所示。

---

① 陶蕾. 图书馆创客空间建设研究 [J]. 图书情报工作，2013（14）：72-76，113.

表 5-2 省级公共图书馆的地方文化区

图书馆	空间名称	收藏文献类型及功能
南京图书馆	六朝遗迹展示区	以"湮没的皇宫"为主题,将新馆地基下的六朝时期梁朝建康城遗迹用玻璃地面保护起来,制作成特殊的展示厅,免费向读者开放。读者可透过玻璃地坪俯瞰古车道、排水沟、古井等遗迹①
	国学馆	提供古籍新印本、民国时期文献新印本、以研究国学为主的经典学术著作;地方文献专题区,集中展示现代江苏省内各类地方文献,另有《江苏历代方志全书》《金陵全书》《无锡文库》等各地文丛;多个古籍与民国时期文献专题数据库等②
山西省图书馆	地方文献图书阅览室	包括地方图书(方志、党史资料、文史资料、家谱、年鉴等)、民国文献、特种文献(图书、报纸、期刊、老照片、契约、老地图、老账簿等)③
	地方文献报刊阅览室	1949 年后的地方期刊、报纸④
河南省图书馆	中原方志馆	收藏了河南地方报纸、期刊、图书等,以各种方志、家谱、统计年鉴、党史资料、地方报刊等资料为主⑤
	中原文献馆	
湖南图书馆	地方文献阅览室	收藏有 1949 年后编印的地方史志、地方年鉴、统计年鉴,湖南革命历史文献,湖南水文、地质、气象、农业区划、人口普查、工业普查等方面资料,近代、现代湘籍知名人士的部分资料,湖南各地公开与内部出版的期刊、报纸⑥

---

① 南京图书馆 . 现代南图 [EB/OL].[2022-07-01].

② 南京图书馆 . 现代南图 [EB/OL].[2022-07-01].

③ 山西省图书馆 . 资源介绍 [EB/OL].[2022-07-01].

④ 山西省图书馆 . 资源介绍 [EB/OL].[2022-07-01].

⑤ 河南省图书馆 . 馆藏文献资源及服务介绍 [EB/OL].[2022-07-01].

⑥ 湖南图书馆 . 借阅指南 [EB/OL].[2022-07-01].

（续表）

图书馆	空间名称	收藏文献类型及功能
湖南图书馆	湖南人物资料中心	专事收集、整理海内外湘籍知名人士的个人资料、著述、人物传记。下设一个综合书库，湖南作家文库，徐特立、张舜徽等人的藏书专室和蔡仪、刘永济、吴相湘等若干个人著述专柜①
	古籍阅览中心	1911 年前出版的湖南地方志，地方版期刊、报纸，湖南名人手稿、信札、字画②
陕西省图书馆	地方文献阅览区 / 陕西省地方文献收藏中心	1949 年后内容涉及陕西的公开出版物及内部资料、周秦汉唐研究文献、陕西作家著作专藏③
	陕西出版物展示阅览室	陕西地区公开出版物及部分陕版、合订期刊④
甘肃省图书馆	西北地方文献阅览区	涵盖西北史地、民族宗教以及敦煌学、丝路学的文献⑤
首都图书馆	北京地方文献阅览区	收藏北京地方文献、近代书报，存世北京地方志，包括京剧、相声等戏曲曲艺的老唱片⑥
山东省图书馆	山东地方文献资料中心	主要收藏 1949 年后山东各地修编的家谱⑦
	山东人士著述专藏 / 鲁版图书专藏	主要收藏山东籍作家的作品
江西省图书馆	地方文献阅览区	江西省地方文献资源、地方志等
	赣版出版物阅览区	江西省公开出版物及部分赣版、合订期刊

---

① 湖南图书馆 . 借阅指南 [EB/OL].[2022-07-01].

② 湖南图书馆 . 借阅指南 [EB/OL].[2022-07-01].

③ 陕西省图书馆 . 馆藏分布 [EB/OL].[2022-07-01].

④ 陕西省图书馆 . 馆藏分布 [EB/OL].[2022-07-01].

⑤ 甘肃省图书馆 . 馆藏资源 [EB/OL].[2022-07-01].

⑥ 首都图书馆 . 关于我们 [EB/OL].[2022-07-01].

⑦ 大众日报 ."馆藏新修家谱展"在山东省图书馆地方文献资料中心开展 [EB/OL].[2022-07-01].

（续表）

图书馆	空间名称	收藏文献类型及功能
安徽省图书馆	地方文献阅览室	安徽省公开出版和内部发行的有地方特征的各种图书、期刊、报纸等文献资料；新修的各种史志；本省出版的各种年鉴、年度报告、指南、汇编等；反映安徽各行各业历史和发展状况的出版物和内部资料；安徽籍、曾居住在安徽，以及其个人影响主要产生于安徽的人物的作品、传记、年谱等[①]

表 5-3　广东省市级公共图书馆的地方文化区

图书馆	空间名称	收藏文献类型及功能
广州图书馆	广州人文馆	设立了广州文献区（广州政治、经济、历史、文化、地理等各方面文献资料）、名人藏书专区、家谱查询中心等
	广州大典研究中心	《广州大典》专区，开展《广州大典》的编纂工作研究、广州文献与广州历史文化研究等
中山纪念图书馆	孙中山文献馆	收藏孙中山先生的著作、孙中山和宋庆龄研究文献、与孙中山相关的人物和事件等文献资料，提供文献阅览服务[②]
	政协文史资料馆	收藏中山市十多年来与全国县级及以上城市政协开展文史资料交换积累的史料[③]
	香山文献馆	收集中山本地及周边地区文献资料、中山历史名人资料、中山地方出版物、家谱族谱、非遗文献等资料[④]
中山纪念图书馆	孙中山书房	用于孙中山相关文献资源及孙中山文化研究资料的保存、陈列、展示，以及举办相关交流、座谈活动[⑤]

---

① 安徽省图书馆.安徽省图书馆地方文献资源建设"十三五"规划 [EB/OL].[2022-07-01].

② 中山纪念图书馆.平面导航 [EB/OL].[2022-07-01].

③ 中山纪念图书馆.平面导航 [EB/OL].[2022-07-01].

④ 中山纪念图书馆.平面导航 [EB/OL].[2022-07-01].

⑤ 中山纪念图书馆.平面导航 [EB/OL].[2022-07-01].

（续表）

图书馆	空间名称	收藏文献类型及功能
佛山市图书馆	地方文献阅览区	包括家谱族谱、地方志、各类年鉴，佛山名人康有为专题文献，粤剧专题资料及佛山名人作家手稿、木鱼书、契证等特色文献资源[①]
	佛山文史展厅	以举办文史及传统文化类展览为主，用于推广特色馆藏和宣传地方文化，展示地方特色文化艺术[②]
深圳图书馆	深圳地方文献专区	专题收藏深圳地区地方文献[③]
	深圳学派文献专区	收藏深圳学人学术专著、定期发布深圳学派专题展览[④]
东莞图书馆	东莞书屋	东莞地方报刊及出版物、地方人士著作、工商企业名录等地方文献；与东莞社会经济发展相关的产业资料、城市化专题资料等[⑤]

　　总体来看，同一行政级别的公共图书馆，其地方文化区的空间建设在东部、中部、西部地区并没有显著差异，呈现出比较均衡的态势；不同行政级别的公共图书馆，建设地方文化区的省级公共图书馆占比是最大的，其次是市级公共图书馆，最小的为县级公共图书馆。造成以上两种现象的原因有二。

　　一是公共图书馆本身就承担着地方文献保存和地方历史文化研究的职能[⑥]，《中华人民共和国公共图书馆法》第二十四条规定"政府设立的公共图书馆还应当

①　佛山市图书馆.主馆楼层分布 [EB/OL].[2022-07-01].

②　佛山市图书馆.主馆楼层分布 [EB/OL].[2022-07-01].

③　深圳图书馆.服务指南 [EB/OL].[2022-07-01].

④　深圳图书馆.服务指南 [EB/OL].[2022-07-01].

⑤　蔡思明，孙绍伟."十四五"规划背景下公共图书馆阅读空间发展策略研究：以广东为例 [J].图书馆建设，2021（3）：101-112.

⑥　蔡思明，孙绍伟."十四五"规划背景下公共图书馆阅读空间发展策略研究：以广东为例 [J].图书馆建设，2021（3）：101-112.

系统收集地方文献信息，保存和传承地方文化"①，因此，无论经济发展水平较高的东部地区，还是经济发展水平相对薄弱的中部、西部地区，公共图书馆都需要履行自身的地方文化职能。西部地区的一些公共图书馆，如甘肃省图书馆、陕西省图书馆、西安图书馆、宜川县图书馆等，所处地区本身就有着深厚的历史文化底蕴，甘肃省作为"中华民族重要的文化资源宝库"，近年来着力打造以敦煌文化为主的品牌特色文化。陕西西安拥有着悠久的城市发展史，周、秦、汉、唐等13个王朝在此建都，被誉为世界的"四大历史古都"之一②。遗址公园、非物质文化遗产、文物古籍、红色文化等，这些海量的、独一无二的地方文化资源，为公共图书馆建设专门的地方文化区、开展地方文化保护和传承提供了深厚的家底③。

二是省级公共图书馆作为全省的文献收藏中心、文献信息保护中心④，承担着传承文明、服务社会的使命。在文献收集范围上，省级公共图书馆需要对全省范围内的地方文献资源进行收藏整理，涉及省内各个区域不同类型的地方文化，因此地方文献的收集范围会更加广泛，设立专门的地方文化区也就更具有可行性和必要性；在地方文献的整理和研究能力上，省级公共图书馆作为区域中心图书馆，是省公共图书馆培训和研究中心⑤，对辅导、培训、协作协调、带动市、县级公共图书馆的地方文化保护工作发挥着积极的作用。因此，开设地方文化区的省

① 中华人民共和国公共图书馆法 [EB/OL].[2022-07-01].
② 光明日报.陕西：文化魅力穿越时空 文化底蕴润泽心灵 [EB/OL].[2022-07-01].
③ 蔡思明，孙绍伟."十四五"规划背景下公共图书馆阅读空间发展策略研究：以广东为例 [J]. 图书馆建设，2021（03）：101-112.
④ 何光伦，王嘉陵.现代视野下省级图书馆职能演变及定位 [J]. 中国图书馆学报，2019（2）：57-71.
⑤ 何光伦，王嘉陵.现代视野下省级图书馆职能演变及定位 [J]. 中国图书馆学报，2019（2）：57-71.

级公共图书馆占比要更高，而相对于省级、市级公共图书馆，县级公共图书馆建立专门的地方文化区的能力还十分有限。

5.2.1.3 空间人文关怀

我国的《"十四五"公共文化服务体系建设规划》中指出要"建设以人为中心的图书馆"，具体的要求是"推进公共图书馆功能转型升级。适应高质量发展要求，推动公共图书馆向'以人为中心'转型，建设开放、智慧、包容、共享的现代图书馆，将公共图书馆建设成为滋养民族心灵、培育文化自信的重要场所"[①]。空间是图书馆馆藏建设和开展服务的载体和基础，空间价值是图书馆核心价值的重要组成部分[②]。图书馆空间人文关怀是向"以人为中心"转型的重要体现，是否面向各类特殊人群设立专门的服务空间，是本研究中衡量空间人文关怀的主要指标。

（1）针对未成年人的空间人文关怀

截至 2020 年年底，在所调研的 12 个省级公共图书馆中，共有 11 个公共图书馆开设了未成年人阅览区，占比为 91.67%；在被调研的市级公共图书馆中，共有 16 个公共图书馆开设了未成年人阅览区，占比为 94.12%；所调研的 6 个县级公共图书馆都开设了未成年人阅览区。

在是否为未成年人开设专门娱乐区的指标中，共有 4 个省级公共图书馆开设了未成年人娱乐区，占比为 33.33%；有 6 个市级公共图书馆开设了未成年人娱乐区，占比为 35.29%；调查样本中没有县级公共图书馆开设未成年人娱乐区。

---

① 文化和旅游部 . "十四五"公共文化服务体系建设规划 [EB/OL].[2022-06-21].
② 李玉斌 . 迪肯大学图书馆空间价值评估研究及启示 [J]. 图书馆学研究，2014（11）：93-96.

在是否为未成年人开设专门上网区的指标中，共有 2 个省级公共图书馆开设了未成年人上网区，占比为 16.67%；有 3 个市级公共图书馆开设了未成年人上网区，占比为 17.65%；在被调研的县级公共图书馆中，仅有南京六合区图书馆开设了未成年人上网区，占比为 16.67%。

总体来看，针对未成年人的三类空间人文关怀形式中，阅览区的建设程度比娱乐区、上网区更加完善，这与公共图书馆作为阅读空间的基本职能密切相关。

南京图书馆、江西省图书馆、广州图书馆、太原市图书馆、佛山市图书馆这 5 个公共图书馆均开设了专门的未成年人阅览区、娱乐区和上网区，较为全面地保障了未成年人学习、娱乐和获取信息的基本文化权益。

（2）针对残障人士的空间人文关怀

截至 2020 年年底，在所调研的 12 个省级公共图书馆中，开设专门的视障人士阅览区的有 11 个，占比为 91.67%；没有公共图书馆开设专门的听障人士阅览区；开设其他残障人士阅览区的公共图书馆有 2 个，分别为首都图书馆和江西省图书馆，占比为 16.67%。

其中，首都图书馆专为残障读者和老年读者设置的康复文献阅览室非常有特色。该阅览室位于图书馆 A 座一层，面积为 220 平方米，包括报刊阅览区、普通图书阅览区、盲文图书阅览区、多媒体区四个区域[①]，为残障人士提供盲文书刊、大字版图书，并配备了智能听书机、有声朗读机、轮椅、电子助视器、盲文点显

① 首都图书馆.服务无缝隙 阅读无障碍 ——暨首都图书馆无障碍服务 [EB/OL].[2022-06-23].

器、盲文打印机等辅助阅读设备[①,②]。江西省图书馆的一层设置了残障阅览室，包括盲文图书区、专用设备阅读区、康复区三个区域，收藏了盲文图书、无障碍电影，配备了盲用计算机、智能听书机、电子助视器等专业视障阅读设备[③]。这为视障人士查阅信息、阅读资料创造了无障碍的服务环境，加深了特殊人群利用图书馆的便利化、人性化程度，体现出了公共图书馆在空间环境、设施设备上的人文关怀。

在被调研的市级公共图书馆中，开设专门的视障人士阅览区的有 12 个，占比为 70.59%，没有市级公共图书馆开设专门的听障人士阅览区，以及其他残障人士阅览区。

在被调研的县级公共图书馆中，开设视障人士阅览区的有 4 个，占比为 66.67%；没有县级公共图书馆开设专门的听障人士阅览区及其他残障人士阅览区。

总体来看，针对残障人士的空间人文关怀中，视障人士受到了较为广泛的关注，三类行政级别的公共图书馆开设专门的视障人士阅览区的比例均超过了 50%。但是对于听障人士及其他残障人士的空间人文关怀稍显不足，三类行政级别的公共图书馆均没有设置专门的听障人士阅览区；仅有首都图书馆和江西省图书馆设置了专门的康复区域，为多类型残障人士提供无障碍服务。

① 北京市图书馆协会.李强东、杨芳怀：浅谈公共图书馆视障读者服务的模式与实践 [EB/OL].[2022-06-21].
② 首都图书馆.服务无缝隙 阅读无障碍 ——暨首都图书馆无障碍服务 [EB/OL].[2022-06-23].
③ 江西日报.盲人读者走进省图体验无障碍阅读 [EB/OL].[2022-06-23].

（3）针对老年人的空间人文关怀

截至 2020 年年底，在所调研的样本中，省级公共图书馆为老年人开设专门阅览区的有 6 个，占比为 50%；市级公共图书馆为老年人开设专门阅览区的有 2 个，占比为 11.76%；尚没有县级公共图书馆为老年人开设专门阅览区。

总体来看，与对未成年人和残障人士的空间人文关怀相比，针对老年人的空间人文关怀相对较少，35 个调研样本中仅有 8 个公共图书馆专门开设了老年人阅览区，其中有 6 个是省级公共图书馆。造成这种现象的原因主要有两个。

一是很多公共图书馆将残障人士服务区域与老年人的服务区域合并在了一起，如首都图书馆的康复文献阅览室、江西省图书馆的康复区等，就同时面向视障人士和老年人群体提供服务。

二是相比于未成年人和视障人士，身体硬朗、行动自如的老年人获取和利用公共图书馆服务的便利程度相对较高。因此，多数公共图书馆对老年人服务赋予的优先级别仍比较低，总体上将老年人服务视为成年人服务的一部分[1]，这就造成了针对老年人的空间人文关怀比较缺失的现状。

5.2.1.4　空间文化底蕴

由于首都图书馆、安徽省图书馆、山西省图书馆、武汉图书馆 4 个公共图书馆暂无相关数据，故此处仅对其余 31 个公共图书馆的空间文化底蕴指标进行统计。

（1）地方文化特色

截至 2020 年年底，在被调研的省级公共图书馆中，有 6 个公共图书馆的建

---

① 肖雪，苗美娟. 美国公共图书馆老年服务：历史与启示 [J]. 中国图书馆学报，2019（1）：95-109.

筑布局、建筑形式与所在地区的本土文化相融合，占比为 66.67%；只有江西省图书馆的建筑布局、建筑形式与所在地区的其他文化机构相呼应。在被调研的市级公共图书馆中，有 8 个公共图书馆的建筑布局、建筑形式与所在地区的本土文化相融合，占比为 50%；有 4 个公共图书馆的建筑布局、建筑形式与所在地区的其他文化机构相呼应，占比为 25%，分别为广州图书馆、佛山市图书馆、福州图书馆、深圳图书馆。在被调研的县级公共图书馆中，建筑布局、建筑形式与所在地区的本土文化相融合或与所在地区的其他文化机构相呼应的公共图书馆均为 0 个。总体来说，建筑上符合地方文化特色这一指标的公共图书馆只有 4 个，分别为江西省图书馆、广州图书馆、佛山市图书馆、福州图书馆，既反映了所在城市的独特地方文化特色，又与当地其他文化机构相呼应，具体如表 5-4 所示。

表 5-4　建筑符合地方文化特色的公共图书馆

图书馆	体现地方文化的建筑设计	与当地其他文化机构的相融性
江西省图书馆	建筑体量采用滕王阁山墙意象的题材及拱桥的形式，面向江面及"城市客厅"完全展开，形成视野最大化	位于江西省文化中心的中间位置，北临江西省博物馆新馆，南接江西省科技馆新馆，横跨地块中部路段的两侧，寓意为联系历史与未来的桥梁
广州图书馆[1]	融入骑楼等文化元素，体现岭南建筑艺术特色，入选"新广州好"百景	坐落于广州市的新城市中心、有"城市客厅"美誉的花城广场，面向广州塔，与周边的广东省博物馆、广州大剧院、广州市第二少年宫形成文化共同体，成为广州的文化窗口
佛山市图书馆[2]	建筑外墙设计采用佛山剪纸元素，提供一个向本土艺术历史致敬的建筑视角	与周围的流行大众景观融为一体

---

[1]　广州图书馆 . 广图概况 [EB/OL].[2022-07-02].

[2]　佛山市图书馆获评全球"最佳绿色图书馆"[EB/OL].[2022-07-02].

（续表）

图书馆	体现地方文化的建筑设计	与当地其他文化机构的相融性
福州图书馆	主体建筑结合福州闽江口经济圈建设和福州城市沿江向海发展的理念，福州图书馆与闽江北岸商务区接轨，建设城市公共文化服务平台，将复古与现代相结合，全面展示福州市的历史文化内涵和当代主流文化的风貌	与省广播电视中心毗邻，并通过大型城市平台与北江滨公园连为一体

　　这4个公共图书馆利用建筑风格和人文环境潜移默化地影响市民读者，体现在两个方面。一是作为当地的文化符号象征而存在，公共图书馆的建筑外观、内部空间设计都反映着当地的历史文化风貌，这种全景式的建筑、符号空间凝视，能够产生一种共情作用[①]，以此来建立读者与所属区域的文化认同感和归属感，最终发挥柔性的文化治理功能。二是与城市的整体风格相协调，与周边的其他文化机构交相呼应，如广州图书馆与周边的广东省博物馆、广州大剧院、广州市第二少年宫形成文化共同体，成为广州的文化窗口；深圳图书馆和音乐厅一道，构成深圳文化中心。公共图书馆与其他文化机构共同构成文化共享的有机体，能充分发挥不同类型公共文化服务机构的职能。多元主体协同配合，无论在业务上加强交流合作，还是在城市文化底蕴的共同凝聚上，这种文化机构的相融性都能潜移默化地达到文化治理的成效。

　　（2）城市文化地标

　　截至2020年年底，在被调研的省级公共图书馆中，成为当地城市文化地标的有2个，占比为22.22%，分别为南京图书馆和江西省图书馆。在被调研的市

---

① 江凌.公共图书馆的文化治理性与治理能力提升策略[J].治理现代化研究，2022（2）：60-68.

级公共图书馆中，成为当地文化地标的有 6 个，占比为 37.5%，分别为广州图书馆、中山纪念图书馆、太原市图书馆、天津滨海图书馆、佛山市图书馆和东莞图书馆。在被调研的县级公共图书馆中，成为当地文化地标的有 0 个。

优秀的文化地标能够彰显地方文化特质，成为一个城市的精神和文化象征。作为文化地标的公共图书馆不仅能够提升公众的审美素养，还能以其文化符号唤起公众共同的情感记忆，塑造公众的情感体验，促使公众产生文化归属和认同。从调研情况来看，我国公共图书馆在文化地标的打造上仍有很大的提升空间。

5.2.1.5　绿色生态设计

由于天津图书馆、首都图书馆、山东省图书馆、安徽省图书馆、山西省图书馆、武汉图书馆这 6 个公共图书馆暂无相关数据，故此处仅对其余 29 个公共图书馆的绿色生态设计指标进行统计。

（1）馆舍绿化设计

截至 2020 年年底，在所调研的省级公共图书馆中，采取馆舍绿化设计的共有 4 个，占比为 57.14%，分别为江西省图书馆、湖南图书馆、福建省图书馆和甘肃省图书馆；所调研的市级公共图书馆中共有 12 个采取馆舍绿化设计，占比为 75%；所调研的县级公共图书馆中共有 3 个采取馆舍绿化设计，占比为 50%。这些公共图书馆的馆舍绿化设计形式主要是通过合理的景观生态设计，扩大馆内的绿色植物面积，达到改善馆内生态环境的效果。例如，湖南图书馆在前后两个庭院设计园林，曾被评为"花园式单位""十佳建筑"；江西省图书馆在场地内合理设置集中公共绿地郁密林；广州图书馆绿化屋顶，设计天台花园；天津市河北区图书馆在大厅楼道拐角处布置绿植，并在墙壁上挂上精心挑选的、以文明创建为主题的艺术小品画。馆舍绿化设计不仅能够美化环境，使图书馆建筑与自然环境统一协调，还能以无处不在的绿色生态元素熏陶公众，培养公众节约、环保的意识。

（2）节能减排设计

截至 2020 年年底，在所调研的公共图书馆中，采取节能减排设计的省级公共图书馆共有 6 个，占比为 85.71%；市级公共图书馆共有 13 个，占比为 81.25%；县级公共图书馆共有 2 个，占比为 33.33%。这些公共图书馆在节能减排设计上主要有以下共同点。一是充分利用环境中的资源，包括水资源、材料资源、自然光源等。例如，江西省图书馆在中庭引入自然光，在屋顶采用 Low-E 三银玻璃，在增加采光的同时减少了太阳辐射，降低了室内的空调冷负荷，达到了节能的目的；广州图书馆装有地下采光顶棚和下沉式开口，形成地下庭院，令身处地下一层的用户也能享受自然光、自然通风及看到自然植被。二是采用环保的技术和材料。例如，江西省图书馆应用海绵城市技术，设置下凹式绿地、雨水收集池、透水铺装等有调蓄水功能的设施，有效调节雨水，错峰排放，减小城市内涝压力；福州图书馆为了推广低碳出行，建设了五组汽车充电桩设施，为新能源汽车的使用提供保障。图书馆通过节能减排设计不仅能够节约经费投入，取得间接的经济效益，还能带来明显的公益宣传和示范窗口效应，向公众传播节能环保的理念，增强公众的环保意识[①]。

值得一提的是，佛山市图书馆获得了 2018 年的 IFLA "绿色图书馆奖"，并夺得了第一名的好成绩，获评全球 "最佳绿色图书馆"[②]。该奖项旨在增强图书馆的

---

① 广东省人民政府 . 广东省立中山图书馆：倡导生态、厉行节约 [EB/OL].[2022-07-05].

② 广东省广播电视局 . 广东佛山市图书馆：获评 "最佳绿色图书馆" [EB/OL].[2022-07-05].

社会责任感及引领环境教育的意识，鼓励图书馆传达绿色阅读理念、对环境可持续性发展做出承诺与实践[①]。佛山市图书馆的可持续发展理念与该奖项的宗旨不谋而合，在建筑设计上，佛山市图书馆作为佛山市重要的文化地标性建筑，与周围的流行大众景观融为一体，并立足本土文化，采用佛山剪纸元素作为建筑外墙的设计，极具空间文化底蕴。在建筑的环保设计上，佛山市图书馆充分利用自然资源，达到节地与室外环境、节能与能源利用、节水与水资源利用、节材与材料资源利用、室内环境质量和运营管理六类指标要求，如采用虹吸雨水排水、雨水回用系统达到综合利用雨水资源和节约用水的目的[②]。在绿色环保意识的培育上，佛山市图书馆开展绿色植物展览、绿色图书推送[③]、"美丽村居·文明家园"摄影大赛[④]等活动，增强公众的环境保护意识。总体而言，佛山市图书馆通过绿色生态和节能减排设计，营造绿色的空间环境，使得节约资源、保护环境的环保观念不着痕迹、润物细无声地植根于公众的心中。

5.2.2 资源表征指标

5.2.2.1 信息基础设施

（1）硬件设施

截至 2020 年年底，被调研省级公共图书馆读者用计算机终端提供量差异较

---

① 佛山在线 . 全国首次！佛山市图书馆获全球绿色图书馆大奖 [EB/OL].[2022-07-05].

② 来自对佛山市图书馆的个性化问卷调查

③ 李思敏，杨峰，王龙 . 绿色图书馆获奖项目的分析与启示 [J]. 图书馆研究与工作，2022（1）：77-83，91.

④ 贺延辉 . 我国图书馆"环境日"共同行动的思考 [J]. 图书馆建设，2021（6）：146-158.

大，山西省图书馆提供读者用计算机终端 670 台，而湖南图书馆仅提供读者用计算机终端 80 台。被调研市级公共图书馆中广州图书馆提供读者用计算机终端数量最多，为 708 台，居于调查样本首位，而天津河北区图书馆和商洛市图书馆分别仅提供 40 台。被调研县级公共图书馆中长沙县图书馆提供 140 台读者用计算机终端，为县级公共图书馆之首，而宜川县图书馆仅提供 30 台计算机供读者使用。

从发放免费数字设备情况来看，被调研的 12 个省级公共图书馆中仅有 4 个进行了免费数字设备的发放，分别为山东省图书馆、河南省图书馆、福建省图书馆和甘肃省图书馆，设备包括盲人专业携带式听书器和盲用智能听书机等；在被调研的 17 个市级公共图书馆中也仅有 4 个在 2020 年进行了免费数字设备的发放，分别为阳泉市图书馆、佛山市图书馆、延安中山图书馆和郑州图书馆；在被调研的 6 个县级公共图书馆中仅宜川县图书馆在 2020 年进行了免费数字设备的发放。总体来看，被调研公共图书馆中有该项服务的较少，总体占比约为 25.71%，免费数字设备发放情况不理想。

从存储容量方面来看，截至 2020 年年底，江西省图书馆是被调研省级公共图书馆中存储容量最大的，其存储容量达到了 2 300TB；山东省图书馆存储容量仅为 57.3TB，为被调研省级公共图书馆中存储容量最小的。被调研市级公共图书馆存储容量差异较大，商洛市图书馆和天津河北区图书馆存储容量较小，都仅为 4TB；但武汉图书馆达到了 650TB，是市级公共图书馆中最大的，且已经超过了很多省级公共图书馆的存储容量。被调研县级公共图书馆存储容量普遍偏小，其中长沙县图书馆最大，为 69.1TB，而存储容量最小的仅为 4TB。

（2）网络设施

截至 2020 年年底，被调研省级公共图书馆中江西省图书馆提供的网络带宽最大，为 3 000Mbit/s；最小的为福建省图书馆，网络带宽为 500Mbit/s。同时 12 个省级公共图书馆中有 5 个缺乏数据，但是总体来看，省级公共图书馆的网络带宽虽有一定差异，但均能满足用户的网络需要。在被调研的市级公共图书馆中，网络宽带最大的是深圳图书馆，为 2 657Mbit/s；最小的为阳泉市图书馆，为 50Mbit/s，具有较大的差距。被调研的县级公共图书馆的网络宽带的差异较小，南京六合区图书馆、延川县图书馆、宜川县图书馆、西安市长安区图书馆、蓝田县图书馆的网络带宽均为 100Mbit/s。

关于馆内无线网覆盖率，除少数无数据的图书馆和阳泉市图书馆（馆内无线网覆盖率为 90%），被调研的其余公共图书馆馆内无线网覆盖率均为 100%。而大部分公共图书馆对馆外都不提供网络覆盖，被调研省级公共图书馆中仅有陕西省图书馆和甘肃省图书馆提供馆外网络，网络覆盖面积分别为 7 500 平方米和 21 300 平方米；被调研市级公共图书馆中仅延安中山图书馆和佛山市图书馆提供馆外网络，覆盖面积分别为 3 000 平方米和 9 100 平方米；被调研县级公共图书馆中南京六合区图书馆、延川县图书馆和长沙县图书馆提供馆外网络，覆盖面积分别为 8 660 平方米、100 平方米和 5 000 平方米。

总体来说，被调研市级公共图书馆的网络带宽差距较大，这可能是由于不同城市经济发展水平和服务人口数量存在巨大差异，如深圳市和阳泉市相比，深圳市经济发展水平明显高于阳泉市，且辐射人口远远多于阳泉市，深圳图书馆对网络带宽的需求可能也大于阳泉市图书馆，因此产生了较大的网络带宽差距。同时，本次调研样本的馆内无线网络覆盖率情况较好，绝大多数图书馆做到了馆内无线网络全覆盖，为读者提供了一个便利的网络环境；但从馆外网络覆盖面积来说，部分公共图书馆缺失该项数据，大多数公共图书馆也未提供此项服务，在此方面公共图书馆应该加大力度，以更加积极的姿态承担社会责任，为社会和公众提供更加优质和充足的公共服务。

5.2.2.2　文献资源建设

（1）传统文献资源建设

根据 4.3.2.3 小节的计算方法，截至 2020 年年底，被调研省级公共图书馆的人均文献馆藏量为 0.17 册件 / 人，其中最多的是天津图书馆，为 0.66 册件 / 人，最少的仅为 0.015 册件 / 人，约为平均值的十分之一；被调研市级公共图书馆的人均文献馆藏量为 0.324 册件 / 人，其中最多的是天津滨海图书馆，为 0.874 4 册件 / 人，最少的仅为 0.036 7 册件 / 人，也是远低于平均数据；被调研县级公共图书馆人均文献馆藏量平均值与市级相似，为 0.325 册件 / 人，其中最多的是蓝田县图书馆，为 0.772 4 册件 / 人，最少的为 0.059 册件 / 人。

从年人均新增文献入藏量来说，被调研省级公共图书馆的平均值为 0.002 825 册件 / 人，其中最多的为天津图书馆，达到了 0.031 1 册件 / 人，最少的仅为 0.000 4 册件 / 人；被调研市级公共图书馆年人均新增文献入藏量平均值为 0.064 3 册件 / 人，其中天津滨海图书馆是被调研市级公共图书馆中最多的，为 0.719 9 册件 / 人，也是所有样本中年人均新增文献入藏量最多的，市级公共图书馆中最小的仅为 0.000 39 册件 / 人；被调研县级公共图书馆平均值为 0.032 7 册件 / 人，其中最多的是延川县图书馆，达到了 0.129 册件 / 人，最少的仅为 0.006 3 册件 / 人。

除此之外，各公共图书馆的荐购采纳率差异也较大。在本次调研中，此指标的数据缺失项较多，省级公共图书馆中仅有 4 个提供了其荐购采纳率数据：南京图书馆、陕西省图书馆、河南省图书馆和江西省图书馆分别为 20%、98%、

100%、100%；17 个市级公共图书馆中也仅有 7 个提供了数据，其中荐购采纳率达到 100% 的仅广州图书馆，有数据的公共图书馆中最低的为泰达图书馆，荐购采纳率为 50%；6 个县级公共图书馆中有 4 个提供了数据，其中达到 100% 的仅长沙县图书馆，最低的为南京六合区图书馆，其荐购采纳率仅为 1%。该部分数据缺失较为严重，一方面可能由于公共图书馆未开展相关工作，另一方面也有部分公共图书馆由于图书馆采购方式的不同难以统计，如天津河北区图书馆目前采用单轨制，由天津图书馆统一配书；广州图书馆采用的是"线上 + 线下"的方式，线下，读者前往新华书店、大众书局等读者荐购（PDA）服务点进行荐书，不符合标准的会被书店工作人员现场拒绝，线上，不符合要求的系统直接不允许荐购，所以没有办法统计荐购采纳率。

（2）数字资源建设

在本次调研中，大多数公共图书馆都有官方网站，仅天津河北区图书馆和南京六合区图书馆未建设网站。在网站多语言设计方面，12 个省级公共图书馆中有 7 个有相关设计，占比为 58.33%；17 个市级公共图书馆中有 6 个有相关设计，占比为 35.29%；6 个县级公共图书馆均无相关设计。在网站无障碍设计方面，省级公共图书馆中仅安徽省图书馆和甘肃省图书馆有相关设计，占比为 16.67%；市级公共图书馆中广州图书馆、郑州图书馆等 5 个公共图书馆有相关设计，占比为 29.41%；而县级公共图书馆均无相关设计。

本次调研在自建数字资源总量、数字资源发布占比和可远程访问数字资源占比方面有部分数据缺失。在自建数字资源总量方面，被调研省级公共图书馆中福建省图书馆总量最多，达到了 322TB，而最少的仅有 3.7TB；市级公共图书馆中太原市图书馆居于首位，达到了 158TB，而最少的仅为 0.05TB；县级公共图书馆中总量最多的蓝田县图书馆为20TB，甚至还存在自建数字资源总量为0的情况。

从数字资源发布占比来看，被调研省级公共图书馆中江西省图书馆、湖南图书馆和甘肃省图书馆数字资源发布占比均为100%，其余有数据的图书馆的数值也相对较高；市级公共图书馆中广州图书馆等7个公共图书馆达到了100%，但最低的仅为5%；县级公共图书馆中南京六合区图书馆和宜川县图书馆均达到了100%。

从可远程访问数字资源占比来看，被调研省级公共图书馆中江西省图书馆、湖南图书馆和陕西省图书馆达到了100%，最少的仅为15%；市级公共图书馆中广州图书馆等6个公共图书馆达到了100%，最少的仅为19.7%；县级公共图书馆中仅宜川县图书馆达到了100%，最少的仅为10%。

从地方文献专题数据库建设数量来看，被调研省级公共图书馆的平均数量为15.75个，其中最多的是南京图书馆，建设了30个地方文献专题数据库，建设数量最少的也有5个地方文献专题数据库；市级公共图书馆建设数量平均为7.3个，其中最多的是深圳图书馆，数量为23个，有5个公共图书馆数量均为1个；县级公共图书馆建设数量平均为6.3个，延川县图书馆和宜川县图书馆数量较多，均为18个，建设数量较少的2个公共图书馆均为1个。

5.2.3 服务表征指标

5.2.3.1 馆务信息公开服务

（1）图书馆网站是否公开年报/月报

截至2020年年底，在被调研公共图书馆中，在官方网站公开年报/月报的省级公共图书馆共有 11 个，占比为 91.67%；市级公共图书馆共有 11 个，占比为 64.71%；县级公共图书馆共有 2 个，占比为 33.33%。在地区差异上，东部与中部地区公开年报 / 月报的被调研公共图书馆均占 80% 以上，在比例上基本持平，但西部地区被调研公共图书馆则仅有 40%。

（2）网站的业务统计是否得到及时更新

截至 2022 年年初，在被调研省级公共图书馆中，网站的业务统计更新至 2020 年的共 7 个，占比为 58.33%，其中山东省图书馆仅更新了 2020 年前 3 个月的业务统计数据。在被调研市级公共图书馆中，网站的业务统计更新至 2020 年的共 9 个，占比为 52.94%。在被调研县级公共图书馆中，网站的业务统计更新至 2020 年的共 2 个，占比为 33.33%。在地区差异上，东部地区公共图书馆中年报更新至 2020 年的比例最高，中部地区次之，西部地区末之。

5.2.3.2　政府信息公开服务

（1）线下服务

截至 2020 年年底，在被调研省级公共图书馆中，以线下形式提供政府信息公开服务的有 6 个，占比为 50%。在被调研市级公共图书馆中，以线下形式提供政府信息公开服务的有 13 个，占比为 76.47%。在被调研县级公共图书馆中，以线下形式提供政府信息公开服务的有 1 个，占比为 16.67%。从地区差异的角度看，在所调研的东部、中部和西部地区公共图书馆中，以线下形式提供政府信息公开服务的比例分别为 56.25%、20% 和 55.56%。总体而言，公共图书馆以线下形式提供的政府信息公开服务主要有以下三种类型：一是在馆内外设置政府信息公开栏或专架，提供纸质版政府公报、相关政策法规和其他政务宣传材料；二是设置政府信息公开咨询台，用户可进行现场咨询或电话咨询；三是设置专门阅览室，供用户使用 PC 端访问政府信息公开的线上服务。

（2）线上服务

截至 2020 年年底，在被调研省级公共图书馆中，以线上形式提供政府信息公开服务的有 9 个，占比为 75%。在被调研市级公共图书馆中，以线上形式提供政府信息公开服务的有 13 个，占比为 76.47%。在被调研县级公共图书馆中，以线上形式提供政府信息公开服务的有 5 个，占比为 83.33%。从地区差异的角度看，在所调研的东部、中部和西部地区公共图书馆中，以线上形式提供政府信息公开服务的比例分别为 68.75%、80% 和 88.8%。总体而言，调查样本中的大部分公共图书馆以线上形式向用户提供政府信息公开服务，其比例高于线下服务形式，具体以下两种形式为主：一是公共图书馆自建的政府信息公开服务平台，如广州图书馆自建的中国政府公开信息整合服务平台广州站对本市政府公开信息进行了整合，设有综合信息、政府公报、政策法规等板块，旨在为用户提供政府信息获取的一站式服务；二是向用户提供第三方政府信息公开服务平台的链接，如武汉图书馆在官方网站设置"武汉政务"入口，用户点击后可跳转至武汉市人民政府官网。

5.2.3.3 阅读推广

（1）年度开展讲座、培训次数

由于江西省图书馆、山西省图书馆、中山纪念图书馆和深圳图书馆暂无相关数据，故此处仅对其余 31 个公共图书馆年度开展讲座、培训次数进行统计。截至 2020 年年底，被调研省级公共图书馆年度开展讲座、培训次数平均为 149.6 次，其中最多的湖南图书馆为 900 次，而最少的山东省图书馆仅为 25 次。被调研市级公共图书馆年度开展讲座、培训次数平均为 159.2 次，其中最多的东莞图书馆为 559 次，最少的商洛市图书馆仅为 5 次。被调研县级公共图书馆年度开展讲座、培训次数平均为 27.2 次，其中最多的长沙县图书馆为 60 次，而最少的宜川县图书馆仅为 7 次。在地区差异上，在被调研公共图书馆中，东部与中部地区的公共图书馆年度开展讲座、培训次数在整体上高于西部地区。

（2）年度开展展览次数

由于山西省图书馆、中山纪念图书馆和深圳图书馆暂无相关数据，故此处仅对其余 32 个公共图书馆年度开展展览次数进行统计。截至 2020 年，被调研省级公共图书馆年度开展展览次数平均为 29.5 次，其中最多的湖南图书馆为 51 次，最少的江西省图书馆仅为 9 次。被调研市级公共图书馆年度开展展览次数平均为 46.7 次，其中最多的金陵图书馆为 201 次，而最少的延安中山图书馆仅为 3 次。被调研县级公共图书馆年度开展展览次数平均为 14 次，其中最多的西安市长安区图书馆为 49 次，而最少的宜川县图书馆仅为 3 次。在地区差异上，被调研的东部与中部地区公共图书馆年度开展展览次数在整体上高于西部地区。

（3）年度阅读推广活动次数

由于南京图书馆、山东省图书馆、江西省图书馆等 7 个公共图书馆暂无相关数据，故此处仅对其余 28 个公共图书馆年度阅读推广活动次数进行统计。截至 2020 年年底，被调研省级公共图书馆年度阅读推广活动次数平均为 259.7 次，其中最多的河南省图书馆为 460 次，而最少的安徽省图书馆仅为 9 次。被调研市级公共图书馆年度阅读推广活动次数平均为 497.5 次，其中最多的太原市图书馆为 1 389 次，而最少的泰达图书馆仅为 14 次。被调研县级公共图书馆年度阅读推广活动次数平均为 60 次，其中最多的西安市长安区图书馆为 130 次，而最少的宜川县图书馆仅为 12 次。在地区差异上，被调研的东部与中部地区公共图书馆年度开展阅读推广活动次数在整体上高于西部地区。

（4）阅读指导服务

截至 2020 年年底，在被调研省级公共图书馆中，提供阅读指导服务的有 6 个，占比为 50%。在被调研市级公共图书馆中，提供阅读指导服务的有 13 个，占比为 76.47%。在被调研县级公共图书馆中，提供阅读指导服务的有 2 个，占比为 33.33%。在地区差异上，在被调研公共图书馆中，东部与中部地区提供阅读指导服务的比例高于西部地区。根据调研结果，公共图书馆主要通过设立阅读推广部及专门阅读指导岗位人员来保障阅读指导服务的顺利开展，除了在馆内设置导读台与开展专项活动等线下形式外，也通过新媒体形式提供线上图书推荐，提供更具便捷性与泛在性的线上阅读指导服务。

5.2.3.4　志愿服务

（1）志愿者管理制度

截至 2020 年年底，在被调研省级公共图书馆中，有志愿者管理相关制度、规范和机制的共有 7 个，占比为 58.33%。在被调研市级公共图书馆中，有志愿者管理相关制度、规范和机制的共有 13 个，占比为 76.47%。在被调研县级公共图书馆中，有志愿者管理相关制度、规范和机制的共有 4 个，占比为 66.67%。在被调研公共图书馆中，东部、中部与西部地区在制定志愿者管理制度上的比例基本持平。

（2）志愿者团队总人数

由于天津图书馆、首都图书馆、山东省图书馆等 6 个公共图书馆暂无相关数据，故此处仅对其余 29 个公共图书馆的志愿者团队总人数进行统计。截至 2020 年年底，被调研省级公共图书馆志愿者团队总人数平均为 579 人，其中最多的陕西省图书馆为 1 861 人，最少的福建省图书馆为 167 人。被调研市级公共图书馆志愿者团队总人数平均为 3 036 人，其中最多的广州图书馆为 18 650 人，最少的太原市图书馆为 40 人。被调研县级公共图书馆志愿者团队总人数平均为 83 人，其中最多的长沙县图书馆为 368 人，最少的延川县图书馆为 15 人。在地区差异上，在被调研公共图书馆中，东部、中部地区的志愿者团队总人数在整体上高于西部地区。

（3）年度开展志愿活动次数

由于天津图书馆、山东省图书馆、福建省图书馆等 9 个公共图书馆暂无相关数据，故此处仅对其余 26 个公共图书馆年度开展志愿活动次数进行统计。截至 2020 年年底，被调研省级公共图书馆年度开展志愿活动次数平均为 3 417 次，其中最多的湖南图书馆的年度开展志愿活动次数为 20 000 余次（计算时合算为 20 000 次），而最少的陕西省图书馆仅为 3 次。被调研市级公共图书馆年度开展志愿活动次数平均为 613 次，其中最多的太原市图书馆为 4 210 次，最少的延安中山图书馆仅为 4 次。被调研县级公共图书馆年度开展志愿活动次数平均为 193 次，其中最多的南京六合区图书馆为 966 次，最少的宜川县图书馆仅为 1 次。在地区差异上，在被调研公共图书馆中，东部、中部地区的年度开展志愿活动次数在整体上高于西部地区。

（4）志愿服务类品牌活动的数量

本研究通过网络调研与问卷调查对我国 35 个公共图书馆的志愿服务类品牌活数量进行统计，其中具有代表性的品牌活动如表 5-5 所示。

表 5-5   被调研公共图书馆志愿服务类品牌活动

公共图书馆	活动名称	内容	成效
东莞图书馆	"市民空间"公益讲座项目	紧紧围绕与市民生活息息相关的衣、食、住、行等主题，邀请各行各业的专家、学者作为志愿讲师，与读者面对面开展知识讲座	该项目于 2014 年被广东省文化厅评为 2014 年度"文化志愿服务示范项目"
广州图书馆	"展翅计划"项目	面向在校大学生、应届毕业生和高校毕业未就业青年开放图书馆员见习岗位	提供青年职业成长服务，促进其职业生涯发展
天津滨海图书馆	"小小志愿者"项目	面向 3~12 岁的未成年读者，邀请小读者成为图书馆志愿者，承担维持阅读秩序、整理图书、解答读者疑问等力所能及的工作	不仅为广大读者提供了更优质的场馆服务，同时也为未成年读者建立了志愿服务基地，从而帮助其树立良好的人生观、价值观
武汉图书馆	"流动书香"项目	以"武图悦漠"文化志愿服务队为主体，以老年人、残障人士、留守儿童等特殊人群为重点，以汽车图书馆为载体，以遍布武汉三镇的 50 个自助图书馆、86 个流动服务点为主阵地开展阅读推广活动	关注特殊人群文化需求，承担"文化助言"的责任

5.2.3.5   特殊群体服务品牌建设

本研究通过网络调研与问卷调查对我国 35 个公共图书馆面向特殊群体的服务品牌数据进行了搜集和整理，共获得特殊群体服务品牌 33 项，涉及 11 个公共图书馆。

建设了未成年人服务品牌的公共图书馆共 11 个，包括金陵图书馆、首都图书馆、山东省图书馆、安徽省图书馆、陕西省图书馆、福建省图书馆、广州图书馆、武汉图书馆、阳泉市图书馆、佛山市图书馆和东莞图书馆。其形式主要包括两类：一是针对不同年龄段的未成年人开展亲子阅读、故事会等阅读推广活动，其主题涵盖传统文化、科普教育等；二是竞赛类活动，如读书比赛、朗诵大赛等。此外，部分公共图书馆着眼于未成年人中的边远地区儿童、流动儿童和特殊儿童等弱势群体，开展专项品牌服务活动，通过文化帮扶提升其自我发展能力。其中具有代表性的如金陵图书馆联合社会力量打造"悦苗行动"，面向流动儿童等群体，联合多样化各类型社会力量帮助流动儿童提升阅读能力。广州图书馆面向偏远地区儿童开展了名为"爱悦读——图书馆来了"的主题活动，将该馆优质成熟的阅读活动送到偏远、资源贫乏的学校，从而让更多偏远地区儿童享受优质的阅读资源。

建设了老年人服务品牌的公共图书馆共2个，包括广州图书馆和武汉图书馆。其服务形式除了针对老年群体的阅读活动外，还开展相关培训提升老年群体适应数字时代的能力。例如，广州图书馆开展的"广图·蓝马甲公益行"活动，包括反诈助老体验展、适老化数字生活调研、线上课堂、线下讲座等丰富内容，同时结合线下驻点模式，为老年人提供一系列的数字生活操作技能培训及防诈防骗宣传教育，帮助老年人跨越数字鸿沟，增强反诈意识，在安全有爱的氛围中共享数字红利。同时，该馆还成立了银发悦读中心，秉持老有所教、老有所学、老有所为、老有所乐的理念，积极为老年群体提供贴心的阅读服务、多元的知识课程，为提高"银发族"的生活质量发挥积极作用。

建设了残障人士服务品牌的公共图书馆共4个，包括金陵图书馆、广州图书馆、安徽省图书馆和武汉图书馆。例如，金陵图书馆联合南京新闻广播开展的"朗读者"主题活动，招募朗读志愿者将授权图书录制成有声读物，利用传统的实体光盘和数字化的网络平台予以传播分享，并以艺术团、盲人剧场和读书会等活动形式为视障群体提供文化阅读服务。广州图书馆则先后推出口述影像、触摸阅读、粤读角、非视觉摄影、走读广州名胜古迹/博物馆等主题活动，面向视障人士提供多感官融合阅读体验。总体而言，公共图书馆面向残障人士开展的品牌活动在提供场所空间、阅读资源等的同时，注重营造社会理解、关心、帮助残障人士的社会氛围，促进了社会包容。

建设了其他特殊群体服务品牌的公共图书馆仅有 1 个，即广州图书馆。该馆面向来粤务工群体，开展广图粤语角，以培训班的形式为希望学习粤语的人员举办专业和公益性辅导，提升其粤语沟通和交流能力。这有利于外来务工人员更好地融入广东当地的语言文化氛围，体现城市的文化包容。

总体而言，在所调研的公共图书馆中，建设了特殊群体服务品牌的公共图书馆以省、市级为主，县级公共图书馆未提供相关服务品牌的案例数据。在地区差异上，所调研的东部和中部公共图书馆的服务品牌案例数据相较于西部地区更多，且对三类及其他特殊群体均建有服务品牌的公共图书馆同样来自东部和中部地区。在服务群体上，面向未成年人的服务品牌数量最多，面向老年人和残障人士的次之，而面向其他特殊群体的最少，这需要公共图书馆进一步推动服务均等化，拓宽公共文化服务边界，将多元类型的特殊群体包括在内。

5.2.3.6 新媒体服务

（1）是否运营微信公众号、微信小程序

截至 2020 年年底，被调研的 35 个公共图书馆均运营有微信公众号或微信小程序。在移动互联网环境中，微信作为我国用户主要使用的即时通信工具。公共图书馆依托微信公众号和微信小程序开展移动端服务，不仅能够覆盖绝大部分服务人口，同时能够突破时间、空间限制向更广范围内的用户群体提供移动服务。

（2）是否运营微博

截至 2020 年年底，在被调研省级公共图书馆中，运营微博账号的有 10 个，占比为 83.33%。在被调研市级公共图书馆中，运营微博账号的有 11 个，占比为 64.71%。所有被调研县级公共图书馆均未运营微博账号。在地区差异上，在所调研公共图书馆中，东部与中部地区运营微博账号的公共图书馆均约占 70%，比例基本持平，而西部地区运营微博账号的公共图书馆仅占 33.33%。

（3）是否运营其他社交平台账号

截至 2020 年年底，在被调研省级公共图书馆中，运营其他社交平台账号的有 9 个，占比为 75%。在被调研市级公共图书馆中，运营其他社交平台账号的有 8 个，占比为 47.06%。所有被调研县级公共图书馆均未运营其他社交平台账号。具体而言，调研样本中公共图书馆所运营的其他社交平台账号以抖音和快手为主。与微信公众号和微博的图文形式相比，基于多媒体内容的短视频平台能够提供多样化的传播手段，在宣传推广上发挥更好的效果。例如，首都图书馆在快手和抖音两个平台共发布 90 余条短视频，包括"首图讲坛"讲座相关内容及重大活动的宣传内容，总浏览量达 380 万余次。

（4）是否有移动图书馆

截至 2020 年年底，在被调研省级公共图书馆中，拥有移动图书馆的有 10 个，占比为 83.33%。在被调研市级公共图书馆中，拥有移动图书馆的有 11 个，占比为 64.71%。在被调研县级公共图书馆中，拥有移动图书馆的有 2 个，占比为 33.33%。从服务形式来看，调查样本中公共图书馆提供的移动图书馆服务主要包含以下三类：一是依托于微信公众号、微信小程序等第三方平台，嵌入本馆移动服务，如甘肃省图书馆的"云阅读"和阳泉市图书馆的"在线阅读"；二是自行开发移动图书馆应用程序供用户下载，如首都图书馆、山东省图书馆、安徽省图书馆、广州图书馆和中山纪念图书馆等均提供移动图书馆 APP 的下载；三是本馆无自建的移动图书馆平台，但提供第三方移动图书馆链接与入口，如延川县图书馆在其微信公众号提供跳转至超星读书的链接，提供相应的线上数字资源。

（5）是否有针对特殊群体的无障碍小程序 /APP

截至 2020 年年底，在所有调研样本中，仅山东省图书馆设置了针对特殊群体的无障碍应用——光明之家盲人数字图书馆。作为山东省图书馆"盲人数字阅读推广工程"的重要实践成果，该项目充分采用信息无障碍技术，开发专供视障人士使用的网站，包括基于 PC 端的网站平台和基于移动互联网专用 APP 平台，创新性采用语音导航、语音指令等技术，有效破解视障人士人机对话难题。调研数据表明，公共图书馆在针对特殊群体的无障碍新媒体服务的推广上仍存在局限，其原因可能在于：一是无障碍移动服务平台的开发存在一定技术与资金门槛，二是国家针对弱势群体的信息无障碍相关政策性文件颁布后需要一定的转化时间。

5.3 公共图书馆文化治理效应指标

5.3.1 文化认同效应指标

5.3.1.1 传统文化保护与传承

（1）传统文化相关的品牌活动数量

2020 年，被调研公共图书馆中有 12 个开展了与传统文化保护与传承有关的

品牌活动，其中省级公共图书馆有 8 个，市级公共图书馆有 4 个。这 12 个公共
图书馆共开展 23 项传统文化相关的品牌活动，其中金陵图书馆和广州图书馆各 6
项。具有代表性的传统文化相关品牌活动如表 5-6 所示。

表 5-6　被调研公共图书馆开展的具有代表性的传统文化相关品牌活动

公共图书馆	活动名称	活动介绍	成效
金陵图书馆	金图讲坛	"金图讲坛"坚持从读者需求出发，以传承和弘扬先进文化与中华优秀传统文化为核心，依托金陵图书馆丰富的馆藏资源，将科学普及、提高与启发相结合，已形成红色经典、文都阅美、人文历史、成长教育等系列讲座。多年来，"金图讲坛"广邀专家名师，"讲你所想，读者共享"。采取线上、线下相结合模式，推送优质学习资源，并通过"南京共享图书馆"平台，为更多的市民读者服务	2010 年荣获文化领域政府最高奖"群星奖"，2012 年被中共江苏省委宣传部授予"江苏优秀讲坛"称号
陕西省图书馆	秦韵国学堂	面向儿童开展戏曲分享活动	通过秦韵国学堂系列活动的宣传，很多儿童对中国传统文化产生了浓厚的兴趣
江西省图书馆	中华优秀传统文化艺术鉴赏	活动以传统文化为切入点，采用传统文化和绘本故事相结合的模式，利用孩子们乐于接受的讲故事方式，引导他们走进传统、触摸传统	江西省图书馆少儿部的品牌栏目

（2）传统文化相关的品牌活动年参与人次

2020 年，被调研公共图书馆中有 9 个提供了有效数据，分别是江西省图书馆、
河南省图书馆、湖南图书馆、陕西省图书馆、甘肃省图书馆、金陵图书馆、郑州
图书馆、延安中山图书馆和宜川县图书馆。其中，参与人次居前两位的是湖南图

书馆和郑州图书馆,分别是 14 万人次和 10 万人次。

（3）传统文化相关的表彰奖励数量

在所调研的 35 个公共图书馆中,有 8 个未提供有效的数据,有 6 个在 2020 年获得了传统文化相关的表彰奖励,其余 21 个在 2020 年未获得相关表彰奖励。我们将表彰奖励划分为五个类型：国际行业组织和国家级表彰与奖励,国务院业务主管部门和省级党委、政府表彰与奖励及国家级行业学（协）会表彰与奖励,省级业务主管部门表彰与奖励,市级或文化厅局级表彰与奖励以及县级或文化局级表彰与奖励,并对每个类型的奖项数量进行统计。有 3 个公共图书馆均获得一项国务院业务主管部门和省级党委、政府表彰与奖励以及国家级行业学（协）会表彰与奖励,其中省级公共图书馆为安徽省图书馆 1 个,市级公共图书馆为金陵图书馆和郑州图书馆 2 个;有 3 个公共图书馆均获得一项省级业务主管部门表彰与奖励,其中省级公共图书馆为陕西省图书馆 1 个,市级公共图书馆为广州图书馆和佛山市图书馆 2 个;只有 1 个公共图书馆获得市级或文化厅局级表彰与奖励,为郑州图书馆。

5.3.1.2 地方文化认同与交流

（1）地方文化交流品牌活动数量

在所调研的 35 个公共图书馆中,有 4 个开展了地方文化交流品牌活动,分别是广州图书馆、中山纪念图书馆、佛山市图书馆和深圳图书馆,它们开展的活动如表 5-7 所示。

表 5-7 被调研公共图书馆开展的地方文化交流品牌活动

公共图书馆	活动名称	活动介绍	成效
广州图书馆、佛山市图书馆	广佛同城共读	广州与佛山地域相连，历史相承，文化同源，历史文化渊源深厚。为了促进广佛同城化建设，加强两地阅读推广活动的联动效应，广州图书馆、佛山市图书馆自 2019 年起联合主办"广佛同城共读"活动	通过共读一本书，形成阅读焦点，制造共同话题，推动深度阅读
中山纪念图书馆	"品读湾区" 9＋2 城市悦读之旅活动	助推人文湾区建设，活动期间开展了大湾区 9+2 城市悦读之旅主题摄影作品展、经典图书推荐、21 天城市阅读马拉松等活动	约 135 万人次参加了该活动。该活动深化了大湾区兄弟城市之间的文化交流，增进了大湾区的文化认同、情感认同和民族归属感
深圳图书馆	"深圳学人·南书房夜话"系列活动	架起连接学术与大众的桥梁。为深圳学人搭建学术思想交流、碰撞的平台。在形式与内容上，以各学科领域为依托，以深圳本土学人为主体，由嘉宾主讲或由其邀请同道开展对话。观众自由参加并参与互动交流。沙龙内容立足学科背景，结合深圳实际，以现实问题为切入点，实现理论与实际、历史与现实、学者与大众的融合，力争做到："全球视野，民族立场，时代精神，深圳表达"	每 2 周举办一期，自 2014 年开始已持续 7 年，2020 年举办了 16 场

（2）地方文献工作表彰奖励数量

在所调研的 35 个公共图书馆中，有 8 个未提供有效的数据；有 6 个在 2020 年获得了地方文献工作表彰奖励，其余 21 个在 2020 年未获得相关表彰奖励。在国际行业组织和国家级表彰与奖励中，只有南京图书馆获得 1 项；在市级或文化厅局级表彰与奖励中，只有南京六合区图书馆获得 1 项，同时该馆也是所调研的

6 个县级公共图书馆中唯一一个获得地方文献工作表彰奖励的。获得国务院业务主管部门和省级党委、政府表彰与奖励以及国家级行业学（协）会表彰与奖励的图书馆数量最多，有 4 个，其中省级公共图书馆有 2 个，分别是南京图书馆和安徽省图书馆，它们分别获得了 3 项和 2 项；市级公共图书馆有 2 个，分别是中山纪念图书馆和东莞图书馆，它们分别获得了 3 项和 2 项。

（3）地方文化认同品牌活动数量

在所调研的 35 个公共图书馆中，有 7 个开展了地方文化认同品牌活动，分别是首都图书馆、湖南图书馆、广州图书馆、郑州图书馆、福州图书馆、东莞图书馆和西安市长安区图书馆，其中广州图书馆开展了 8 项相关品牌活动。被调研公共图书馆开展的具有代表性的地方文化认同品牌活动如表 5-8 所示。

表 5-8　被调研公共图书馆开展的具有代表性的地方文化认同品牌活动

公共图书馆	活动名称	活动介绍	成效
东莞图书馆	动漫之夏	2004 年，东莞图书馆设立的漫画馆是我国第一家动漫专题图书馆。漫画馆先后举办"历史的聚焦——廖冰兄漫画作品展""在人间·再情味——丰子恺艺术展""三毛流浪记——张乐平漫画作品展""幽默之道——方成漫画展"等，呈现不同作者、不同时期的创作思想和艺术特色，让社会公众近距离感受漫画艺术，促进艺术素养的提升	2006 年，漫画馆开创的"东莞动漫节"成为历史最悠久的城市动漫文化活动品牌。截至 2022 年 5 月，已连续举办 17 届，累计活动 300 余场，参与人次超过 120 万，媒体报道 200 余家，产生了广泛的社会影响
湖南图书馆	寻找城市记忆活动	该活动自 2008 年启动至 2010 年，举办了多种丰富多彩的寻访活动，以"文夕大火"或以红色记忆为历史背景，寻访与其相关的建筑、人物等，了解当时历史，收集湖南史料	该活动引起了众多市民的兴趣和多家媒体的争相报道，产生了良好的社会影响

（续表）

公共图书馆	活动名称	活动介绍	成效
广州图书馆	"扎根岭南——本土经典文本导读"系列活动	该系列活动是广州市社科院、广州图书馆联合打造的地方文化特色品牌，致力于挖掘地方文献中经久不衰、被广泛认可及流传的文学作品，或在某专业领域具有典范性与权威性的著作，邀请专家学者、著名作家、书评家等各界知名人士进行座谈分享	带领读者走近本土书写、品读本土经典，弘扬岭南文化

5.3.1.3　对公共图书馆的认同

（1）微博粉丝数量

截至 2022 年 5 月，在所调研的 35 个公共图书馆中，开通官方微博的省级公共图书馆有 10 个，占比为 83.33%；市级公共图书馆有 11 个，占比为 64.71%；县级公共图书馆均未开通微博官方账号。

由于微博粉丝数量公开，数据方便获得，本研究选取 2022 年 5 月 20 日统计 21 个公共图书馆的微博粉丝数量。

在 10 个省级公共图书馆中，有 3 个公共图书馆的粉丝数量没有破万，最少的是山西省图书馆，粉丝数量不足 500 人；有 6 个公共图书馆的粉丝数量在 1 万～6 万，只有南京图书馆的粉丝数量超过了 10 万，为 13.1 万。

在 11 个市级公共图书馆中，有 4 个公共图书馆的粉丝数量没有破万，最少的是天津滨海图书馆，粉丝数量不足 200 人；有 2 个公共图书馆的粉丝数量超过了 10 万，其中深圳图书馆的粉丝数量超过 56 万，是所有样本中微博粉丝数量最多的；其余 5 个公共图书馆的粉丝数量均在 1 万～5 万。

（2）微信公众号／小程序／服务号的粉丝数量

截至 2020 年年底，35 个公共图书馆均有正式注册的微信公众号／小程序／服务号。就粉丝数量而言，10 个省级公共图书馆、14 个市级公共图书馆和 6 个县级公共图书馆提供了有效数据。

10 个省级公共图书馆微信公众号的粉丝数量均超过 5 万，粉丝数量最少的是安徽省图书馆（5.3 万），粉丝数量最多的是南京图书馆（超过 92 万），也是唯一一个在微信平台中拥有超过 40 万粉丝的省级公共图书馆。

在 14 个市级图书馆中，两极分化的现象十分明显，粉丝数量的跨度从 1 500 多到 182 万。粉丝数量在万人以下的有 2 个：商洛市图书馆和天津河北区图书馆，粉丝数量分别是 1 500 多和 4 300 多。粉丝数量在 1 万～5 万的有 2 个，5 万～10 万的有 4 个，10 万～20 万的有 1 个，20 万～30 万的有 2 个，其余 3 个粉丝数量庞大，均在 70 万以上，其中广州图书馆的粉丝数量更是超过 181 万，成为调查样本中唯一一个拥有近 200 万粉丝的公共图书馆。

6 个县级图书馆粉丝的体量与省级或市级公共图书馆无法相提并论，其中有 5 个粉丝数量均在 10 万以下。其中，延川县图书馆的微信公众号平台上粉丝数量只有 1 100 多；与此形成对比的是，仅蓝田县图书馆的粉丝数量超过 10 万，为 13.5 万，这表明即使在同一省份中，用户对县级图书馆的认同程度也有差异。

（3）其他社交平台账号的粉丝数量

截至 2022 年 5 月，所调研的 35 个公共图书馆中已开通抖音、快手等其他社交平台账号的省级公共图书馆有 9 个，市级公共图书馆有 8 个，所有的县级公共图书馆均未开通其他社交平台账号。由于抖音和快手平台的粉丝数量公开，数据方便获得，选取了 2022 年 5 月 20 日统计 17 个公共图书馆的抖音粉丝数量。在 9

个省级公共图书馆中，有 6 个公共图书馆的粉丝数量没有破万；有 2 个公共图书馆的粉丝数量在 1 万～2 万；粉丝数量最多的是江西省图书馆，其第一条抖音视频发布于 2020 年 7 月 20 日，凭借"旺宝与图图的日常"系列视频增长粉丝超过 41 万，获赞数超过 894.6 万，单条视频最高点赞量超过 214 万。在 8 个市级公共图书馆中，有 7 个公共图书馆的粉丝数量没有破万，最少的是阳泉市图书馆，粉丝数量不足 800 人；只有太原市图书馆的粉丝数量过万，为 1.8 万。

（4）图书馆受访读者整体满意度

在所调研的 35 个公共图书馆中，有 10 个公共图书馆的读者整体满意度缺失，包含 4 个省级公共图书馆、5 个市级公共图书馆和 1 个县级公共图书馆，比例达到近 30%，说明公共图书馆缺乏常态化读者意见反馈和评价机制。在 25 个有效样本中，读者满意率大部分（22 个）在 90% 以上，其余（3 所）的满意率在 80% 以上。

5.3.2　社会整合效应指标

5.3.2.1　志愿精神培育与发展

（1）年度志愿者人数

被调研公共图书馆中提供年度志愿者人数数据的省级公共图书馆有 7 个、市级公共图书馆有 11 个、县级公共图书馆有 3 个，共计 21 个。2020 年，7 个省级公共图书馆年度志愿者人数平均为 5 691 人，湖南图书馆的年度志愿者人数达到 2.8 万人，居于调查样本首位。这是由于湖南图书馆志愿者服务队同多个高校合作，拓宽了参与图书馆志愿服务的途径，也促使更多的大学生读者参与志愿服务，同时湖南图书馆丰富多样的线上活动也使得线上参与志愿服务的人数大大增加。而南京图书馆开展的志愿服务更专注于精准、精细，年度志愿者人数仅为152人。11个市级公共图书馆年度志愿者人数平均为1 120人，其中太原市图书馆的年度志愿者人数达到4 210人，而泰达图书馆的年度志愿者人数仅为15人。3个县级公共图书馆年度志愿者人数平均为1 782人，略多于市级公共图书馆年度志愿者平均人数。其中，长沙县图书馆年度志愿者人数最多，为3 882人；西安市长安区图书馆年度志愿者人数最少，为500人，但其志愿者规模大于省级公共图书馆和市级公共图书馆的最小规模。

2020年，所调研的东部地区公共图书馆年度志愿者人数平均为1 773人，首都图书馆的年度志愿者人数最多，达到10 625人，而泰达图书馆的年度志愿者人数仅为15人。所调研的中部地区公共图书馆年度志愿者人数平均为1 120人，其中湖南图书馆的年度志愿者人数达到28 000人，居于调查样本首位，而阳泉市图书馆的年度志愿者人数仅为48人。所调研的西部地区公共图书馆年度志愿者人数平均为371人，西安市长安区图书馆年度志愿者人数最多，为500人，甘肃省图书馆年度志愿者人数最少，为263人。

（2）年度志愿服务时长

2020年，被调研省级公共图书馆年度志愿服务时长平均为9 190.28小时，首都图书馆的年度志愿服务时长为56 800小时，居于调查样本首位，而首都图书馆的年度志愿者人数为10 625人，平均1名志愿者参与5个多小时的志愿活动。被调研市级公共图书馆年度志愿服务时长平均为5 972.88小时，其中深圳图书馆的年度志愿服务时长达到7 882.2小时。被调研县级公共图书馆年度志愿服务时长平均为4 251.83小时，略少于市级公共图书馆，其中长沙县图书馆年度志愿服务时长最长，为18 000小时。

（3）年度志愿服务奖励数量

截至 2020 年年底，被调研省级公共图书馆中获得一次年度志愿服务奖励的有 5 个，分别为首都图书馆、福建省图书馆、江西省图书馆、安徽省图书馆和湖南图书馆；被调研市级公共图书馆中获得一次年度志愿服务奖励的有 3 个，分别为广州图书馆、中山纪念图书馆和郑州图书馆；被调研县级公共图书馆中只有南京六合区图书馆获得一次年度志愿服务奖励。

5.3.2.2　促进社会包容

我国不少公共图书馆都针对未成年人、老年人、残障人士等开展了各种各样的品牌活动，如针对未成年人的首都图书馆"婴幼儿的神奇故事会"活动、广州图书馆"悦读会"系列品牌活动、金陵图书馆"文明小义工"活动，针对老年人的武汉图书馆"流动书香"系列活动、广州图书馆"银发悦读中心"系列活动，针对残障人士的金陵图书馆"朗读者"活动等。这些都体现了公共图书馆对少数弱势群体的关注和爱护。

截至 2020 年年底，被调研公共图书馆中向读者发放免费远程阅读工具包和发放免费数字设备并进行统计的公共图书馆并不多。不少公共图书馆会发放远程阅读工具包如电子书等，但并不会注意接受远程阅读工具包的对象类型。在被调研省级公共图书馆中，只有西部地区的陕西省图书馆向 18 岁以下读者发放免费远程阅读工具包和免费数字设备各 8 次。在被调研市级公共图书馆中，天津河北区图书馆向 18 岁以下读者发放免费远程阅读工具包 23 次，向 60 岁以上读者发放免费数字设备 2 次；泰达图书馆向 18 岁以下读者发放免费数字设备 62 次，向 60 岁以上读者发放免费数字设备 13 次；武汉图书馆向 18 岁以下读者发放免费远程阅读工具包 521 次；太原市图书馆向 18 岁以下读者发放免费数字设备 23 次，向 60 岁以上读者发放免费数字设备 7 次。被调研县级公共图书馆暂无相关数据。

5.3.3　公民培育效应指标

5.3.3.1　社会教育与终身学习

（1）年每万人参加读者活动人次

由于天津图书馆、山西省图书馆、太原市图书馆、西安图书馆和蓝田县图书馆暂无相关数据，故此处仅对其余 30 个公共图书馆的年每万人参加读者活动人次进行统计。

截至 2020 年年底，被调研省级公共图书馆年每万人参加读者活动人次平均为 1 939，首都图书馆的年每万人参加读者活动人次达到 18 321，远超调研范围内的其他图书馆。被调研市级公共图书馆年每万人参加读者活动人次平均为 1 681，其中阳泉市图书馆的年每万人参加读者活动人次达到 7 460。被调研县级公共图书馆年每万人参加读者活动人次为 498，南京六合区图书馆年每万人参加读者活动人次最多，为每万人 1 267 人次，长沙县图书馆每万人参加读者活动人次最少，为每万人 50 人次。在所有被调研的公共图书馆中，年每万人参加读者活动人次超过 1 000 的省级公共图书馆有首都图书馆，市级公共图书馆有广州图书馆、中山纪念图书馆、阳泉市图书馆、天津河北区图书馆和深圳图书馆，县级公共图书馆有南京六合区图书馆。

不同的公共图书馆之间的差异首先与活动的开展形式有重要关系。以线上形式开展的活动不受地理场所的人数限制，可以让尽可能多的读者参与进来，其参与人数与线下开展的读者活动往往有不同量级的差异，这也是部分公共图书馆之间年每万人参加读者活动人次差异巨大的主要原因——线上读者活动开展较多的公共图书馆在该项指标上得分较高。以得分最高的首都图书馆为例，在其 2020 年举办的 596 场读者活动中，有 419 场线上活动，线上参与人次达 3 987.22 万，占总活动参与人次的 99.4%。线上读者活动参与形式灵活、服务范围广泛，是不少公共图书馆倾向选择的开展形式。

（2）年居民文化创作品牌活动数量

2020 年，被调研公共图书馆中有 6 个开展了共计 11 项居民文化创作品牌活动，包括省级公共图书馆中的福建省图书馆，市级公共图书馆中的金陵图书馆、广州图书馆、福州图书馆和东莞图书馆，以及县级公共图书馆中的长沙县图书馆。在这 6 个公共图书馆中，广州图书馆开展了 4 项居民文化创作品牌活动，福州图书馆和长沙县图书馆均开展了 2 项此类品牌活动。这 6 个公共图书馆开展的文化创作品牌活动以竞赛形式为主，如诗文知识竞赛、诵读比赛和征文比赛等，约一半的品牌活动为此类型；其他活动形式还包括培训营、分享会等，也有活动综合了培训、竞赛、展示、交流等多种形式。表 5-9 展示了这 6 个公共图书馆具有代表性的居民文化创作品牌活动的内容和成效。

表 5-9　6 个公共图书馆居民文化创作品牌活动

公共图书馆	活动名称	内容	成效
福建省图书馆	"读中华经典 颂时代华章" 诵读比赛	以省、市、县三级联动开展全省诵读比赛的方式，鼓励引导社会大众积极踊跃参与读书活动	参赛选手涵盖不同年龄层次、来自不同领域行业，年龄最小 6 岁，最大 75 岁；第一届比赛参赛选手 566 组，第二届比赛参赛选手 1 496 组。截至 2020 年年底，参与观众人数达 166 万人次

（续表）

公共图书馆	活动名称	内容	成效
金陵图书馆	金图手工坊	每期邀请1~2位手工达人，为通过微信、网页报名等方式招收的10~20名读者教授手工课程	截至2020年年底，手工布艺课堂已经举办了近80期，内容包括樱花夹制作、书衣制作、针插制作、折纸、收纳袋制作等。课堂已经培养了一批黏性极高的读者群体，制作出了许多精美的小物件，具有较高的知名度和评价
广州图书馆	"友创意"活动	分为"友创意展""友创意人""友创意工作坊""友创意沙龙"四个系列	为广大读者搭建一个展示、交流、学习艺术设计的平台，市民可在图书馆阅读的同时欣赏艺术、认识创意、学习设计、交流分享，获取艺术信息
福州图书馆	"双拥杯"征文比赛	根据每年时事热点选定三个不同的征文主题，在全市范围内征集文章	得到了各机关单位的大力支持，包括各军队机关、大中小学的积极参与，各种宣传渠道的优质报道，迅速提升了该活动的影响力
东莞图书馆	"我讲书中的故事"儿童故事大王比赛	每年设立不同的年度主题，并围绕主题推荐多维度图书	是一个累计参与人数已超12万的比赛，一个给全市小朋友展示才能的舞台，一个成功举办十四届仍不断求新的活动
长沙县图书馆	"松雅书院"系列读书活动	根据相关主题，确定1位分享人，进行30~50分钟的分享，随后参与人员围绕主题进行讨论交流	自2016年起持续举办5年，2020年举办了16场，参与活动人数达63 251人次，让"松雅书院"系列读书活动走进大众的视野，更多读者足不出户就能听讲座、长知识

（3）年知识技能培训品牌活动数量

2020年，被调研公共图书馆中有17个开展了共计42项知识技能培训品牌活动，包括省级公共图书馆中的首都图书馆、湖南图书馆、陕西省图书馆、福建省图书馆、安徽省图书馆和河南省图书馆，市级公共图书馆中的金陵图书馆、武汉图书馆、太原市图书馆、广州图书馆、西安图书馆、福州图书馆、延安中山图书馆和东莞图书馆，以及县级公共图书馆中的西安市长安区图书馆、宜川县图书馆和南京六合区图书馆。从地区分布来看，开展知识技能培训品牌活动的被调研公共图书馆在东中西部基本均衡分布，表明该项指标的地区性差异不明显，利用知识技能培训活动促进社会教育与终身学习是图书馆的基本使命之一。在这17个公共图书馆中，湖南图书馆、陕西省图书馆、福建省图书馆、安徽省图书馆、金陵图书馆、武汉图书馆、广州图书馆、福州图书馆、延安中山图书馆和宜川县图书馆均有2项或2项以上不同的此类品牌活动，广州图书馆以13项知识技能培训品牌活动位居首位。表5-10展示了被调研公共图书馆中具有代表性的知识技能培训品牌活动。

表5-10　被调研公共图书馆中具有代表性的知识技能培训品牌活动

公共图书馆	活动名称	内容	成效
陕西省图书馆	"学在陕图"陕图课堂	通过开展各类生活课程，向读者展示各类科学文化的知识，以科普性质开展系列课程或分享	自2015年开始，开展各类科普性质的课堂。满足了读者全方位的需求，同时传授了相关的技能知识
太原市图书馆	马克思书房"少年公开课"活动	以新时代为背景，选取学生感兴趣的话题，馆员根据馆藏资源创新教育教学形式，对学生进行思政教育	截至2020年年底，该活动共开展19场，600余名太原市中小学校学生参与其中。该活动用科学的理论和正确的立场帮助学生塑造正确的价值观
宜川县图书馆	免费象棋培训班	让学员学习象棋的各种玩法与象棋术语等，引导学员两两组合进行实战	自2019年起，已经举办了30多期，学员在实战中提高了棋艺

5.3.3.2 社会捐赠

（1）年度捐赠主体数量

由于山东省图书馆、安徽省图书馆、福建省图书馆、广州图书馆、中山纪念图书馆、武汉图书馆、太原市图书馆、西安图书馆、天津河北区图书馆、深圳图书馆和东莞图书馆暂无相关数据，故此处仅对其余 24 个公共图书馆的年度捐赠主体数量进行统计。

2020 年，对被调研省级公共图书馆进行捐赠的主体数量平均为 340 个，首都图书馆的年度捐赠主体数量达到 917 个，居于调查样本首位，而湖南图书馆的年度捐赠主体数量相对较少，为 66 个。被调研市级公共图书馆的年度捐赠主体数量平均为 96 个，其中佛山市图书馆的年度捐赠主体数量达到 400 个。被调研县级公共图书馆的年度捐赠主体数量平均为 14 个，蓝田县图书馆的年度捐赠主体数量最多，为 28 个。

总体来看，不同行政级别的公共图书馆的年度捐赠主体数量随着行政级别的提升而增加。造成这一现象的主要原因在于，行政级别更高的公共图书馆相较之下规模更大，宣传渠道更全面，有着更高的社会知名度，因此更容易接收到社会面的捐赠，尤其是省级公共图书馆的主馆通常位于经济较发达的省会城市，首都图书馆更是位于我国经济政治中心，有着得天独厚的地理优势，更容易得到地方企业和个人的关注。另一个影响年度捐赠主体数量的原因是公共图书馆自身捐赠制度的完善情况，部分图书馆的官网上有明确的捐赠通道或捐赠公示，这类做法有助于提高公众对社会捐赠的认知与重视，增强社会公众的参与积极性。

（2）年度获得社会捐赠的总金额

该指标统计公共图书馆所获社会捐赠折算为人民币后的总金额，但由于部分公共图书馆缺少社会捐赠的详细统计或未对获得的资金以外的资源进行金额折算，调研中仅获得了首都图书馆、江西省图书馆、河南省图书馆、湖南图书馆、陕西省图书馆、阳泉市图书馆、郑州图书馆、延安中山图书馆、佛山市图书馆、福州图书馆、泰达图书馆、延川县图书馆、蓝田县图书馆、长沙县图书馆和南京六合区图书馆这 15 个公共图书馆的相关数据。

2020 年，在被调研省级公共图书馆中，河南省图书馆获得社会捐赠的总金额为 523 155 元，居调查样本首位，此为其受赠图书码洋。从河南省图书馆官网公示的赠书统计表来看，其所获得赠书主要来自个人，同时也包括一些政府机关，且来源不仅有河南当地，还有外省（如广东省、浙江省）的个人和组织，一定程度体现出河南省图书馆在带动社会公益方面的成效。在被调研市级公共图书馆中，郑州图书馆和延安中山图书馆均获得了接近 40 万元的社会捐赠，超过了部分省级公共图书馆。被调研县级公共图书馆获得的社会捐赠总金额普遍较低，这也与年度捐赠主体数量部分反映的现象一致，反映出县级公共图书馆缺乏社会公益支持的普遍现象。南京六合区图书馆获得社会捐赠的总金额为 5 万元，较之其他县级公共图书馆相对较高，也反映出位处东部经济发达地区的地理优势给图书馆带来的影响。

（3）年度获得社会捐赠书籍数量

由于山东省图书馆、安徽省图书馆、福建省图书馆、中山纪念图书馆、武汉图书馆、西安图书馆、天津河北区图书馆、佛山市图书馆、福州图书馆、深圳图书馆和东莞图书馆暂无相关数据，故此处仅对其余 24 个公共图书馆的年度获得社会捐赠书籍数量进行统计。

2020 年，被调研省级公共图书馆获得社会捐赠的书籍数量均值为 4 529 册，首都图书馆达到 18 615 册，居调查样本首位，而湖南图书馆仅为 425 册。被调研市级公共图书馆的年度获得社会捐赠书籍数量均值为 4 336 册，其中太原市图书馆达到 14 755 册，而泰达图书馆仅为 143 册。被调研县级公共图书馆的年度获得社会捐赠书籍数量均值为 563 册，南京六合区图书馆最多，为 2 000 册，延川县图书馆最少，为 25 册。

总体来看，被调研省级公共图书馆和市级公共图书馆年度获得社会捐赠书籍数量的差异不明显，但被调研县级公共图书馆所获数量明显低于前两者；在同一行政级别的公共图书馆中，东部地区公共图书馆年度获得社会捐赠书籍数量稍高于中部和西部地区，但也有例外情况，如中部地区的太原市图书馆在市级公共图书馆中年度获得社会捐赠书籍数量位居第一。

造成以上现象的原因有两个：一是上文提到的，行政级别较高的公共图书馆在规模、宣传渠道和地理位置上占有优势，从而更易接收到社会面的捐赠；二是部分公共图书馆虽然规模和地理位置不完全占优，但也可以通过加强对捐赠行为的宣传、丰富社会捐赠渠道等方式鼓励社会捐赠，加强对社会公益行为的引导，提升公众的社会主人翁意识。

5.3.3.3 全民阅读推广

（1）年读者人均到馆量

2020 年，被调研省级公共图书馆年读者人均到馆量为 0.023 2 次，天津图书馆达到 0.047 7 次，居于调查样本首位，而陕西省图书馆仅为 0.001 7 次。被调研市级公共图书馆的年读者人均到馆量为 0.152 6 次，其中郑州图书馆达到 0.480 7 次，而阳泉市图书馆仅为 0.001 4 次。被调研县级公共图书馆的年读者人均到馆量为 0.420 3 次，蓝田县图书馆最多，为 1.139 次，长沙县图书馆最少，为 0.023 次。

总体来看，所调研的不同行政级别的公共图书馆，其年读者人均到馆量随着行政级别的提升而减少。造成这一现象的主要原因是，不同行政级别的公共图书馆之间公共文化建设基础存在差异，虽然行政级别高的公共图书馆无论在建筑面积、容纳读者人数、每日人流量，还是宣传规模、知名度等方面通常都优于行政级别低的公共图书馆，但其需要服务的人口数量级也相应更大，且人口数量的变化趋势远大于读者到馆量的变化趋势，最终导致行政级别较低的公共图书馆的年读者人均到馆量大于行政级别较高的公共图书馆。

（2）年人均文献外借量

2020 年，被调研省级公共图书馆年人均文献外借量为 0.048 0 册次 / 人，山西省图书馆达到 0.229 5 册次 / 人，居于调查样本首位，而南京图书馆仅为 0.006 8 册次 / 人。被调研市级公共图书馆的年人均文献外借量为 0.220 6 册次 / 人，其中金陵图书馆达到 1.026 3 册次 / 人，而泰达图书馆仅为 0.001 5 册次 / 人。被调研县级公共图书馆的年人均文献外借量为 0.228 4 册次 / 人，其中南京六合区图书馆最多，为 0.855 0 册次 / 人，长沙县图书馆最少，为 0.057 册次 / 人。

总体来看，与年读者人均到馆量的调查情况类似，所调研的不同行政级别的公共图书馆，其年人均文献外借量随着行政级别的提升而减少。省级公共图书馆的馆藏量通常高于市级公共图书馆和县级公共图书馆，但这一差异无法弥补服务人口量级上的差异，最终导致省级公共图书馆的年人均文献外借量小于其他两类图书馆。从地理位置上来说，省级公共图书馆通常位于省会城市，同省其他城市的居民很难直接到馆进行借阅，体现了省级公共图书馆在辐射服务人口范围上的局限性。市级和县级城市的交通成本都相对较小，这也是市级公共图书馆和县级公共图书馆的年人均文献外借量差异较小的原因。值得一提的是，虽然南京图书馆在省级公共图书馆中年人均文献外借量相对较少，但位于南京的金陵图书馆和南京六合区图书馆分别在被调研的市级公共图书馆和县级公共图书馆中位列第一，可以发现在市民借阅需求一定的情况下，同一城市内建设情况良好的市级公共图书馆和县级公共图书馆对省级公共图书馆产生了一定的分流。

（3）馆外年人均文献借阅量

由于山西省图书馆、福建省图书馆、金陵图书馆、武汉图书馆、天津河北区图书馆、延川县图书馆、蓝田县图书馆和长沙县图书馆暂无相关数据，故此处仅对其余27个公共图书馆的馆外年人均文献借阅量进行统计。

2020年，被调研省级公共图书馆的馆外年人均文献借阅量为0.029 2册次 / 人，甘肃省图书馆达到0.239 8册次 / 人，居于调查样本首位。被调研市级公共图书馆的馆外年人均文献借阅量为0.006 1册次 / 人，其中东莞图书馆达到0.042 3册次 / 人。被调研县级公共图书馆的馆外年人均文献借阅量为0.025 4册次 / 人，三所县级公共图书馆的差异较小，宜川县图书馆最多，为0.042 3册次 / 人。

被调研公共图书馆的馆外年人均文献借阅量普遍小于主馆，分馆和流动服务点作为对主馆服务的延伸机构，其规模和知名度远小于主馆，因此文献流通率也相对更小。但从省级公共图书馆的馆外年人均文献借阅量来看，主馆与馆外数据差距相对较小，可以看出分馆和流动服务点在这一层级的公共图书馆中所起的作用更大，弥补了省级公共图书馆在阅读推广推介人群范围上的不足。

（4）年讲座、培训场均活动参与人次

由于天津图书馆、山东省图书馆、江西省图书馆、山西省图书馆、中山纪念图书馆、武汉图书馆和深圳图书馆暂无相关数据，故此处仅对其余28个公共图书馆的年讲座、培训场均活动参与人次进行统计。

2020 年，被调研省级公共图书馆年讲座、培训场均活动参与人次为 60 532，首都图书馆达到 420 474，居调查样本首位，而河南省图书馆仅为 140。被调研市级公共图书馆的年讲座、培训场均活动参与人次为 2 552，其中广州图书馆达到 29 702，而福州图书馆仅为 21。被调研县级公共图书馆的年讲座、培训场均活动参与人次为 97，西安市长安区图书馆最多，为每场 200 人次，长沙县图书馆最少，为每场 41 人次。

总体来看，不同行政级别的被调研公共图书馆间差异较大，年讲座、培训场均活动参与人次随着行政级别的提升而增加。与前文年万人参加读者活动人次的调查情况类似，年讲座、培训场均活动参与人次主要也与活动的开展形式有关，以线上形式开展的讲座、培训活动的参与人数往往远超线下活动。在此基础上，拥有更高知名度和影响力的省级公共图书馆通常比市级公共图书馆和县级公共图书馆更适合举办具有教育科普性质的大规模线上活动，且省级公共图书馆面向的服务人口更多、宣传面更广，因此产生了年讲座、培训场均活动参与人次上不同行政级别图书馆间的差异。

（5）年展览场均活动参与人次

由于天津图书馆、山西省图书馆、中山纪念图书馆、武汉图书馆和深圳图书馆暂无相关数据，故此处仅对其余 30 个公共图书馆的年展览场均活动参与人次进行统计。

2020 年，被调研省级公共图书馆年展览场均活动参与人次为 4 794，江西省图书馆达到 20 850 人次，居于调查样本首位，而河南省图书馆仅为 580 人次。被调研市级公共图书馆的年展览场均活动参与人次为 5 726，其中太原市图书馆达到 56 059 人次，而商洛市图书馆仅为 78 人次。被调研县级公共图书馆的年展览场均活动参与人次为 3 492，蓝田县图书馆人次最多，为每场 14 492 人次，延川县图书馆最少，为每场 81 人次。

总体来看，同一行政级别的被调研公共图书馆中的年展览场均活动参与人次极值相差较大，这一现象依然是线上与线下活动的特征差异带来的。不同行政级别的公共图书馆的年展览场均活动参与人次水平相当，表明展览是各公共图书馆都有所重视的普适性读者活动，可操作性较高。

（6）年阅读推广活动场均人次

由于南京图书馆、天津图书馆、山东省图书馆、江西省图书馆、山西省图书馆、福建省图书馆、西安图书馆和武汉图书馆暂无相关数据，故此处仅对剩余 27 个公共图书馆的年阅读推广活动场均活动参与人次进行统计。

2020 年，被调研省级公共图书馆年阅读推广活动场均人次为 6 233，首都图书馆达到 31 393 人次，居于调查样本首位，而安徽省图书馆仅为 62 人次。被调研市级公共图书馆的年阅读推广活动场均人次为 906，其中中山纪念图书馆达到 3 106 人次，而郑州图书馆仅为 77 人次。被调研县级公共图书馆的年阅读推广活动场均活动参与人次为 1 138，宜川县图书馆最多，为每场 4 793 人次，西安市长安区图书馆最少，为每场 9 人次。

（7）年阅读推广品牌活动数量

2020 年，调研范围内的公共图书馆中共有 23 个形成了 70 项阅读推广品牌活动，包括省级公共图书馆中的南京图书馆、首都图书馆、湖南图书馆、陕西省图书馆、福建省图书馆、安徽省图书馆、山东省图书馆、江西省图书馆、甘肃省图书馆和河南省图书馆，市级公共图书馆中的金陵图书馆、武汉图书馆、阳泉市图

书馆、太原市图书馆、郑州图书馆、天津滨海图书馆、广州图书馆、中山纪念图
书馆、西安图书馆、福州图书馆、深圳图书馆和东莞图书馆，以及县级公共图书
馆中的西安市长安区图书馆。

　　总体来看，在被调研公共图书馆中，大部分省级公共图书馆和市级公共图书
馆都形成了具有特色的阅读推广品牌活动，但县级公共图书馆中只有 1 个形成了
此类品牌活动，表明我国公共图书馆在将阅读推广普及到基层方面还有所欠缺。
在这 23 个公共图书馆中，南京图书馆、首都图书馆、福建省图书馆、安徽省图书
馆、山东省图书馆、甘肃省图书馆、金陵图书馆、武汉图书馆、阳泉市图书馆、
太原市图书馆、天津滨海图书馆、广州图书馆、中山纪念图书馆和西安图书馆这
14 个公共图书馆均有 2 项或 2 项以上不同的阅读推广品牌活动，金陵图书馆和广
州图书馆分别以 11 项阅读推广品牌活动位居首位。表 5-11 展示了被调研公共图
书馆中具有代表性的阅读推广品牌活动。

表 5-11　被调研公共图书馆中具有代表性的阅读推广品牌活动

公共图书馆	活动名称	内容	成效
安徽省图书馆	"优秀书刊漂流阅读"活动	主办方将准备好的书籍在确定的地点放漂，领漂人阅读完漂流书后再将其漂出手，放回公共场所，让下一位爱书人阅读，继续让书香漂流	自 2011 年开启以来展开了多主题的漂流阅读活动，涵盖了机关、小学、工地、社区、高校等场所，引起了社会的广泛关注和媒体的争相报道
金陵图书馆	"阅荐·悦见"活动	在网借平台和金陵图书馆内宣传平台开辟"阅荐·悦见"栏目，在阅·荐空间设置"阅荐·悦见"专题书架，每月一期	既为"书服到家"项目提供配套的导读服务，也作为金陵图书馆文献资源建设部门常设的阅读推广阵地向读者及时推介专题书目

（续表）

公共图书馆	活动名称	内容	成效
西安市长安区图书馆	关注乡村学生·分享阅读快乐	为乡村孩子提供阅读指导、推荐、分享与评比活动，包括绘本分享、互动游戏、书评颁奖、分享与交流几个环节	截至2018年，该活动已成功举办七届，将阅读指导活动深入乡村孩子中间，对孩子阅读兴趣的培养及阅读水平的提高起到积极的指导作用

（8）年阅读推广相关的表彰奖励数量

2020年，调研范围内的公共图书馆中共有23个获得了阅读推广相关的表彰奖励，包括7个省级公共图书馆、12个市级公共图书馆，以及4个县级公共图书馆。在省级公共图书馆中，南京图书馆以8项阅读推广相关的表彰奖励位居第一，其中包括对开展的优秀阅读推广活动的表彰奖励，如"南图讲座"被评为"2019年度江苏省一类公益阅读推广活动"，也包括对其整体阅读推广职能实现的肯定，如在2019年世界读书日系列活动中被评为"2019阅读推广星级单位"；安徽省图书馆和陕西省图书馆紧随其后，均获得了6项阅读推广相关的表彰奖励。在市级公共图书馆中，佛山市图书馆和深圳图书馆表现较好，分别获得了9项和7项阅读推广相关的表彰奖励。县级公共图书馆所获阅读推广相关的表彰奖励整体较少，且往往是省市级表彰奖励，在此情况下长沙县图书馆表现突出，全年总计获得7项阅读推广相关的表彰奖励。

（9）年阅读推广相关的媒体报道数量

2020年，在调研范围内的公共图书馆中，所有省级公共图书馆均获得了主流媒体有关其阅读推广活动的报道宣传，市级公共图书馆中仅有3个未获得相关报道，而县级公共图书馆中仅有1个获得了媒体报道。在有媒体相关报道的公共图书馆中，省级公共图书馆年阅读推广相关的媒体报道数量平均为 17.3 次，湖南图书馆达到 34.7 次，居于调查样本首位，而甘肃省图书馆仅为 4.5 次。市级公共图书馆的年阅读推广相关的媒体报道数量平均为 22.6 次，其中广州图书馆达到 71.3次，而天津河北区图书馆仅为 1.2 次。县级公共图书馆中唯一一个获得阅读推广相关媒体报道的图书馆是长沙县图书馆，其年报道数量为 7.7 次。

需要说明的是，上述所有数据均是根据媒体类型和公共图书馆行政级别加权计算后的相对数值，而非实际报道的绝对数量，具体计算方法参见 4.4.3.3 小节中的对应部分。总体来看，行政级别高的公共图书馆在获得媒体报道方面有一定优势，但位于广东省的 3 个市级公共图书馆，即广州图书馆、深圳图书馆和东莞图书馆，其阅读推广成果获得了各级媒体的广泛报道，综合数量超过了不少省级公共图书馆。

5.3.3.4　数字化转型

（1）统计年度内公共图书馆向读者发放免费的远程阅读工具包的次数

远程阅读工具包包括电子书和有声读物的远程借阅、在线课程资源等，不少公共图书馆的数字资源中包括这部分内容，但并未进行统计。在有 2020 年明确统计数据的公共图书馆中，山东省图书馆利用超星移动 APP 为读者提供了约 105 万次远程阅读工具包，其中包括适合手机阅读的电子图书、报纸资源及学术视频等；河南省图书馆提供了约 20 000 次远程阅读工具包，内容涵盖期刊、微课视频、有声绘本、科普视频等；阳泉市图书馆向读者发放了 601 次远程阅读工具包，其发放的读者对象主要为中青年群体，具体为向 18 岁以下人群发放 23 次，向 18～44岁人群发放 544 次，向 45～59 岁人群发放 34 次。

（2）统计年度内公共图书馆向读者发放免费的数字设备的次数

数字设备包括笔记本电脑、平板电脑、电子阅读器、电子通信设备等，本研究调查了解到规模较小的公共图书馆，尤其是县级公共图书馆较少提供该项服务，也有部分公共图书馆有该项服务但并未进行统计。在有 2020 年明确统计数据的公共图书馆中，山东省图书馆发放了 700 台盲人专用便携式听书机，属于盲人数字阅读推广项目中的一项重要成果，展现了其在特殊群体数字化服务方面做出的努力；福建省图书馆同样为视障群体提供了数字化服务，一年中免费外借盲用智能听书机 300 台，此外，在一般性的数字设备外借服务中还借出了超星阅读本 42 次；延安中山图书馆免费发放数字设备 335 次，该馆对发放群体的年龄段分布也进行了统计，具体为向 18 岁以下群体发放 62 次，向 18～44 岁群体发放 230 次，向 45～59 岁群体发放 30 次，向 60 岁及 60 岁以上群体发放 13 次，可以看出使用该馆数字化服务的主要还是中青年读者。不同于使用图书馆内的数字设备，外借的数字设备可以使难以实现数字化接入的读者在家中也能享受到图书馆的数字资源，听书机一类的设备更是有助于特殊群体接入数字化服务。总体来看，公共图书馆在这一层面的重视程度还有待提高。

（3）年人均网站访问量

由于天津图书馆、首都图书馆、山东省图书馆、江西省图书馆、山西省图书馆、福建省图书馆、中山纪念图书馆、武汉图书馆、太原市图书馆、西安图书馆、商洛市图书馆和宜川县图书馆暂无相关数据，故此处仅对其余 23 个公共图书馆的年人均网站访问量进行统计。

2020 年，被调研省级公共图书馆年人均网站访问量为 0.345 6 次 / 人，安徽省图书馆达到 0.867 0 次 / 人，居于调查样本首位。被调研市级公共图书馆的年人均网站访问量为 1.147 2 次 / 人，其中广州图书馆达到 5.94 次 / 人。被调研县级公共图书馆的年人均网站访问量为 0.281 4 次 / 人，长沙县图书馆最多，为每人 1 次。由于被调研市级公共图书馆中有几个公共图书馆的年人均网站访问量较大，显著提高了市级公共图书馆的平均值，因此本研究又对省、市、县三级公共图书馆中的分布情况进行了统计。被调研省级公共图书馆的年人均网站访问量大部分分布在 0.1 次 / 人至 0.9 次 / 人这一区间，而较多的市级和县级公共图书馆年人均网站访问量不足 0.1 次 / 人，反映出省级公共图书馆有更稳定的网站访问量。但有几个市级公共图书馆在年人均网站访问量上表现突出，除了年人均网站访问量最多的广州图书馆，郑州图书馆和泰达图书馆也分别达到了每人 4.97 次 / 人和 1.56 次 / 人，表明其线上服务渠道已在读者中形成一定的知名度。

（4）年数字资源访问量

由于天津图书馆、河南省图书馆、中山纪念图书馆、西安图书馆和东莞图书馆暂无相关数据，故此处仅对其余 30 个公共图书馆的年数字资源访问量进行统计。

2020 年，被调研省级公共图书馆年数字资源访问量平均约为 3 641 万次，湖南图书馆达到 1.14 亿次，居调查样本首位。被调研市级公共图书馆的年数字资源访问量平均约为 1 340 万次，其中广州图书馆达到 1.17 亿次。被调研县级公共图书馆的年数字资源访问量平均约为 72 万次，长沙县图书馆最多，为近 229 万次。

（5）年数字资源下载量

由于天津图书馆、首都图书馆、江西省图书馆、山西省图书馆、河南省图书馆、福建省图书馆、广州图书馆、武汉图书馆、太原市图书馆、西安市长安区图书馆和蓝田县图书馆暂无相关数据，故此处仅对剩余 24 个公共图书馆的年数字资源下载量进行统计。

2020 年，被调研省级公共图书馆年数字资源下载量平均约为 173 万次，陕西省图书馆达到 456 万次，居调查样本首位。被调研市级公共图书馆的年数字资源下载量平均约为 446 万次，其中中山纪念图书馆达到 2 743 万次。被调研县级公共图书馆的年数字资源下载量平均约为 7 万次，长沙县图书馆最多，达到 20 万次。

总体来看，被调研公共图书馆的年数字资源下载量保持着与年数字资源访问量相似的特征，年数字资源访问量较多的公共图书馆的年数字资源下载量也相应较多，不同的是被调研市级公共图书馆的平均下载量要高于被调研省级公共图书馆。出现这一现象的原因有两个：一是市级公共图书馆中的中山纪念图书馆的年数字资源下载量远超其他公共图书馆，拉高了市级公共图书馆的平均值；二是省级公共图书馆将访问流量转化为下载量的比例低于市级公共图书馆，反映出省级公共图书馆在数字资源建设中需要注意丰富针对读者需求的数字资源。

5.4　公共图书馆文化治理指数实践与比较分析

5.4.1　公共图书馆文化治理指数的类型框架

根据第 4 章的详细阐述，公共图书馆文化治理指数由文化治理功能水平和文化治理效应水平两部分组成，两者之间存在潜在的映射关系。其中，文化治理功能水平由空间、资源和服务三个表征系统共同决定，文化治理效应水平由文化认同、社会整合和公民培育三个方面共同决定。

根据公共图书馆的文化治理功能水平的高低，将其分为低功能水平、中功能水平、高功能水平，同理将公共图书馆的文化治理效应水平分为低效应水平、中效应水平、高效应水平。基于上述的 3×3 组合情况，将公共图书馆按照文化治理指数的不同划分为 9 种基本类型（见表 5-12）：新人、璞玉、远见、焦点、潜力、绩优、金牛、实力、明星。

表 5-12　按照文化治理指数划分的公共图书馆类型

文化治理功能水平 文化治理效应水平	低功能水平	中功能水平	高功能水平
低效应水平	新人	璞玉	远见
中效应水平	焦点	潜力	绩优
高效应水平	金牛	实力	明星

各类型公共图书馆的基本特征如下。

（1）新人

具有文化治理低功能水平和文化治理低效应水平。属于该类型的公共图书馆尚未意识到文化治理的重要性，在文化治理功能的空间、资源和服务方面做出较少努力，所得到的文化治理效应也处于较低水平。与其他公共图书馆相比，该类型公共图书馆的文化治理能力最弱，尚处于起步阶段。

（2）璞玉

具有文化治理中功能水平和文化治理低效应水平。该类型的公共图书馆认识到文化治理的重要性，并借助文化治理功能表征系统做出一些努力，但可能因为对文化治理的理解和执行还不够深入，自身的文化治理效应较低。

（3）远见

具有文化治理高功能水平和文化治理低效应水平。该类型公共图书馆非常了解文化治理的重要性，并通过文化治理功能表征系统做出很多努力，但可能因为文化治理功能和文化治理效应之间的映射转化过程出现故障，或者文化治理效应刚刚得以体现，自身的文化治理效应水平较低。

（4）焦点

具有文化治理低功能水平和文化治理中效应水平。该类型公共图书馆在文化治理功能方面做出较少努力，但得到了中等水平的文化治理效应结果。这说明公共图书馆的文化治理映射转化过程的效率非常高，是公共图书馆中文化治理的焦点代表。

（5）潜力

具有文化治理中功能水平和文化治理中效应水平。该类型公共图书馆在文化治理功能和效应方面均取得了不错的进展，文化治理方面的投入和产出基本呈正相关，说明文化治理的映射转化工作正常。如果该类型公共图书馆愿意在文化治理功能方面投入更多的努力，其文化治理效应水平也会得到一定的提升，可能改变公共图书馆的文化治理能力类型。

（6）绩优

具有文化治理高功能水平和文化治理中效应水平。该类型公共图书馆在文化治理功能方面成果显著，但在文化治理效应方面仍有所欠缺，尚未达到最佳的文化治理效果。这说明公共图书馆的文化治理映射转化工作存在一些问题，如果公共图书馆愿意在文化认同、社会整合和公民培育的某个方面提升转化效率，可能会改变公共图书馆的文化治理能力类型，促使自身成为"明星"公共图书馆类型。

（7）金牛

具有文化治理低功能水平和文化治理高效应水平。该类型公共图书馆在文化治理功能方面做出较少努力，但得到了超高的文化治理效应反馈。在所有类型中，这类公共图书馆的投入产出比最高。但由于公共图书馆的文化治理能力由文化治理功能水平和文化治理效应水平共同决定，属于此类的公共图书馆仍需加强对文化治理功能的提升。

（8）实力

具有文化治理中功能水平和文化治理高效应水平。该类型公共图书馆具有较高的投入产出比，在文化治理方面具有强劲实力。如果此类公共图书馆愿意提升空间表征、资源表征和服务表征中某个方面，可能会改变公共图书馆的文化治理能力类型，促使自身成为"明星"公共图书馆类型。

（9）明星

具有文化治理高功能水平和文化治理高效应水平。该类型公共图书馆具有非常优异的文化治理功能水平和效应水平，是所有公共图书馆实施文化治理的学习楷模。

5.4.2 公共图书馆文化治理指数的实践应用

公共图书馆文化治理指数作为一个评价指标体系，设计者身份、背景和知识结构等因素都会影响指数设计的客观性。为尽量避免评价结果可能出现的主观性，在数据收集环节必须遵循真实、准确、可溯源原则，指数设计与权重分配则必须遵循科学、客观、合理原则，如增加评价数据的多元性，对定性数据和定量数据分别处理。

因此，本课题采用网络调研和问卷调研相结合的方法完成数据收集工作，规定数据收集口径为 2020 年。但受到各馆统计标准不同和外界因素的影响，部分公共图书馆存在数据缺失或零的情况，可能会影响公共图书馆的文化治理能力评价结果。随后采用内容分析方法，根据所构建的评价指标体系进行详细编码。编码期间，编码人员经过三轮的试编码和编码校正，统一各类型数据的编码标准，最终达到编码结果可信。基于编码整理后的数据集，采用 TOPSIS 法和层次分析法，确定各级指标权重，并按照公共图书馆文化治理指数计算模型，分别计算各公共图书馆的文化治理功能水平和文化治理效应水平，最终以散点图形式表示被调研公共图书馆的文化治理指数（见图 5-1），横坐标为文化治理功能水平，纵坐标为文化治理效应水平。

　　结果显示，璞玉、潜力、绩优和明星是被调研公共图书馆常见的文化治理能力类型。其中，仅有 4 个公共图书馆在文化治理方面属于"璞玉"类型，在所有公共图书馆类型中数量最少；11 个公共图书馆在文化治理方面属于"潜力"类型，投入与产出基本成正比关系；13 个公共图书馆在文化治理方面属于"绩优"类型，在所有类型中数量最多；7 个公共图书馆在文化治理方面属于"明星"类型，广州图书馆是所有被调研公共图书馆中实施文化治理的超级明星。受到部分公共图书馆数据不全的影响，这部分公共图书馆的所属类型可能存在误差。例如山西省图书馆、天津图书馆因为缺失数据较多，在文化治理效应方面表现不佳，属于"璞玉"类型。在调研样本中，不存在"焦点""金牛""实力"三种通过低投入获得文化治理中效应和高效应的类型，也不存在"远见"这种高投入低回报类型，这一方面说明了公共图书馆若未能在空间、资源、服务建设方面给予较高的重视，现实中就不可能有较高的文化治理效应；另一方面也说明了公共图书馆在空间、资源、服务建设方面的投入总会获得较良好的文化治理效应。即国

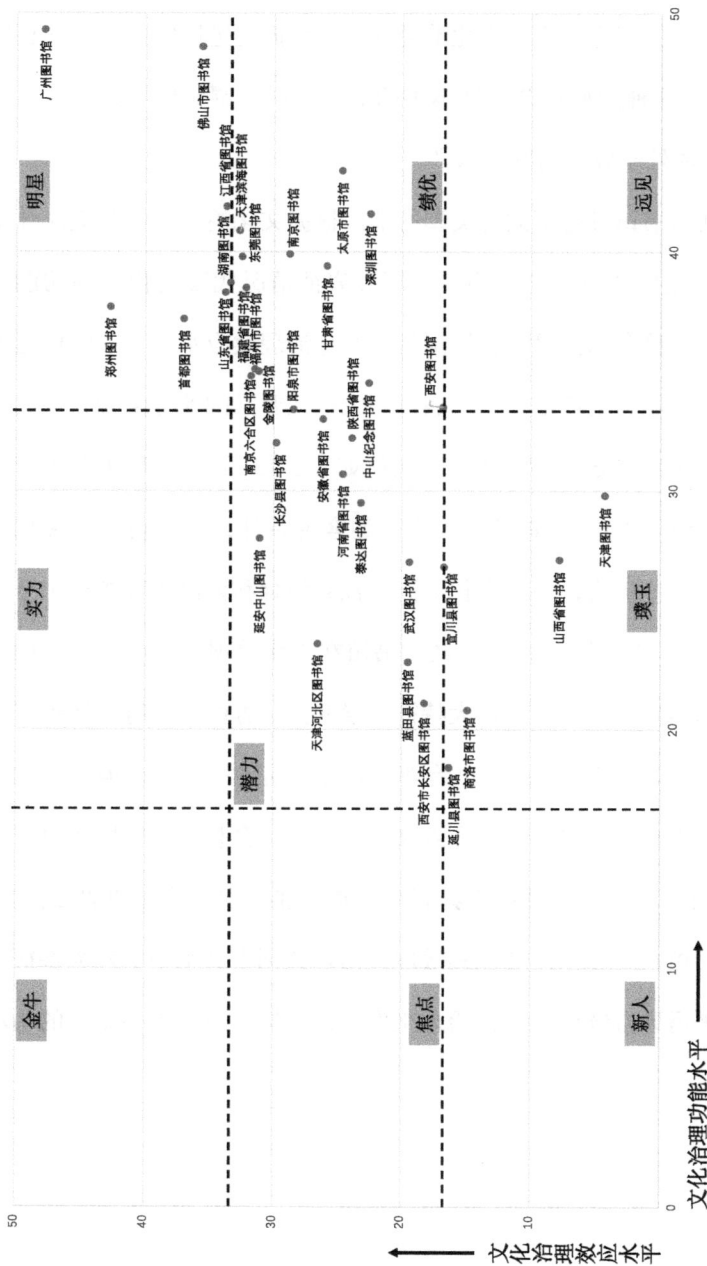

图 5-1 被调研公共图书馆文化治理指数的实践分类

家对公共图书馆的投入、公共图书馆对自己运营的筹谋都是值得的，会获得在文化认同、社会整合、公民培育方面的文化治理效应，从而促进国家、社会的良性发展。此外，"新人"这种类型在调研样本中的缺失，说明调研样本的建设已经有了较好的基础，总体处于较高的发展水平。

不同类型的公共图书馆具有不同的类型特征。根据文化治理功能和效应评价体系的组成结构，以空间表征、资源表征、服务表征情况代表文化治理功能水平，以文化认同、社会整合和公民培育情况代表文化治理效应水平，共同构建评价公共图书馆文化治理能力的特征要素。通过六大特征要素的评分组合，构成现实中公共图书馆文化治理指数的常见类型，具体如表5-13所示。"璞玉"类型的公共图书馆在文化治理功能方面具备中等水平的客观条件，但在转化为文化治理效应的过程中存在一些障碍，导致文化认同、社会整合和公民培育指标中至少有2个仍处于低水平。"潜力"类型的公共图书馆在文化治理功能和效应方面均达到了中等水平，总体发展均衡，在六大特征要素的任一方面都具有发展提高的机会。"绩优"类型的公共图书馆在文化治理功能方面达到高水平，但在转化为文化治理效应的过程中存在一些障碍，导致文化认同、社会整合和公民培育指标至少有2个尚未达到高水平，需要对薄弱的特征要素进行重点关注和加强。"明星"类型的公共图书馆在文化治理功能和效应方面均达到了高水平，六大特征要素全面发展，在未来需要持续创新文化治理工作，以维持在公共图书馆中的明星地位。

表5-13　公共图书馆文化治理指数的常见类型

类型	图示
璞玉 ①特征 文化治理中功能水平，空间、资源和服务表征指标至少有2个达到中等水平；文化治理低效应水平，文化认同、社会整合和公民培育指标至少有2个仍处于较低水平 ②典型个案 商洛市图书馆（公民培育效应和社会整合效应发挥较弱）	 空间表征 25 24.3—评分 20 15 10 5.8 0 0.5 公民培育 资源表征16.6 社会整合 服务表征20.6 24.1 文化认同
潜力 ①特征 文化治理中功能水平，空间、资源和服务表征指标至少有2个达到中等水平；文化治理中效应水平，文化认同、社会整合和公民培育指标至少有2个达到中等水平 ②典型个案 河南省图书馆（除资源表征达到高等水平外，其余5个维度均处于中等水平，有发展潜能）	 空间表征 40 30 23 20 20 10 0 公民培育 评分 资源表征37.1 社会整合27.6 服务表征31.9 27.6 文化认同
绩优 ①特征 文化治理高功能水平，空间、资源和服务表征指标至少有2个达到高等水平；文化治理中效应水平，文化认同、社会整合和公民培育指标至少有2个达到中等水平 ②典型个案 南京图书馆（公民培育效应仍有所欠缺，需要重点加强）	 空间表征 60 46.5 40 20 17.1 0 公民培育 评分 资源表征37.8 社会整合33.6 服务表征35.7 35.4 文化认同

（续表）

类型	图示
明星 ①特征 文化治理高功能水平；文化治理高效应水平；空间表征、资源表征、服务表征、文化认同、社会整合和公民培育指标均处于较高水平 ②典型个案 广州图书馆（6个维度全面发展）	

5.4.3　被调研公共图书馆文化治理指数的比较分析

5.4.3.1　省、市、县级公共图书馆的文化治理指数比较

依照地方行政区划层级划分，被调研公共图书馆文化治理类型分布如表5-14所示。不同行政级别的公共图书馆文化治理类型按出现频率从高到低排序为：省级公共图书馆中各类型出现频率依次为明星＞绩优＝潜力＞璞玉；市级公共图书馆中各类型出现频率依次为绩优＞潜力＞明星＞璞玉；县级公共图书馆中各类型出现频率依次为潜力＞绩优＝璞玉＞明星。

表 5-14 被调研公共图书馆文化治理指数类型（省 - 市 - 县级）

单位：个

公共图书馆级别 公共图书馆数量	璞玉	潜力	绩优	明星	合计
省级公共图书馆数量	2	3	3	4	12
市级公共图书馆数量	1	4	9	3	17
县级公共图书馆数量	1	4	1	0	6

具体来看，被调研省级公共图书馆中的明星馆为首都图书馆、山东省图书馆、江西省图书馆、湖南图书馆，其中 2 个东部馆，2 个中部馆；绩优馆为南京图书馆、福建省图书馆、甘肃省图书馆，其中 2 个东部馆，1 个西部馆；潜力馆为安徽省图书馆、河南省图书馆、陕西省图书馆，其中 2 个中部馆，1 个西部馆；璞玉馆为天津图书馆、山西省图书馆，其中 1 个东部馆，1 个中部馆。被调研省级公共图书馆各文化治理指数类型占比分别为：明星馆 33.33%，绩优馆 25.00%，潜力馆 25.00%，璞玉馆 16.67%。

在被调研市级公共图书馆中，明星馆为广州图书馆、佛山市图书馆、郑州图书馆，其中东部馆 2 个，中部馆 1 个；绩优馆为中山纪念图书馆、金陵图书馆、太原市图书馆、阳泉市图书馆、天津滨海图书馆、西安图书馆、福州图书馆、深圳图书馆、东莞图书馆，其中东部馆 6 个，中部馆 2 个，西部馆 1 个；潜力馆为武汉图书馆、延安中山图书馆、天津河北区图书馆、泰达图书馆，其中东部馆 2 个，中部馆 1 个，西部馆 1 个；璞玉馆为商洛市图书馆，为西部馆。被调研市级公共图书馆各文化治理指数类型占比分别为：明星馆 17.65%，绩优馆 52.94%，潜力馆 23.53%，璞玉馆 5.88%。

在被调研县级公共图书馆中，无明星馆；绩优馆为南京六合区图书馆；潜力馆为宜川县图书馆、西安市长安区图书馆、蓝田县图书馆、长沙县图书馆，其中中部馆1个，西部馆3个；璞玉馆为延川县图书馆，为西部馆。被调研县级公共图书馆各文化治理指数类型占比分别为：明星馆0，绩优馆16.67%，潜力馆66.67%，璞玉馆16.66%。被调研县级公共图书馆的文化治理能力表现总体弱于被调研省级公共图书馆和市级公共图书馆，除了与县级公共图书馆自身的能力建设有关外，与本研究样本选取不均衡也有一定关系：被调研省级公共图书馆和市级公共图书馆中东部地区馆最多，其次是中部地区馆；而被调研县级公共图书馆一方面在总量上比被调研省级公共图书馆和被调研市级公共图书馆少，另一方面被调研县级公共图书馆大多位于西部地区。而我国公共图书馆的建设与发展总体上是西部地区弱于东部地区和中部地区，调研样本集中于西部地区的县级公共图书馆在这种比较中自然会处于劣势。

5.4.3.2 东、中、西部公共图书馆的文化治理指数比较

依照《关于明确东中西部地区划分的意见》（财办预〔2005〕5号）中对东部、中部、西部地区划分标准，被调研公共图书馆文化治理指数类型按地理区域分布如表5-15所示。不同地区的被调研公共图书馆文化治理类型按出现频率从高到低排序如下：东部地区公共图书馆中各类型出现频率依次为绩优＞明星＞潜力＞璞玉；中部地区公共图书馆中各类型出现频率依次为潜力＞明星＞绩优＞璞玉；西部地区公共图书馆中各类型出现频率依次为潜力＞绩优＝璞玉＞明星。

表 5-15 被调研公共图书馆文化治理指数类型（东部 - 中部 - 西部）

单位：个

公共图书馆级别 公共图书馆数量	璞玉	潜力	绩优	明星	合计
东部地区公共图书馆数量	1	2	9	4	16
中部地区公共图书馆数量	1	4	2	3	10
西部地区公共图书馆数量	2	5	2	0	9

　　具体来看，被调研东部地区馆的明星馆和绩优馆数量远远超过被调研中部地区馆和西部地区馆，二者合计数量在该地区馆中占比为 81.25%，被调研中部地区馆的明星馆和绩优馆合计比例为 50%，被调研西部地区馆的明星馆和绩优馆比例为 22.22%。被调研东部地区馆中省、市、县级公共图书馆的比例分别为 31.25%、62.50%、6.25%，被调研中部地区馆中省、市、县级公共图书馆的比例分别为 50%、40%、10%；被调研西部地区馆中省、市、县级公共图书馆的比例分别为 22.22%、33.33%、44.45%。与被调研东部地区馆和中部地区馆相比，被调研西部地区馆中县级公共图书馆偏多，省、市级公共图书馆偏少，而省、市级公共图书馆的建设与发展能力总体要优于县级公共图书馆。因此，被调研西部地区馆的文化治理能力明显弱于被调研东部地区馆和西部地区馆，这一方面与该地区公共图书馆自身能力建设有关，另一方面调研样本分布的不均衡也有一定程度的影响。

第 6 章

文化治理视域下公共图书馆
品牌活动案例分析

本章对所调研的 35 个公共图书馆的品牌活动案例进行分析，考察其文化治理效应，根据考察结果为其文化表征体系制定优化方案，以为我国其他公共图书馆提供参考。

6.1　案例来源和分析框架

6.1.1　案例来源

对本研究所调研的 35 个公共图书馆的网站及微信公众号进行逐一调研，并结合问卷调查数据及对馆员的深度访谈，对被调研公共图书馆的品牌活动进行统计分析。其中，对"品牌活动"的定义参考有关学者等的观点，为"连续三年以上在固定周期开展的，以阅读群体为服务对象，覆盖图书馆所在辖区，并已经产生良好社会影响的活动项目"①。因此，在案例的选择上，本研究主要基于以下标准。

第一，所开展的活动要具有连续性和系统性。活动品牌效应的形成不是一朝一夕的事，需要公共图书馆进行系统的策划，并在持续举办活动中不断锐意创新，形成较为完善的活动体系。所选择的案例都是连续三年以上并在固定周期开展的，比如福建省图书馆的"读中华经典　颂时代华章"诵读比赛，截至 2022 年已经连续举办四年，受到了社会的广泛关注，形成了一定的品牌效应。

第二，活动要具有一定的规模，覆盖公共图书馆所在辖区。同时重点关注针

---

① 夏勉，夏雨雨．新时代公共图书馆传统节日文化传承创新路径研究 [J]．图书馆，2021（12）：95-100.

对未成年人、老年人、残障人士、外来务工人群等特殊群体的品牌活动。

第三，活动要形成品牌效应。判断标准包括公共图书馆官网中的"品牌活动"专栏介绍、公共图书馆年报中提及的"项目品牌建设情况"，以及通过对馆员发放问卷，获取关于公共图书馆品牌活动的详细信息。

基于以上标准，本研究最终在被调研公共图书馆中筛选出了 182 个品牌活动。在所调研的公共图书馆中，共有 30 个公共图书馆创建了活动品牌，其中省级公共图书馆中安徽省图书馆的品牌活动最多，数量为 8 个；市级公共图书馆中广州图书馆的品牌活动最多，数量为 41 个；县级公共图书馆中，西安市长安区图书馆的品牌活动最多，数量为 5 个，具体如表 6-1 所示。

表 6-1　被调研公共图书馆及其品牌活动数量

行政级别	图书馆	品牌活动数量 / 个
省级公共图书馆	安徽省图书馆	8
	陕西省图书馆	7
	首都图书馆	7
	福建省图书馆	6
	湖南图书馆	6
	南京图书馆	6
	河南省图书馆	4
	江西省图书馆	4
	甘肃省图书馆	2
	山东省图书馆	2
	山西省图书馆	1

（续表）

行政级别	图书馆	品牌活动数量 / 个
市级公共图书馆	广州图书馆	41
	金陵图书馆	27
	武汉图书馆	7
	东莞图书馆	6
	福州图书馆	6
	天津滨海图书馆	6
	阳泉市图书馆	4
	佛山市图书馆	3
	太原市图书馆	3
	西安图书馆	3
	郑州图书馆	3
	中山纪念图书馆	3
	延安中山图书馆	3
	深圳图书馆	2
	天津河北区图书馆	1
县级公共图书馆	西安市长安区图书馆	5
	宜川县图书馆	2
	长沙县图书馆	2
	南京六合区图书馆	2
合计		182

6.1.2　分析框架

本章注重分析公共图书馆品牌活动所带来的文化治理效应，因此在案例分析时，使用公共图书馆文化治理效应评价指标体系。但是在对具体的活动案例进行分类后，文化认同下的"对公共图书馆的认同"指标、公民培育下的"社会捐赠"

指标、社会整合下的"社会信任水平提高""社会规范与价值遵守"2 个三级指标，都没有对应的品牌活动案例。值得一提的是，"社会信任水平提高""社会规范与价值遵守"这 2 个指标，与"传统文化保护与传承""志愿精神培育与发展""促进社会包容"等指标不同，公共图书馆很少会开展针对性的具体项目活动，更多是将社会信任、社会规范与价值遵守的观念融入、贯穿项目活动的始终，以潜移默化的方式教育民众，从而达到文化治理的效果。因此，在案例分析时只考虑表 6-2 中的 7 个二级指标。

表 6-2　案例分析框架

类别	一级指标	二级指标
文化治理效应	文化认同	传统文化保护与传承
		地方文化认同与交流
	社会整合	志愿精神培育与发展
		促进社会包容
	公民培育	社会教育与终身学习
		全民阅读推广
		数字化转型

6.2　公共图书馆品牌活动的基本情况分析

6.2.1　服务对象概况

公共图书馆开展差异化的文化服务，能够从不同读者群体的特点和个性化需求出发，高效精准地实现文化服务的目的。对不同读者群体的认知和行为模式及需求层次的精准分析，有助于充分发挥文化治理的效用。面向不同服务对象的公共文化服务在社会结构的不同组成中进行着渗透，实现着不同的文化治理效果。

　　根据本次调研的结果可知，目前公共图书馆品牌活动的服务对象涵盖了社会全体公众，兼顾特殊人群的文化需求（见表6-3），由此可见公共图书馆在持续推进大众文化服务的基础上，投入了大量精力去拓展服务对象，开展个性化的服务。

表 6-3　品牌活动服务对象统计

面向人群	品牌活动计数 / 个	占比
全体公众	111	60.99%
儿童	27	14.84%
青少年	29	15.92%
婴幼儿	5	2.75%
老年人	4	2.20%
残障人士	5	2.75%
外来务工群体	1	0.55%
合计	182	100%

　　在面向特殊群体的文化服务中，公共图书馆更加重视未成年群体的文化服务（占比33.52%），并可按年龄阶段划分为面向婴幼儿（0～6岁）、儿童（6～12岁）、青少年（12～18岁）[①]的三类品牌活动，其中婴幼儿品牌活动占比为2.75%，儿童品牌活动占比为14.84%、青少年品牌活动占比为15.92%。同时，老年人（品牌活动占比为2.20%）、残障人士（品牌活动占比为2.75%）、外来务工群体（品牌

---

① 　杨丽珠.儿童心理学纲要 [M].北京：社会科学文献出版，1996：240，332，398.

活动占比为 0.55%）也是公共图书馆品牌服务所关注的对象。

从目前公共图书馆开展品牌服务的现状可知，针对社会大众的普适性活动仍然是品牌服务的主要组成部分，对弱势群体的关怀，主要集中在未成年、老年群体及其他社会弱势群体。但对于其他社会弱势群体，公共图书馆打造的品牌服务活动仍比较少，还有一定的扩展空间。

6.2.2　活动形式概况

公共图书馆品牌活动可分为阅读类、半阅读类、非阅读类三种。阅读类活动主要以故事会 / 阅读会 / 读书会、座谈沙龙、经典诵读、作品征集、荐书活动、竞赛等方式开展，其中故事会 / 阅读会 / 读书会占比最多，座谈沙龙次之。公共图书馆经常通过故事会或者读书会的方式引导、支持未成年人参与阅读。值得关注的是，许多公共图书馆开展了荐书活动，除了图书馆荐书、专家荐书外，还积极鼓励公众参与好书推荐活动。

半阅读类活动是所有公共图书馆品牌活动中比例最高的一类，其中讲座活动有 54 种，位居所有类型活动的榜首。由此可见，开展讲座是公共图书馆建设品牌活动的主流趋势。公共图书馆通过讲座可以起到较好的文化教化、影响作用，使更多、更广泛的读者受惠。

在非阅读类活动中，辅导培训活动占比最高。许多公共图书馆都通过各种各样的培训来吸引公众的阅读兴趣，培育公众的专业技能或者艺术修养，在一定程度上提升社会的整体文化水平。

品牌活动类型及形式统计如表 6-4 所示。

表 6-4　品牌活动类型及形式统计

活动类型	活动形式	数量 / 种	百分比
阅读类活动	故事会 / 阅读会 / 读书会	15	8.24%
	座谈沙龙	12	6.58%
	经典诵读	4	2.20%
	作品征集	2	1.10%
	荐书活动	10	5.49%
	竞赛	9	4.95%
	共计	52	28.57%
半阅读类活动	展览	13	7.14%
	手工 / 绘画 / 摄影	7	3.85%
	讲座	54	29.67%
	观影 / 音乐会	6	3.30%
	共计	80	43.96%
非阅读类活动	游戏活动	4	2.20%
	志愿活动	4	2.20%
	辅导培训	16	8.79%
	专业咨询	2	1.10%
	共计	26	14.29%
其他		24	13.19%

6.2.3　合作对象概况

公共图书馆的发展和建设如果只凭借自身的力量会受到很多局限，需要社会各界多方合作对象的支持和参与。社会各界的参与，一方面可以扩大公共图书馆的社会能见度和认可度，另一方面这也是公共图书馆实现社会整合效应的重要途径。在本次调研中，共 182 个品牌活动案例中的 43 个品牌活动是引入了外部合作进行的。其中，较为突出的有南京市金陵图书馆与行业协会、研究院所、企业、公益组织、政府部门等的多方深度合作，打造出"悦苗行动""朗读者"等多个优质品牌活动；郑州图书馆"天中讲坛"活动也是在与政府、公益组织和多位学者合作的基础上打造出来的，自2014年创办就成了河南省公益知识科普的重要渠道。但是，大部分品牌活动由公共图书馆独立举办，说明我国公共图书馆与外部合作的力度还需进一步加大。

从合作对象的类型来看，本次调研中的图书馆品牌活动的合作对象丰富，包括政府部门、非营利组织、行业协会、媒体、其他公共图书馆和企业等。从数量来看，政府部门、行业协会/文化机构、其他公共图书馆和企业数量多，均为6次，分别占比为14%；其次，公共图书馆与学者、科研机构的合作也比较多，分别占比为12%、9%，与学者和科研机构的合作主要集中在讲座与知识科普等活动；除此之外，公共图书馆还积极与非营利组织、媒体、教育培训机构等进行多方面合作，借助不同合作对象的优势，丰富活动形式和内容，加大品牌活动宣传力度，扩大品牌影响范围，提升公共图书馆文化治理效力。

公共图书馆品牌活动不同类型合作对象的数量及占比如表6-5所示。

表6-5　公共图书馆品牌活动不同类型合作对象的数量及占比

公共图书馆品牌活动合作对象类型	数量/次	占比
政府部门	6	14%
行业协会/文化机构	6	14%
其他公共图书馆	6	14%
企业	6	14%
学者	5	12%
科研机构	4	9%

公共图书馆品牌活动合作对象类型	数量／次	占比
教育培训机构	3	7%
其他	3	7%
非营利组织	2	5%
媒体	1	2%
事业单位	1	2%
合计	43	100%

6.3　公共图书馆品牌活动的文化治理效应分析

6.3.1　文化认同效应分析

6.3.1.1　传统文化保护与传承

在本研究的案例集中，传统文化保护与传承相关的品牌活动可以归纳为三种模式。

一是以办班讲授、培训教学的形式，打造系统性的品牌课程。以金陵图书馆的"金陵·浦江学堂合珏班"为例，该项目由金陵图书馆与公益性机构浦江学堂于2019年合作共建，是"落地南京的首个班级，也是全国的第一百个班级"[①]。该项目旨在面向南京的广大中小学生，免费教授国学经典，传播中华优秀传统文

---

① 金陵图书馆.金陵·浦江学堂[EB/OL].[2022-05-13].

化，培养文化认同。

在该项目的具体运行层面，首先，在课程体系的建设上保证高度的专业性。一方面，合作对象为专门讲授中华传统文化的公益性机构浦江学堂，浦江学堂由著名学者、百家讲坛的主讲人鲍鹏山于 2019 年创建[①]，具有丰富的教学经验、系统完善的国学课程体系、专业的师资团队；另一方面，课程的教师团队广泛吸纳高校的博士生、教授等志愿者参与[②]，具有深厚的传统文化素养。其次，在课程制度保障上体现教学的精品化。合珏班采取严格的准入制度，每一期的学员都需要经过面试选拔，要求学员和家长一起面试，考察家长的理念是否与浦江学堂一致，是否能够坚持让孩子学习五年的国学[③]。最终招收南京学子 40 名，在每周日上午讲授《论语》[④]。最后，线上线下相结合，体现项目的灵活性、丰富性。线下除了课堂之外，还组织各种国学故事大赛、摄影比赛、配乐朗诵、谒孔拜师活动等，采取多种形式打造沉浸式课堂，提升学员学习传统文化及礼仪的效果。在特殊时期采取线上授课的形式，制订网络学习计划，录制教学视频[⑤]，保障项目的长期稳定开展。

金陵·浦江学堂合珏班在传统文化保护与传承方面取得了显著的成效。从授课数据来看，自 2019 年 8 月正式开班到 2020 年 6 月底，合珏班已经授课了 46 场次，"完成了《论语》全本的精讲精读，学子们坚持全本抄写背诵"[⑥]。从学员的

---

① 浦江学堂.好消息|浦江学堂在南京落户啦！[EB/OL].[2022-05-13].
② 金陵图书馆.金陵·浦江学堂 [EB/OL].[2022-05-13].
③ 新民晚报.浦江学堂背后的视界 [EB/OL].[2022-05-13].
④ 金陵图书馆.金陵·浦江学堂 [EB/OL].[2022-05-13].
⑤ 金陵图书馆."金陵·浦江学堂"少儿国学班招生啦+"习经堂"本周讲座安排 [EB/OL].[2022-05-13].
⑥ 金陵图书馆.金陵·浦江学堂 [EB/OL].[2022-05-13].

学习效果来看，合珏班的学员通过专业、完整、系统的国学教育，熟悉中华传统礼仪，对国学经典做到全篇背诵、活学活用。学员家长反馈该项目在孩子的成长过程中发挥了传统文化以文化人的力量，塑造了孩子正直的人格、包容的胸襟气度；通过传统文化的学习，在语文学习中厚积薄发[①]。金陵·浦江学堂合珏班作为公共图书馆与浦江学堂合作共建，落地于南京的首个班级，实现了公共图书馆与社会力量的合作共赢。该培训班以金陵图书馆丰富完善的文献资源、布局多元的空间资源为依托，吸纳浦江学堂的专业力量和成熟的国学教育体系、专业的师资团队，有效发挥了公共图书馆的公共文化服务功能和社会教育职能[②]，并激活了中华优秀传统文化，取得了良好的文化治理成效。

二是以传统节日为契机，策划相关文化主题活动。以湖南图书馆的知名文化品牌"新春文化庙会"为例，该项目从 2007 年开始举办，截至 2022 年已经成功举办了十六届[③]，其成功离不开广泛的社会力量参与，合作对象包括专业国学教育机构拙诚学堂、湖湘本土社会文化类机构及其文化志愿者、湖南本土知名品牌企业等[④]。该项目面向各个年龄层的读者，旨在为传统文化赋予新的表达，引导市民了解、学习传统新春文化和当地文化，感受传统文化的魅力，推动中华优秀传统文化在新时代的延续、传承与弘扬[⑤]。

在项目的具体运作上，湖南图书馆不断创新新春文化庙会的活动内容和形

---

① 金陵图书馆.家长自治 座谈心得——浦江学堂家长座谈会 [EB/OL].[2022-05-13].
② 陶敏.体现公共图书馆社会教育职能的"浦江学堂" [J].山东图书馆学刊，2019（6）：114-117.
③ 文旅湖南."庙"趣横生！湖南图书馆第十六届新春文化庙会开幕 [EB/OL].[2022-05-15].
④ 湖南图书馆.湖南图书馆举办"福来图书馆"新春文化庙会 [EB/OL].[2022-05-14].
⑤ 文旅湖南."庙"趣横生！湖南图书馆第十六届新春文化庙会开幕 [EB/OL].[2022-05-15].

式，以群众喜闻乐见的方式展现春节民俗和文化内涵[1,2]。其经典项目邀请当地书法家协会、剪纸专业委员会等专业组织的文化志愿者为读者赠送春联、剪纸及其他传统文化作品，并在此基础上策划新的文化主题活动。其富有特色的举措包括以下方面。一是采取"场景＋体验"的活动模式，结合科技手段提升读者的节日文化体验。一方面，利用大红灯笼、新春许愿墙等充满年味的传统元素来烘托节日氛围；另一方面，通过虚拟现实（VR）、非物质文化遗产体验等增强活动的交互性和趣味性。例如，推出"新春楹联年俗特展"，用图像、文字及场景展现我国的春节文化传统；开展"湘图文创"、体验传统印刷技艺的"雕版年画"等DIY活动等。二是运用"文旅融合"的形式，将新春文化庙会开办到馆外，将其推向更广泛的受众。第十六届庙会由湖南图书馆与天街、火宫殿联合举办，涵盖了大型主题 IP 展、传统文化艺术体验、民俗艺术表演、地道湖湘美食等多个内容，读者在市集中沉浸式体验丰富多彩的节庆活动及当地民俗，淘选湘图的文创产品，感受地方传统文化的魅力[3]。

"新春文化庙会"项目以群众喜闻乐见的形式展现了中华传统节日文化的魅力，成为湘图践行传承创新传统文化的重要手段。一方面，"新春文化庙会"取得了较高的社会影响力。每一届庙会的开幕式基本上都有湖南省文化和旅游厅、湖南省社会科学界联合会的相关领导出席，由此可见，该项目受到了当地政府部门的高度关注和重视。此外，广泛的社会合作的开展，不仅调动了全民参与新春文化庙会的主动性和积极性，如湖南本土知名品牌止间书店、弘道书店、茶颜悦

① 湖南图书馆.新春文化庙会|真想替没来的人伤心一秒钟 [EB/OL].[2022-05-15].
② 湖南图书馆.湖南图书馆举行第十三届新春文化庙会 [EB/OL].[2022-05-14].
③ 湖南在线.国潮盛"市"等你来 湖南图书馆新春文化庙会开幕 [EB/OL].[2022-05-14].

色、滩头年画、湖南青年人手艺联盟等,携各自主打项目产品在庙会中亮相,吸引了更加广泛的受众的参与;同时也汇聚了社会文化机构、各领域知名人士的专业力量,整合了文创生活、个性书店、非遗和艺术品、"网红"美食等多方本土文化资源①,提升了传统节日文化保护和传承工作的专业性和有效性。另一方面,"新春文化庙会"为传统新春文化赋予新表达。该活动不仅奉上文化大餐满足了市民的文化需求②,还为市民营造了温暖的传统节日氛围,并与时俱进、开拓创新,将传统节日文化与现代科技、时尚潮流融合起来,兼具项目的文化性和娱乐性,增强了青年群体对传统节日文化的认同感,不失为传统文化保护和传承的有效途径。

三是以诗词教唱、文化沙龙的形式,演绎传统诗词。以首都图书馆主办的"唱诵国学经典"为例,该项目由首都图书馆携手全学科儿童启蒙教育品牌常青藤爸爸举办③,主要面向3~6岁的儿童,旨在向儿童展示古诗词的音乐之美的同时,以生动有趣、润物细无声的方式帮助其熟背古诗词,传播和弘扬中华传统文化。

该项目的活动周期为一年,以季度为单位,组织四季主题活动④:一是"跟着古诗词去旅行",以写景诗歌为唱诵素材,教儿童用古诗词来描绘和形容名川大河,在古诗词中"边唱边遨游中国的大好河山"⑤;二是"唱遍一年好时光",打造了国内首部古诗词题材儿童音乐舞台剧,选取古诗词作为元素贯穿剧目始终⑥;

---

① 湖南图书馆举办第十四届新春文化庙会 [EB/OL].[2022-05-16].
② 湖南在线.国潮盛"市"等你来 湖南图书馆新春文化庙会开幕 [EB/OL].[2022-05-14].
③ 首都图书馆.唱诵国学经典线上视频教学 [EB/OL].[2022-05-16].
④ 首都图书馆.少儿活动|迎秋分,诵古诗,听朋朋哥哥讲故事 [EB/OL].[2022-05-20].
⑤ 首都图书馆.【少儿活动】开学了还没玩够?来首图跟古诗词去旅行吧~[EB/OL].[2022-05-20].
⑥ 首都图书馆.全国首创古诗词题材儿童音乐舞台剧《唱遍一年好时光》大获成功 [EB/OL].[2022-05-20].

三是"那些风花雪月的诗"，以"汉服国风"私塾小课堂的模式，教儿童唱诵《风》《宿新市徐公店》《绝句》《静夜思》四首描写风花雪月的古诗词，并教授中华传统礼仪[①]；四是"诗人的故事与诗"，以小读者们汇报演出的形式展开[②]。在四个大的主题活动下，各配合五场小的专题活动，以"歌舞教学和名师讲座"的形式围绕主题相关的故事展开诗词精讲[③]，全年共计 24 场[④]。

从开展的主题活动来看，该项目具有如下亮点。

一是创新活动形式，打造以"古诗词"为主题的儿童音乐舞台剧，给儿童带来身临其境的观演体验。近年来，儿童文学、儿童剧市场规模一直呈现扩大趋势，但是真正优秀的原创作品仍然是凤毛麟角，大部分儿童剧要么是直接引用舶来品，要么是程式化、空洞性地套用经典童话故事，难以满足儿童的精神文化需求。在这样的背景下，"唱诵国学经典"项目打造了"古诗词"主题儿童音乐舞台剧形式，由首都图书馆联合常青藤爸爸、专业儿童剧创作团队鲸旗·SHOW 举办，运用多种艺术手段，加入了大量的国学传统文化、生动的人物形象、趣味性强的舞台动作等元素，将古诗词及背后的动人故事以儿童喜闻乐见的形式表现出来[⑤,⑥]。

二是采用科学、有效的古诗词教学方式——唱学，让儿童通过音乐体会国学

---

① 首都图书馆 .【报名啦】《唱诵国学经典系列活动》诗词精讲＋教唱 [EB/OL].[2022-05-20].

② 首都图书馆 . 活动："唱国学 诵经典"汇报演出 [EB/OL].[2022-05-20].

③ 首都图书馆 . 活动：《唱诵国学经典系列活动》诗词精讲＋教唱 [EB/OL].[2022-05-20].

④ 首都图书馆阅读之城 . 活动："唱国学 诵经典"展演预选 [EB/OL].[2022-05-20].

⑤ 上闹铃抢票 | 常爸倾心打造的国内首部"古诗词"主题儿童音乐舞台剧，免费请你看！[EB/OL].[2022-05-16].

⑥ 首都图书馆 . 全国首创古诗词题材儿童音乐舞台剧《唱遍一年好时光》大获成功 [EB/OL].[2022-05-20].

经典的韵律之美，理解其中意境①。3～6岁的儿童处于直觉思维阶段，以具体形象思维为主，将关注重点放在图画、声音上②，对古诗词的理解有一定难度。而采用唱学的方式，按照一定的节奏和韵律唱诵古诗词，使得古诗词不再枯燥，既朗朗上口、帮助记忆，又能通过平仄的起伏变化，向儿童准确传达古诗词内深刻的思想感情③。在每次课程活动结束后，儿童都能掌握一首古诗词的背诵及演唱④。

"唱诵国学经典"项目在教学方法推广、传统文化弘扬上取得了显著的成效。一方面，该项目经过系列活动，总结出一套简单、易操作、可复制的古诗词教学模式。每场活动都有精心策划的教学方案、课件，并积累历次现场视频，形成完整、珍贵的教学参考资源。其他公共图书馆、学校、教育机构利用这些资源，并配合简单的培训和指导，便可以很容易地将"唱学"的形式应用到教学场景中⑤。另一方面，该项目有效地激发了儿童对古诗词的热爱，使儿童以唱诵的方式体会国学经典的文化内涵，消除了传统朗诵古诗词等国学经典的拗口和距离感⑥，有利于培育儿童的文学素养、审美素养和情感认同，增强民族文化的自觉与自信，不失为熏陶、教化儿童的成功实践。比如在音乐舞台剧《唱遍一年好时光》中，看完"张籍秋思"的一幕，每位小读者都"有意无意地往母亲怀里钻了钻，贴得更

---

① 首都图书馆.【少儿活动】开学了还没玩够？来首图跟着古诗词去旅行吧～[EB/OL].[2022-05-20].

② 林崇德.发展心理学[M].北京：人民教育出版社，2009：52-53.

③ 周熙婷，鲍蕊.古诗词吟唱进校园的可行性研究[J].文化产业，2021（14）：151-152.

④ 首都图书馆.《唱诵国学经典系列活动》诗词精讲＋教唱之中秋特别版[EB/OL].[2022-05-16].

⑤ 2019年第一个官宣：让每个孩子都受益的"桃李计划"暖心上线！[EB/OL].[2022-05-16].

⑥ 何洋，王政.打造图书馆传统文化阅读推广的新模式——以古诗词吟唱公开课为例[J].图书馆建设，2018（7）：80-84.

紧了"[1]，现场很多读者感动落泪，音乐舞台剧潜移默化地将孝道文化渗透进儿童读者幼小的心灵。从活动举办数据来看，音乐舞台剧通过首都图书馆公共文化云官网、微信公众号进行现场直播，国家公共文化云官网、微信公众号同步转播。截至演出结束，网络直播点击量高达47.6万人次[2]，在线观看量突破百万次[3]，文化传播效果显著。

6.3.1.2 地方文化认同与交流

地方文化是特定区域范围内生态、习俗、传统等文明的表现，包含当地的饮食文化、建筑文化、服饰文化等。传承和发扬地方文化，是延续集体记忆、引导社会认同的重要手段。公共图书馆是弘扬地方优秀传统文化的主阵地，肩负着保护和弘扬地方文化的使命：一方面通过提供文化资源和服务，促进当地居民对自身文化的理解和认同；另一方面通过地方性文化传播和交流活动，促进文化间的对话、理解和包容[4]。通过对所调研公共图书馆地方文化认同与交流相关品牌活动形式的分析，将其归纳为两种模式。

一是立足当地的历史文化根基，以地方特色馆藏建设、讲座论坛等形式打造地方文化特色品牌。以广州图书馆的"唐宋诗词粤语讲座"项目为例，该项目旨在弘扬中华传统文化，传承和发展广府文化，引导市民热爱粤语、热爱广州、传

---

① 首都图书馆 . 全国首创古诗词题材儿童音乐舞台剧《唱遍一年好时光》大获成功 [EB/OL].[2022-05-20].

② 首都图书馆 . 全国首创古诗词题材儿童音乐舞台剧《唱遍一年好时光》大获成功 [EB/OL].[2022-05-20].

③ 视频回放 | 常爸儿童音乐舞台剧《唱遍一年好时光》圆满举行 [EB/OL].[2022-05-20].

④ 于良芝 . 图书馆情报学概论 [M]. 北京：国家图书馆出版社，2016：252.

承广府文化。

在讲座的具体安排上，自 2018 年 3 月每月一讲。邀请三位本地的诗词界专家、学者进行讲解，将粤语和吟诵、诗歌讲解融汇起来，带领读者品味粤语之美、诗词之韵 [①]。

在活动的推广模式上，广州图书馆积极扩大受众范围，采取线上、线下相结合的传播途径。线上传播渠道贯穿活动的始终，线下讲座地点设在广州人文馆中庭的读者互动区：在活动开始前，通过官方微信公众号、官网开展宣传，让读者及时知悉活动信息；公共图书馆与广东广播电视台粤语手机频道"粤听"合作，线上读者可以在该频道收听现场音频直播；在讲座结束后，读者可以在"粤听"的回顾栏目收听回放。多元立体的推广渠道能够有效打破时间和空间的局限，让读者随时随地接受"唐宋诗词粤语讲座"的熏陶。

在活动的社会影响上，"唐宋诗词粤语讲座"从 2018 年开启至 2022 年 5 月，已经举办 43 讲，收听直播的听众累计超 40 万人次，获得了广大读者的一致好评。此外，该讲座还获得了众多主流媒体的关注和肯定，取得了显著的社会效益。第23 讲回顾稿《诗歌赏析：杜甫〈绝句四首（其三）〉》获选登上"学习强国"平台（2020 年 7 月 6 日，广州学习平台）；2021 年 3 月，"唐宋诗词粤语讲座"荣获广东广播电视台颁发的"文化传承优秀合作案例"奖。

"唐宋诗词粤语讲座"对传承和弘扬本土语言、促进地方文化认同具有重要意义。粤语作为广府方言，不仅是广府居民的沟通工具，也是广府历史文化的重

---

① 广州图书馆. 活动品牌 [EB/OL].[2022-05-31].

要载体，更是广府人独具标志的一张"身份证"①、岭南地区的语言名片②。但是在推广普通话的进程中，粤语正面临着日渐被丢弃的危机。根据有关学者 2017 年的数据调查，在广东超过一半的调查对象对粤语的未来发展持悲观态度，其中青年人多于中年人③，使用粤语的人越来越少④。因此，在推广普通话的同时保护粤语显得极其必要。粤语具有完整的九声六调，较完美地保留了古汉语特征，将粤语和诗歌吟诵、讲解融合起来，是传统文化与本土语言有机结合的成功实践。这既使得传统诗词文化焕发出时代风采，又彰显出粤语的别致韵味，增强当地民众对粤语的归属感和自豪感；同时，这也有利于帮助外来人口学习粤语，更好地融入当地的文化环境，促进社会包容。除此之外，该项目对传播地方特色馆藏资源也发挥了重要作用。"唐宋诗词粤语讲座"是依托于广州图书馆名人专藏刘逸生、刘斯奋家族藏书策划举办的，活动背后拥有丰富的地方文献资源支撑。讲座和阅读推广活动的开展，吸引了民众对地方特色馆藏的关注和利用，有效激活了地方特色文献资源。总体而言，该项目是广州图书馆充分利用资源优势，发挥文化育人作用，传承本土语言文化，坚定文化自信，打造传统文化品牌的一次有益尝试。

二是通过与其他区域的图书馆开展合作，举办地方性特色文化交流活动。以广州图书馆和佛山市图书馆联合举办的"广佛同城共读"项目为例，该项目从 2019 年开始举办，在每年的 3～10 月举办全民阅读活动。该项目面向广州、佛山两地的市民，旨在借助"共荐、共选、共读"的全民阅读方式，加深广佛居民对

---

① 澎湃新闻.深度|普通话普及之下的粤语：被渐渐丢失的"身份证"[EB/OL].[2022-05-31].

② 李诗奂.广东粤语的发展及岭南文化的传承和保护[J].学术评论，2012（3）：103-108.

③ 澎湃新闻.深度|普通话普及之下的粤语：被渐渐丢失的"身份证"[EB/OL].[2022-05-31].

④ 澎湃新闻.如果有一天，粤语消失了……[EB/OL].[2022-05-31].

广州与佛山"地域相连，历史相承，文化同源"的理解，在推进广佛两地文化建设的同时促进广佛同城化建设。

该项目取得了积极广泛的社会影响，在2021年，"广佛同城共读"项目被评为"广东图书馆学会2020年阅读推广示范项目"。该项目通过"共荐、共选、共读"的全民阅读方式，提升了广佛居民对公共文化服务活动参与的积极主动性。2019—2020年，微博、微信平台该活动相关内容的阅读量超240万次，超3万人次参与书籍推选、投票、线上话题讨论等互动活动。公众对公共活动的积极参与，在一定程度上增强了社会凝聚力。同时，该项目还通过共读活动增强了广佛居民对岭南文化的理解和认同，促进了文化的传播与交流。以《广州传》的共读活动为例，该活动不仅使读者对广州的"诞生、发展、兴衰"过程有了更加系统、清晰的认识①，还使读者了解了广州的文化习俗、地名变迁、城市特质的文化渊源。

6.3.2　社会整合效应分析

6.3.2.1　志愿精神培育与发展

2018年1月1日，《中华人民共和国公共图书馆法》正式施行，该法明确提出了要鼓励公民参与公共图书馆志愿服务。目前，随着社会公益服务的发展和公益体系的健全，作为公共文化事业重要组成部分的公共图书馆成为现代公民意识的重要培育场所。在弘扬志愿精神、强化公民责任担当方面，公共图书馆正发挥

---

① 广州公益阅读.活动回顾 | 老广都不知道的广州那些事，一起来看看[EB/OL].[2022-06-07].

着巨大作用。在所调研的相关案例中，志愿精神培育与发展相关活动的开展可以归纳为三种模式。

一是以培育队伍、打造品牌的形式，完善志愿服务体系，建设具有新时代特色的专业化志愿服务队伍。以陕西省图书馆"兰台志愿者团队"为例，该团队成立于 2010 年 6 月，由陕西省图书馆阅读推广部统一管理[①]，以提供友爱互助的志愿服务为基石，以建设奉献进步的志愿团队为骨架，构建并完善了专业的志愿服务体系，其主要亮点和特色如下。

坚持志愿服务理念，培育志愿服务精神。陕西省图书馆兰台志愿者团队（以下以称兰台志愿者团队）多年来坚持"奉献、友爱、互助、进步"的志愿者服务理念，以热忱负责、积极主动的精神为广大读者服务，组织并参与了多种公益活动[②]。陕西省图书馆的多个品牌项目中，都有兰台志愿者团队的参与，如在品牌活动"陕图讲坛"中，受邀参加的主讲人就是兰台志愿者。该讲坛自 2006 年开办以来，每月开展一次，多年来获得了社会的广泛认可。兰台志愿者往往是某一领域的专家教授或者作家学者，他们以专业的视角和博学的知识丰富了群众的文化生活。其志愿服务精神也感染了更多的公众参与到文化活动和志愿活动中，使志愿者服务精神得到薪火相传。

志愿队伍建设结构化、系统化。根据陕西省图书馆的管理结构和实际志愿服务需要，兰台志愿者团队主要分为两种类型，分别是服务型志愿者团队和专业型志愿者团队[③]。服务型志愿者团队更多聚焦于陕西省图书馆的日常管理和运营工

① 陕图兰台志愿服务平台.组织概述 [EB/OL].[2022-05-15].
② 陕图兰台志愿服务平台.组织概述 [EB/OL].[2022-05-15].
③ 陕图兰台志愿服务平台.组织概述 [EB/OL].[2022-05-15].

作,如图书整理、环境维护和日常读者引导服务等;而专业型志愿者团队则由在各个领域拥有丰富专业知识的专家学者组成,他们是各个品牌活动的项目主讲人,围绕各自领域的专业知识讲授专门课程或兴趣课程,满足读者不同层次的精神需求。两种类型的志愿服务团队协调建设,紧密配合,在有效提升图书馆的服务质量、满足公众需求的同时,传播志愿精神。

线上、线下相结合,志愿团队服务不断深入。兰台志愿者团队基于陕西省图书馆人才结构和发展需要,在志愿者注册、志愿项目发布、志愿者招募、志愿者组织管理、志愿者教育培训等方面形成了"线上 + 线下"的制度化、专业化管理模式①。

截至 2022 年 5 月,兰台志愿者团队拥有志愿者子团队 23 个、个人志愿者 1 059 人,2018—2021 年兰台志愿者参与服务总时长累计达 50 736 小时。文化和旅游部办公厅公布的 2021 年文化和旅游领域学雷锋志愿服务先进典型名单中,陕西省图书馆兰台志愿者服务站被评为"最佳志愿服务组织",其开展的"文化助残"视障文化观影服务也被评为"最佳志愿服务项目"②。兰台志愿者团队为广大文化志愿者提供深度参与文化志愿服务的机会,在为广大群众提供更为丰富和优质的公共文化服务的同时,不断提高公众的参与度并塑造公众的志愿服务精神。

二是以志愿参与、服务学习的形式,为未成年人培育和践行社会主义核心价值观提供有效途径。以天津滨海图书馆的"小小志愿者"项目为例,该项目招募少年儿童成为图书馆志愿者,为未成年人培育志愿精神提供了有效途径。在志愿

---

① 文旅中国.陕西省图书馆兰台志愿者服务站:让文化志愿服务走心暖心 [EB/OL].[2022-05-15].

② 陕西省图书馆.【志愿服务】陕图兰台志愿者获选 2021 年文化和旅游领域学雷锋志愿服务先进典型公告 [EB/OL].[2022-05-15].

服务正式开始前，天津滨海图书馆会组织开展对小志愿者们的培训工作，让小志愿者们学习如何参与志愿活动，如何做好志愿服务，培育小志愿者们的志愿者精神；在正式的志愿服务实践中，小志愿者们将学到的方法运用于实践，不断增强自身的志愿服务意识，努力为公众提供优质的志愿服务。而每一位参与过"小小志愿者"服务活动的小读者在督促服务他人的同时，也逐步让自己养成了良好的阅读习惯。

目前，"小小志愿者"项目累计开展活动50余次，为未成年读者提供了志愿服务平台，有利于未成年人践行社会主义核心价值观，体验公益服务乐趣，培育志愿服务精神[①]。

三是以公益共享，全民参与的形式，丰盈市民精神生活，培育全社会志愿精神。以湖南图书馆的"湘图百姓课堂"为例，该项目是湖南图书馆根据自身的特点和优势打造的具有广泛社会影响的品牌项目[②]。该活动亮点及创新在于：打造公益教育模式，利用多媒体渠道，全民参与，文化惠民。

在文化公益方面，"湘图百姓课堂"具有"小成本、高收益"的结构，这种办学模式更容易传播和普及。"湘图百姓课堂"让百姓给百姓讲课，依托公共图书馆资源优势，逐步建立了专业、稳定的志愿者老师队伍。这不仅降低了活动成本，还为大众分享技能提供了舞台与空间，促进了志愿精神的传播和实践。"湘图百姓课堂"利用数字化平台开辟了线上课堂，录制课程在线上面向全国传播。公众可以利用碎片化时间学习，并与他人分享，从而增大传播力度，实现知识公平与文化共享。经过十多年运营，"湘图百姓课堂"给本地区文化机构、社区及

---

① 天津滨海图书馆.阅读推广[EB/OL].[2022-05-15].
② 湖南图书馆.湘图百姓课堂简介[EB/OL].[2022-05-14].

本行业其他单位带来良好的示范作用，每年接待采访、研讨、观摩团队数十次。

百姓课堂的授课教师均保持了一定的专业水准，如教授写意葡萄的蒋华容老师是湖南省美术家协会会员，教授吉他的邱璐老师是湖南省吉他协会副会长，教授环保课程的樱慈老师曾获评长沙十大"两型"人物等[①]。在专业教师的教授和熏陶下，学员们积极向上，不断成长，曾经是零基础的门外汉学员杨志勇在书画老师李和风的引领教导下，获得了首届"西泠·艺享杯"青少年书画篆刻大赛青年组铜奖。自2011年开办以来，"湘图百姓课堂"每年免费开设4期课程。截至2021年4月，已开设各类课程33期，1 400多门，近300位志愿者老师授课，受益学员达10多万人次。十年风雨无阻，十年润物无声，如今，"湘图百姓课堂"已经成为湖南百姓心中有口碑的公共文化服务品牌[②]。

6.3.2.2 促进社会包容

（1）关于婴幼儿

婴幼儿（0～6岁）时期的阅读和学习有利于个人的智力发展和终身学习能力的培养，作为早期教育一部分的婴幼儿阅读日益得到重视。公共图书馆作为开展并提供大众教育、公益教育、终身教育的重要平台，也将婴幼儿阅读纳入阅读推广活动体系，针对婴幼儿及婴幼儿在阅读方面的特点，提供多种多样的品牌活动。首都图书馆的"婴幼儿的神奇故事会"就为0～3岁的婴幼儿提供了早期阅读兴趣培养的渠道。"婴幼儿的神奇故事会"针对0～18个月的婴幼儿开展"婴儿故事会"活动，针对18～36个月的婴幼儿开展"学步故事会"活动，针对不

---

① 华声在线.湘图百姓课堂：百姓学习"零门槛"十年润物细无声 [EB/OL].[2022-05-13].
② 华声在线.湘图百姓课堂：百姓学习"零门槛"十年润物细无声 [EB/OL].[2022-05-13].

同年龄段的婴幼儿提供不同类型的服务和书籍，如触摸书（扩展感官）、洞洞书（卡纸支撑、圆角设计、图形丰富）、发声书（克服不会认字的障碍）等，达到启蒙益智的作用。同时，"婴幼儿的神奇故事会"提倡互动式阅读法，将讲故事和游戏、音乐结合，增加趣味性，同时鼓励父母积极参与，增强亲子互动[①]。同样，针对0～3岁的婴幼儿，鼓励亲子互动的"悦读童行"——广州图书馆阅读攀登计划，免费为婴幼儿发放阅读包，根据婴幼儿的年龄特点开展多种延伸阅读活动[②]。而针对3～6岁的婴幼儿，广州图书馆的"小樱桃阅读树"同样强调了亲子互动的重要性，鼓励父母参与，倡导亲子共读，增强婴幼儿阅读兴趣，培养婴幼儿养成良好的读书习惯，开展了樱桃读书会、多元读书会、"咿呀"大本营、樱桃爸爸讲故事和樱桃小手作等多种子系列活动[③]。

总体来说，众多公共图书馆针对婴幼儿的阅读推广活动从婴幼儿的年龄特点出发，以启蒙益智为目的，以增强婴幼儿阅读兴趣、培养婴幼儿良好的阅读习惯为宗旨。其活动形式丰富多样，强调亲子互动，鼓励父母参与，多方协同，共同满足婴幼儿的阅读需求，促进婴幼儿的阅读发展。

（2）关于学龄期儿童

学龄期儿童群体正处在一个身体和心理极速变化成长的时期。针对学龄期儿童的认知和行为特点，结合学龄期儿童的兴趣，公共图书馆集中围绕阅读推广、亲子活动、技能培训、参观展览等方面展开品牌活动的创建。由于学龄期儿童群体在成长和发育的阶段，正在逐步形成对社会文化和规范的认知。公共图书馆开

---

① 首都图书馆.婴幼儿的神奇故事会：超级"便便"变 [EB/OL].[2022-05-20].

② 广州图书馆.活动品牌 [EB/OL].[2022-05-20].

③ 广州图书馆少儿服务.常规活动 [EB/OL].[2022-05-20].

展的针对学龄期儿童群体的相关文化活动，能够发挥对学龄期儿童群体的文化培育作用，培养其良好的价值观和文化习惯，帮助学龄期儿童群体更好地融入社会文化。公共图书馆对学龄期儿童的品牌创建活动主要从两方面开展，一是针对弱势儿童群体的文化包容活动，二是针对学龄期儿童群体展开的普适性文化培育活动。

在针对弱势儿童群体的文化包容活动中，以广州图书馆"悦读会"系列品牌活动为例 [①]，该活动主要面向留守儿童、外来务工子弟和残障儿童，与社会公益力量合作，组织一系列阅读分享与阅读推广活动，丰富弱势儿童群体的文化生活。该活动不仅为弱势儿童群体提供了形式多样的阅读活动，同时也为他们提供了参与各种集体活动的机会，形成的良性群体效应促使弱势儿童群体更好地融入社会。

在文化培育类活动中，比较有代表性的如金陵图书馆"文明小义工"活动 [②]。该活动招募学龄期儿童读者群体作为小义工，参与图书馆的活动。该活动帮助学龄期儿童群体了解了图书馆的日常活动，培养其服务意识和助人为乐的美好品质，同时也提高了学龄期儿童群体的团队合作精神和独立处理问题的能力。该活动的特点在于通过体验类的义工形式，引导学龄期儿童与同伴群体的相互交流，以多元化的服务内容促进学龄期儿童良好价值观的形成。学龄期儿童群体正处于接触和认知社会文化的重要时期，该活动通过社会实践的方式，影响学龄期儿童对社会文化的认知及其在同伴群体中的行为。在同伴群体中，学龄期儿童也能够从同龄人的行为中学习优良的品质，从而以更为有效的方式学习成长。自 2008

---

① 广州数字图书馆 . 活动品牌 [EB/OL].[2022-05-20]

② 金陵图书馆 . 文明小义工（义务小馆员）[EB/OL].[2022-05-20].

年举办以来，该活动共招募了近千名文明小义工，取得了良好的社会反响，从公共图书馆的立场向学龄期儿童群体传达了公益价值观。

（3）关于老年人

老年群体由于自身能力和水平的限制，不能够有效地参与、获取公共文化服务。同时面对离开工作岗位后的晚年生活，老年群体往往拥有更多个性化的文化需求，如兴趣培养、社交生活、文娱活动、知识获取等。但该群体的文化获取渠道往往比较单一，且对于数字化渠道的利用程度一般不高。因此，公共图书馆开展了一系列桥接类型的文化活动将老年群体的多元文化需求和相关文化资源对接，或教授其获取文化资源的相关渠道和技能。同时，由于老年人的群体特性，往往容易出现难以依靠自身解决的现实问题，同时也没有合适的求助渠道，而陷入了困难的境地。公共图书馆因此也会举办一些服务类型的文化活动，针对老年群体的特殊问题，进行有针对性的服务。

在桥接类型的文化活动中，公共图书馆往往扮演了文化资源提供者、文化技能传授者角色，针对老年群体的特定文化需求，开展特色文化服务。以广州图书馆"银发悦读中心"系列活动为例[1]，该系列活动针对老年群体的特殊阅读需求，提供了适老化的阅读服务和资源，同时开展了针对老年群体的相关培训课程。例如，该系列活动针对老年人生理健康方面的需求，提供了家用医疗设备使用培训[2]；针对"银发族"的旅游出行，开展安全知识培训[3]。除此之外，还有针对手机

---

[1] 广州图书馆活动中心.银发族的幸福生活从银发悦读中心开始 [EB/OL].[2022-05-20].

[2] 广州图书馆活动中心.2017年银发族开启智慧生活学堂第三讲——握在手里的健康检测仪器，专家来教您 [EB/OL].[2022-05-20].

[3] 广州图书馆活动中心."银发悦读"系列活动：旅游特攻——老友出行安全旅游知识分享会 [EB/OL].[2022-05-20].

使用、心理健康等多方面的活动，满足了老年群体多元化的文化需求。"银发悦读中心"活动在老年群体中收获了良好的口碑和评价，在培育"老有所教、老有所学、老有所乐"社会风气中发挥了一定作用。

在服务类型的文化活动中，公共图书馆不再局限或拘泥于自身传统的社会文化定位，以更加多元的方式参与到老年群体的文化生活中。例如，武汉图书馆"流动书香"系列活动，该系列活动与社会志愿者合作，利用图书馆流动服务车，到敬老院、老年社区等老年群体聚集地，为行动不便或由于其他客观原因无法到馆的老年群体提供图书资源和文化服务。该系列活动打破了常规物理界限对图书馆文化服务的限制，将先进的文化资源带到了老年群体身边，让老年群体感受到了文化服务的关怀。武汉图书馆"流动书香"系列活动用流动文化车的文化服务形式，充分发挥了文化惠民作用，促进了老年群体文化生活质量的提升。

（4）关于残障人士

残障人士一直以来都是我国公共图书馆进行特殊人群服务的重要关注对象，为了便捷残障人士的文化生活，满足残障人士的精神文化需要，许多公共图书馆都做出了努力。面向视障人士，金陵图书馆联合南京新闻广播共同推出了"朗读者"活动。该活动面向全社会招募公益朗读者，将授权图书制作成有声读物，方便视障人士通过声音获取知识。同时，该活动也培养了一批公益志愿者，弘扬志愿精神，传播志愿文化，给予更多人参与服务社会的机会。除了有声读物的专业制作之外，"朗读者"活动还为视障人士提供盲人剧场、读书会等多样的文化阅读服务，丰富视障人士的文化生活，满足视障人士的文化需要。2021 年，金陵图书馆"朗读者"项目入选文化和旅游部评选的文化和旅游领域学雷锋志愿服务先进典型"最佳志愿服务项目"①。

广州图书馆从 2015 年开始举办的"广图盲读快乐营"活动同样为视障人士提供了便捷阅读、快乐阅读的方式。"广图盲读快乐营"通过读书会、技能培训、参观、展览、音乐会等多种形式帮助残障人士接触阅读、乐于阅读、爱上阅读，提高残障人士的阅读兴趣，丰富其精神生活。该活动不仅通过书籍拓宽了残障人士的视野，还利用技能培训提高了视障人士的工作技能和职业竞争力，在满足其阅读需求、文化需求的同时，帮助其更好地生活与工作。该活动自创办至 2022 年，已经举办了 50 多场，为广大残障人士提供了交流、阅读的文化场所，获得了广大残障人士和社会各界人士的好评②。

武汉图书馆"流动书香"项目以"武图悦漠"文化志愿服务团队为基础，为残障人士提供便捷的图书服务。该阅读推广活动以遍布武汉的 50 个自助图书馆和 86 个流动服务点为主阵地，深入农村、社区、学校、建筑工地等处，为每位有阅读需求的残障人士提供优质服务。该项目还针对残障人士的文化需求，积极与相关机构开展合作，如与武汉市江汉区残疾人联合会联合举办"读书启迪智慧，美文净化心灵"视障读者数字阅读体验活动，与武汉市残疾人联合会联合开展"学听跟"专项活动。截至 2022 年，"流动书香"项目已经开展系列读者活动 230 场，参与读者达 4 万余人次，在提高馆藏资源利用率、提升图书馆社会认知度的同时，为残障人士享受优质的文化服务、提高文化素养提供了便利③。

---

①　金陵图书馆.朗读者 [EB/OL].[2022-05-20].

②　广州数字图书馆.活动品牌 [EB/OL].[2022-05-20].

③　武汉市图书馆.馆外服务 [EB/OL].[2022-05-20].

6.3.3　公民培育效应分析

6.3.3.1　社会教育与终身学习

1949 年发布的公共图书馆宣言《公共图书馆：大众教育的生力军》，将公共图书馆定位为"民主的教育机构"和"人民的大学"[①]。2018 年起施行的《中华人民共和国公共图书馆法》也有明确规定，公共图书馆是开展社会教育的公共文化设施。公共图书馆是传承人类文明、传播人类知识的重要场所，有着促进社会教育、实现居民终身教育的使命。所调研公共图书馆社会教育与终身学习相关活动的开展可以归纳为两种模式。

一是以科普讲座、技能培训班等形式，打造科学文化素质培育的活动品牌。

公益讲座是公共图书馆开展社会教育和拓展服务内容的重要形式。以安徽省图书馆主办的"新安百姓讲堂"项目为例，该项目创办于 2006 年，于每周六下午定时开讲。该项目坚持"以人为本"，讲座内容贴近百姓生活，旨在切实为百姓提供知识科普，为专家和普通群众搭建知识传播与沟通的桥梁[②]，以使图书馆更好地履行社会教育责任。

首先，从内容来看，"新安百姓讲堂"将"百姓、民生、普及"作为活动重心，涉及多个主题，如时政热点、传统文化、社会法律、科学教育、经济金融、健康生活等。在十几年的发展过程中，逐渐形成了"徽学系列""财经评论系列""安徽文化影响中国系列""民间文化的传承与鉴赏系列""文学与生活系列""健康

---

① 柯平. 公共图书馆的使命——《公共图书馆宣言》在公共图书馆事业发展中的价值 [J]. 图书馆建设，2019（6）：13-19.

② 央视网报 .【治国理政 安徽篇】新安百姓讲堂坚守 10 年 架起文化传播桥梁 [EB/OL].[2022-05-16].

心理和立志成才系列""时事热点问题分析与展望系列"等系列讲座。其次，从主讲人来看，"新安百姓讲堂"不仅积极与省内各大院校和各类专业学会团体合作，邀请各领域杰出的专家来开展讲座，还积极邀请普通百姓成为主讲人，为普通公众展示精彩人生故事提供舞台。最后，从讲座的形式来看，"新安百姓讲堂"以在安徽省图书馆内设置固定讲座作为主要形式，但为了扩大讲座的覆盖面，还将讲座从馆内延伸到馆外，向省内的企业、高校等社会各个角落流动，成为流动的讲座，面对不同的听众群制定不同的讲座主题。

"新安百姓讲堂"在社会教育和推动公众终身学习上取得了显著的成效。从覆盖面来说，截至 2022 年 5 月，"新安百姓讲堂"十多年来开讲 700 余场，现场听众达 14 万人次，网络听众达 70 万人次[①]。同时，为了扩大讲座内容的传播面，"新安百姓讲堂"积极与地方媒体合作，每周对讲座活动进行前期预告和后期整理报道，使不能到达现场的市民也可以及时了解讲座的主要内容，进一步扩大活动的覆盖面，扩大其社会影响范围。"新安百姓讲堂"重视百姓的知识需求，传播百姓生活中用得上、有价值的知识，为丰富广大人民群众的精神文化生活做出了积极贡献，荣获 2007 年"中国文化艺术政府奖"——第十四届"群星奖"之"服务奖"，并于 2019 年入选全省学雷锋志愿服务"月评十佳"的典型项目。通过十余载的发展，"新安百姓讲堂"已成为百姓喜爱且具有品牌效应的知识讲坛，成了一个高品质的社会文化传播平台[②]。

二是以公众文化创作的形式，打造公众参与、在实践中学习提升的活动品牌。公众文化创作项目可以分为两类：一类是竞赛形式，通过举办各类知识和技

---

① 安徽省图书馆 . 服务品牌 [EB/OL].[2022-05-16].

② 合肥共青团网 . 青年志愿服务，让城市更温暖 [EB/OL].[2022-05-16].

能竞赛，促动读者参与学习，提升读者知识技能和水平；另一类是创客空间形式，以创客空间资源为基础，提升读者的创作和实践能力。

　　竞赛形式以福建省图书馆"读中华经典 颂时代华章"诵读比赛活动为例，该活动在省、市、县三级开展诵读比赛，旨在鼓励引导社会大众的读书和学习热情，使其在阅读中坚定理想信念，增强践行初心使命的知识和本领，并为推进福建高质量发展提供坚实的文化支撑。该活动每届设置不同的主题，自 2019 年开始已经完成的四届比赛分别以"礼赞新中国 70 华诞""家国情怀赤子心""百年风华正青春""踔厉奋发向未来"作为主题。赛程分初赛、复赛和决赛三个阶段，在决赛和颁奖会演阶段通过省内全媒体直播平台同步进行网络直播，在比赛结束后还组织优秀获奖作品在"百姓大舞台"或部分地市的历史文化街区等地举办展演。这种阶段式、梯度式活动组织方式，有效扩大了活动的社会影响范围，提升了活动的文化宣传效果。该活动参与读者的类型广泛，年龄小到 6 岁，大到 75 岁，且参与人数逐年大幅度攀升。参加比赛的公共图书馆也从第一届的 51 个发展到第四届的 84 个，活动的地区影响范围逐步扩大。同时，比赛视频在学习强国、今日头条、抖音等多个平台上播放，多类型多渠道的新闻媒体也对该活动进行了跟踪报道，2022 年第四届颁奖仪式线上参与人数超过了 500 万人次[①]。"读中华经典 颂时代华章"诵读比赛活动主题鲜明、参与面和覆盖面广，社会影响力大，自举办以来就受到了广泛的赞誉。该活动引导群众用声音演绎故事，用故事传播信仰，充分体现了图书馆的社会教育与思想导向作用，在全省营造了浓郁的学习和文化氛围。

---

① 　第四届福建省"读中华经典 颂时代华章"朗读比赛启动 [EB/OL].[2022-05-16].

创客空间形式可以以广州图书馆的"阅创空间"为例。"阅创空间"依托广州图书馆的青少年创客空间资源，为提升青少年创作实践能力，定期举办融合科学、数学、工程、艺术、手工、阅读、多元智能开发等多方面知识的主题活动，适合4～18岁的儿童与青少年参加[①]。

从活动的具体内容形式上来说，比较突出的有"小小创客"和"我是科普小达人"等子系列。"小小创客"系列活动旨在激发5～18岁儿童和青少年的创新能力和创新思维，其主要形式是每月定期举办公益小创客课程，孩子们将会参与融合科学、艺术、阅读、创意、手工等的课程，包括电子积木拼搭、3D打印体验活动、创意儿童编程等，通过游戏让孩子们动手又动脑，在寻找逻辑关系的基础上解决问题[②]，实现创新能力和动手能力的双重提升。"我是科普小达人"是广州图书馆依托自身丰富的科普资源，每月针对4～16岁儿童和青少年开展的特色科普活动项目。活动主题贴近儿童和青少年的生活与学习，涉及环保、地理、化学、天文等多方面科普知识，让孩子们在专题小讲座、科普游戏、手工书DIY和展览等丰富有趣的活动形式中找到学习的兴趣，学习到有用的知识，寓教于乐。

现代化的公共图书馆不仅要做知识的提供者，还要做创新实践和孵化的空间提供者。广州图书馆打造的"阅创空间"项目，为儿童和青少年提供创新实践的机会，激发他们的学习和创新兴趣，提升他们的创新能力，从而使图书馆更好地履行为创新活动提供空间和资源便利、为社会教育和读者的终身学习提供文化支持的社会使命[③]。

① 广州图书馆.活动品牌[EB/OL].[2022-05-16].
② 广州图书馆活动中心.阅创空间 小小创客[EB/OL].[2022-05-16].
③ 创客空间：图书馆的空间再造运动[EB/OL].[2022-05-16].

6.3.3.2　全民阅读推广

2021 年 6 月，文化和旅游部发布的《"十四五"公共文化服务体系建设规划》要求广泛开展全民阅读活动，将推动、引导、服务全民阅读作为公共图书馆的重要任务，不断丰富以阅读为核心的综合性文化服务，建设书香社会[①]。全民阅读推广是公共图书馆的主要功能之一，在引领全民阅读风尚、提供社会阅读服务的全过程中扮演着重要的角色。通过对所调研公共图书馆全民阅读推广活动具体形式的分析，将其归纳为"图书馆＋家庭"模式和图书推荐模式，具体分析如下。

一是以"图书馆＋家庭"模式，建设书香家庭，营造阅读氛围。以安徽省图书馆"馆员妈妈讲故事"活动为例，该活动是安徽省图书馆少儿部为了培养家庭阅读意识，让家长重视亲子阅读、掌握亲子阅读的有效策略，推进书香家庭的建设而精心打造的公益性阅读推广活动[②]。该活动以"馆员妈妈"带领孩子和家长进行绘本阅读、亲子阅读为主要形式，并突破安徽省图书馆的场地限制，延伸到校园。"馆员妈妈"带领孩子阅读，给孩子讲故事，让孩子在轻松愉快的氛围中体会阅读的乐趣，进而培养其阅读兴趣[③]。

"馆员妈妈"还以形式丰富、生动活泼的阅读活动，让家长了解亲子阅读的重要性，培养家长用书香守护孩子童年的意识，进而形成书香满溢的家庭阅读氛围，提升家庭整体素养。而且这种亲子阅读氛围不仅可以使父母和孩子共同收获知识，还能拉近家长和孩子之间的距离，促进家庭关系和谐，进而促进整个社会

---

① 中华人民共和国中央人民政府.文化和旅游部关于印发《"十四五"公共文化服务体系建设规划》的通知 [EB/OL].[2022-05-21].

② 安徽省图书馆.品牌活动 [EB/OL].[2022-05-21].

③ 安徽省图书馆."馆员妈妈讲故事"进校园 [EB/OL].[2022-05-21].

的和谐、健康发展。

二是以图书推荐模式，引导读者多读书、读好书，提升阅读素养。以福建省图书馆的"福建文学好书榜"评选及阅读推广活动为例，该活动由省文化和旅游厅、省文联指导，省图书馆、省作家协会主办，全省图书馆、作家协会共同参与，自 2018 年开始至 2022 年已经连续举办 5 届[①]。

该活动的参评对象为在福建工作、生活、学习的文学创作者；参评图书范围为前一年出版的文学图书（以版权页登记为准），体裁不限[②]。该活动参与渠道丰富，既可以直接向省图书馆申报，也可以向当地图书馆或者省作家协会申报。经过初评和终评，由评委会评选出十部优秀图书、十部推荐图书和若干优秀组织奖。评选结果出炉后，主办方将通过媒体宣传、阅读推荐及其他阅读推广活动对获奖图书进行大力推广。同时，该活动还与福建省诵读大赛相结合，邀请往期诵读大赛的获奖者担任好书榜荐书官，并为广大读者推荐和诵读书籍。该活动除了可以营造当地浓郁的阅读氛围，还可以通过对本土好书的宣传推广，推动本土文化的发展。

"福建文学好书榜"评选活动通过优秀书籍作品评选，引导全社会参与文化创作和文化阅读，是推动全省形成浓厚书香氛围的有效形式，也是促进全民阅读、提升全民阅读素养的重要形式。同时，"福建文学好书榜"评选活动社会参与面广，活动影响大，展现了全社会参与推进文化事业繁荣发展的良好氛围。

---

① 第五届福建文学好书榜颁奖 [EB/OL].[2022-05-21].

② 福建省图书馆.第五届福建文学好书榜评选及阅读推广活动启动 [EB/OL].[2022-05-21].

6.3.3.3　数字化转型

伴随着数字化浪潮的席卷与信息技术的发展，人类文明面临着新一轮的跃升，从工业社会迈进数字社会。在这一轮的转型过程中，无论个人还是机构，都面临着数字化转型的机遇与挑战，转型成功意味着生存与发展，转型不成功则会被社会所淘汰。为了促进全体社会公众共同迈进数字社会的轨道，公共图书馆发挥着兜底的作用，以自身的数字化转型及对公众的数字素养培训，推动全体社会数字化转型的成功。

公共图书馆的数字化转型起步较早，发展较快，从资源的数字化、业务结构的升级、数字管理结构优化等方面[①]开展了数字化转型实践，并取得了一定的成效。与此同时，公共图书馆还借助自身文化交流平台的功用，促进数字技术渗透进社会网络结构之中，培养公众的数字化能力和技能，并为社会弱势群体提供与数字世界接触的桥梁。

通过对所调研公共图书馆数字化转型相关活动的分析，将其归纳为以下三种模式：一是提供数字资源，二是培训数字化技能，三是组织数字化实践。以下将分别介绍三种模式和代表性案例。

一是提供数字资源，培植数字化的文化基因。公共图书馆对数字资源的组织和收集、对优质文化资源的筛选和汇集，能够有效帮助公众接触和获取优质的数字资源，一方面可以提高数字资源在公众中的普及率，另一方面也可以发挥数字资源对社会的培育作用。以南京图书馆"江苏省少儿数字图书馆"活动为例[②]，该

[①]　何秀全，欧阳剑，张鹏.新时期的高校图书馆数字化转型策略研究 [J].图书馆杂志，2021（11）：117-124.

[②]　江苏省少儿数字图书馆.江苏省少儿数字图书馆首页 [EB/OL].[2022-05-13].

活动由南京图书馆牵头主办，联合江苏省 100 多家公共图书馆共同参与，覆盖面广，是国内最大的省级少儿读者服务项目。该活动针对 6～14 岁的儿童和青少年群体，精选了优质的儿童和青少年数字资源，旨在建立服务全省的数字阅读资源平台，推进儿童和青少年数字阅读水平的提高，提升儿童和青少年的数字化程度。

该活动依托于微信公众号平台和江苏省少儿数字图书馆官方网站及官方APP，为儿童和青少年群体提供了专业、全面的数字资源服务，其中包括综合型数字资源平台和特色自建数字资源两部分。在综合型数字资源方面，江苏省少儿数字图书馆提供了覆盖人文历史、传统文化、科普百科、少儿启蒙、绘本故事等多方面的数字资源，集成了听书、看书、手绘、益智游戏、动画视频、双语配音等丰富的形式，保证了数字资源的易读性和趣味性[①]。为了弥补自建资源覆盖面不足的问题，该活动还引入了中国少年儿童新闻出版总社推出的少儿阅读平台。在特色自建数字资源方面，该活动建设了少儿 3D 立体书、国学课堂、自然课堂、少儿动画、少儿诗词、少儿编程、少儿漫画、英语学习等多个特色数据资源库。同时，该活动的网站平台设计生动形象、趣味十足，符合儿童和青少年认知，检索设置和资源搜寻对儿童和青少年使用者友好。同时，该活动还开展了多元的数字资源推介活动，包括线上答题、线上讲座、数字图书资源推荐、数字化阅读打卡等，在加深儿童和青少年使用者对资源的了解的同时，丰富其数字阅读体验，助推其数字化进程。

二是培训数字化技能，以具体的数字化技能培训，确保个体拥有足够的能力适应社会数字化趋势。公共图书馆利用自身平台优势，向公民普及基础的数字技

---

① 江苏省少儿数字图书馆 . 哪吒少儿云图书馆 [EB/OL].[2022-05-13].

能，培育公民适应数字化社会生活、接入数字化世界的基础能力，从而提升社会整体的数字素养。以广州图书馆"爱心电脑培训班"系列活动为例[①]，该系列活动自 2007 年起，通过为老年人组织数字技术培训，提升其数字素养，帮助其跨越数字鸿沟。随着活动的不断发展，该系列活动的受众从老年人拓展到其他数字边缘群体，培训的内容也从传统的计算机教学拓展到了其他数字设备和更加丰富的数字技能。

该系列活动将学习者划分为老年群体、成人群体、青少年群体三类主要人群，针对不同群体的学习需求，提供数字设备基础技能培训、特定软件使用培训、进阶数字技能培训等。例如，根据老年人的认知特点，循序渐进、深入浅出地帮助老年人学习基础的数字技能，在满足其基础生活需求的同时也满足其娱乐需求[②]。

截至 2021 年，该系列活动已举办相关免费培训 400 余场，惠及约 1.6 万人次[③]。"爱心电脑俱乐部"帮助社会弱势群体接入数字社会，为其提供相关数字技能的使用指导，在传播尊老爱幼、扶弱助残的社会风气的同时，为在数字社会拓展弱势群体的生存空间做出贡献。

三是组织数字化实践。数字化实践指公共图书馆组织相关的人力和物力，针对特定的群体或组织，进行特定的数字化行动。数字化实践往往具有特定的行动目标，通过实质性的事件和行为，带来数字化资源和行为多层面的改变。公共图

---

① 广州数字图书馆.爱心电脑俱乐部 [EB/OL].[2022-05-14].

② 广州数字图书馆.爱心电脑俱乐部，服务童叟十年不变 [EB/OL].[2022-05-14].

③ 广州数字图书馆.广州图书馆普及数字培训，升级助老服务——记"广图·蓝马甲公益行"系列活动 [EB/OL].[2022-05-14].

书馆通过数字化实践帮助那些因为生理素质或客观条件等因素无法接触到常规的数字化转型过程的群体，利用自身的人力和物力，为其带来实质性的数字化转变。以金陵图书馆"朗读者"系列活动为例，该系列活动是金陵图书馆联合南京新闻广播发起的一项社会公益性质的数字化实践项目，主要面向数字化转型中的边缘群体：视障群体。生理方面的限制导致他们在社会数字化过程中处于落后状态，其对数字形式的文化资源的吸收和利用受到了极大的限制，因此该项目招募社会各类志愿者，将图书资源转录成有声读物服务视障群体，保障视障群体的数字阅读需求和文化权益①。

该项目的特色之一在于进行了广泛的社会合作。数字化实践的困难在于仅靠公共图书馆的力量难以完成大规模的数字化行动，"朗读者"项目针对视障群体的帮扶吸引了大批志愿者的参与，同时该项目还与福利院、残障人士联合会等机构合作，拓展了数字化实践的影响范围和社会效益②。该项目的特色之二在于以数字化实践带动数字资源建设与服务。金陵图书馆"朗读者"项目不是一个简单的数字化行动，还依托"有声书录制""盲人剧场"等文化品牌建设了丰富的数字化有声书资源，开展了集朗读、讲座、戏曲、话剧、电影等为一体的视障群体系列服务活动，形成了独特的数字化实践模式。

该项目自 2012 年开展至 2022 年 5 月，共招募志愿者累计 1.1 万人，服务江苏省范围内全龄段盲人读者 3 万余人，录制书籍 100 种、征文作品 90 余篇，总时长

---

① 南京日报.江苏南京：金陵图书馆"朗读者"公益助盲志愿服务项目获评全国先进 [EB/OL]. [2022-05-14].

② 庄文越.公共图书馆弱势群体服务品牌建设——以金陵图书馆为例 [J].传媒论坛，2020（17）：122-123，126.

超过 300 小时，正式出版有声读物 15 种，举办公益活动 170 余场①。同时，该项目举办的相关活动，还帮助视障群体收获了有益的社会帮扶，对接了社会资源。

6.4　品牌活动文化治理经验

基于对所调研公共图书馆品牌活动案例的分析，围绕资源、服务、宣传三个层面提炼这些品牌活动提升文化治理效果的经验。

6.4.1　资源层面：立足馆藏，挖掘文化治理元素

公共图书馆作为公共文化服务机构，既承担着知识资源的存储和开发使命，又肩负着保障公众信息资源获取和利用的责任。因此，在资源层面的实践中，有必要围绕馆藏资源的整理、加工、组织、推介、利用的全流程，挖掘资源中的文化治理元素，并发挥文献利用中的文化治理效应。根据所调研的品牌案例活动，可以围绕资源的整序加工、保障利用两方面提炼经验。

（1）馆藏资源的整序加工

公共图书馆对馆藏资源进行整序加工，本身就蕴含着对民众秩序和规则意识的培育。公共图书馆通过对文献知识资源的搜集、整理、筛选、排序、组织，最终形成有序的文化资源，这种信息组织体系的秩序会潜移默化地影响社会公众的行为和观念，使其在利用和阅读吸收馆藏资源过程中，有意识地遵守有序化规

---

① 南京发布.极美南京·人物故事 | 用声音，点亮生命的光！[EB/OL].[2022-05-14].

则，不断优化自己的思维、行为和价值。

公共图书馆立足馆藏、充分做好资源建设的同时，积极开展特色资源、地方文献资源建设。特色资源是以某一学科、专题、人物、历史时期、地域特征等为对象，经过公共图书馆的整序加工，形成的该馆独有或他馆少有的资源；地方文献资源、地方专题库是地域特色和文化底蕴的体现，是一个地区发展的见证，是宝贵的历史资料和文化财富。在这些专题文献的建设中，公共图书馆充分挖掘与文化治理相关的要素，对文献所蕴含的知识文化进行选择性突显，潜移默化地影响公众的价值观念和思维方式。

（2）馆藏资源的保障利用

一是配置各种特殊资源，根据用户在年龄、身体、文化上的特殊性提供相应类型的文献资源。这一举措主要是为了满足不同类型用户，尤其是特殊人群的需求，增强公共图书馆资源和服务的可获取性，实现社会包容的文化治理效应。针对不同的读者群体开展分众分级的资源建设。例如，广州图书馆的"婴幼儿的神奇故事会"活动针对婴幼儿读者提供专门书籍，如触摸书（扩展感官）、洞洞书（卡纸支撑、圆角设计、图形丰富）、发声书（克服不会认字的障碍）等，充分迎合了婴幼儿的认知心理特征。针对老年人则提供适老化资源，如广州图书馆的"银发悦读中心"系列活动为老年群体提供了老花镜、放大镜等辅助设备，保证了老年群体在利用文化资源时的便利性。针对视障人群，公共图书馆建设了多种格式的特殊馆藏。例如，金陵图书馆"朗读者"系列活动，招募社会志愿者，将图书资源转录成数字化的有声读物，保障视障群体对文化资源的利用，维护其基本文化权益。

二是主动开展延伸服务，促进公共图书馆资源流动利用。针对不方便到馆获取资源和服务的特殊人群，公共图书馆积极主动地延伸服务触角，拓展文化治理范围。例如，武汉图书馆"流动书香"系列活动以自助图书馆和流动服务点为主阵地，深入农村、社区、学校、建筑工地等处，为每一位需要阅读服务但又无法到实体图书馆空间享受文化服务的残障人士提供优质服务 [①]。

6.4.2 服务层面：以用户需求为导向，保障文化治理的认可度和精准度

只有得到受众的接纳与认可，才能实现文化治理的目标，因此，高效的文化治理模式需要以用户需求为导向。定位不准确、目标人群画像模糊的品牌活动，在活动举办的效果、影响人群范围、活动影响程度等方面会存在不同程度的问题。开发以用户需求为导向的文化活动，有针对性地开展服务，能够以较小的成本投入，获得认可度更高、更加精准的文化治理效果。不同的公共图书馆在开展以用户需求为导向的品牌服务的过程中，在公平服务理念、服务对象培育、联合服务模式等方面体现出了一定的创新性。

在公平服务理念方面，公共图书馆重视服务的社会效益，结合社会文化需求提供有针对性的文化服务。提供公共文化服务的出发点是为了满足社会整体的文化需求，公共图书馆在开展公共文化服务的过程中，逐渐形成了帮扶社会弱势群体、解决社会文化需求的品牌服务建设导向。针对社会结构中处于弱势地位的群体，公共图书馆充分发挥了兜底的作用，打造了一批针对性强、有特色、认可度

---

① 武汉图书馆.新年敬老 书香暖心——武汉图书馆"流动书香"文化志愿服务活动 [EB/OL].[2022-05-20].

高、影响范围广的品牌服务。例如，广州图书馆针对留守儿童、外来务工人员等开展的针对性活动等，这在推动社会公平的同时有效供给了文化资源，产生了良好的社会效益。

在服务对象的培育方面，所调研的公共图书馆除了重视数字公民的培育，还积极开展对新生代读者群体的培育，创新性开展面向低龄人群的文化服务活动。公共图书馆利用面向低龄人群的文化活动，加强对低龄人群的文化熏陶，发挥对低龄人群的文化培育作用。公共图书馆以独特的介入视角促进各种社会群体加入公共图书馆的文化治理场域，从读者群体幼年开始培养其良好的文化习惯与价值观，可以带来更加高效的文化培育效果。

在联合服务模式方面，面对特定的用户群体，公共图书馆往往缺乏专业的服务能力和服务经验，为了保证服务效果，公共图书馆采用联合服务模式，即与专业的特殊人群服务组织或机构合作，组织社会多方服务组织和志愿者团队联合开展专项文化服务。公共图书馆在针对不同用户群体的服务模式中，扮演资源提供者、活动组织者、场地提供者、社会力量整合平台等角色。例如，首都图书馆开展的"唱诵国学经典"活动就联合了儿童社会福利组织、启蒙教育组织等，取得了良好的活动成效。以"公共图书馆＋"形式开展的文化品牌活动，汲取各家之长，可以为目标用户群体提供更加专业、多元、完善的文化服务。

6.4.3　宣传层面："线上＋线下"，打造全方位推广体系

对于所打造的品牌活动，公共图书馆采用"线上＋线下"的双重模式开展全方位、立体化宣传，海报、传单、官方网站、微信公众号、抖音号、快手号等多

种信息渠道的全面铺开，使广大群众对活动"早知晓""后复盘""常更新""多参与"，在有效拓展与重复中提升品牌活动文化治理效应的广度和深度。

随着数字化的日益普及，人们越来越习惯通过线上获得与学习、工作、生活相关的信息，各种互联网终端让大众可以更及时、便捷地获取各种服务。公共图书馆在线上宣传、开展的活动也日益丰富，线上品牌活动突破时间和空间的界限，极大拓展了公共图书馆的文化治理场域。例如，"新安百姓讲堂"为了更大范围地传播讲座内容，积极与地方媒体合作，每周对讲座活动进行前期预告和后期整理报道，让不能到达现场的市民也可以及时了解讲座的主要内容[1]。"新安百姓讲堂"十多年来开讲700余场，直接听众达14万人次，网络听众达70万人次[2]。

再如陕西省图书馆兰台志愿者团队"线上＋线下"的模式，该团队利用线上平台开展制度化、专业化的管理，然后在线下开展志愿服务。无论在线下还是在线上，该团队都以传播志愿精神、服务大众为己任，切实感染着更多的读者参与文化活动和志愿服务，不仅广泛传播了文化，也培育了社会的志愿精神，提升了社会的整体素养。福建省图书馆的"读中华经典 颂时代华章"诵读比赛活动提供线上线下同步参与方式，通过各级公共图书馆官网、微信公众号、图书馆现场和"博看朗读亭"等多渠道展开。同时，比赛视频在学习强国、今日头条、抖音等平台上播放，多类型多渠道的新闻媒体也对该活动进行了跟踪报道，颁奖仪式通过网络直播，这些都极大地扩大了该活动的传播范围，增强了其影响力，在全省范围内营造了浓郁的学习和文化氛围。

---

① 合肥文明网.智慧之窗，文化津梁——新安百姓讲堂项目[EB/OL].[2022-05-16].

② 安徽省图书馆.服务品牌[EB/OL].[2022-05-16].

第 7 章

文化治理视域下我国公共图书馆建设与发展改进建议

有研究者指出，每一种社会空间都具有约束和控制的功能，一经产生，便成为规训个体的权力意志的代表①。作为国家文化体制的一部分，公共图书馆所提供的不仅是免费阅览的场所，它还通过各种文化要素和符号向公众传达着规则、意义与价值，悄然地实现着对公众的塑造，这就是公共图书馆的文化治理功能。公共图书馆文化治理功能的发挥需要以实现社会文化福祉和公众文化权益为出发点，以政府和行业协会为政策制定主体，以公共图书馆为核心治理主体，以社会公众（包括地方知识精英、普通民众等）为参与主体，共同促进公共图书馆文化治理能力的提升。

7.1 政府 / 行业协会：完善顶层制度设计

7.1.1 加强公共图书馆文化治理政策保障

公共图书馆是由政府举办的、面向社会公众开放的公益性文化机构，接受政府的直接管理和指导。相对于其他功能而言，对公共图书馆的文化治理功能，现有的研究基础和政策保障尚不完善。对此，政府应建立并完善公共图书馆文化治理相关的政策法规。具体如下。

（1）加强顶层制度设计

在《中华人民共和国公共图书馆法》《中华人民共和国公共文化服务保障法》

---

① 谢纳.空间生产与文化表征：空间转向视阈中的文学研究 [M].北京：中国人民大学出版社，2010：77.

等政策法规的基础上，进一步细化公共图书馆文化治理功能的相关内容，探讨多元主体参与公共图书馆文化治理的可能性和实现路径，并将其纳入公共图书馆的未来发展规划。同时，通过建立责权清单制度，加强并监督各级政府对公共图书馆文化治理相关政策法规的对接和落实情况，并将其纳入政府年度考核体系，为更好地推进公共图书馆实现文化治理功能提供政策保障。

（2）加大公共财政支持

公共图书馆主要是由公共财政支持的机构，其文化治理功能的有效发挥不仅需要政府政策制度支持，还需要政府给予足够的建设资金支持，继续从量的角度拓宽公共图书馆的服务辐射范围。公共图书馆文化治理功能的发挥，需要其嵌入社会生活，以浸润的形式对社会公众产生文化影响，这就需要公共图书馆无论在实体服务空间还是在虚拟服务空间的建设上必须有一定的量的积累，以保障其辐射范围。同时，为了在数字化社会能够继续表征现代性，公共图书馆还需要有完善的信息基础设施来支撑数字化、智能化服务。这些都需要公共财政的大力支持，同时，公共图书馆还应积极吸引社会资本的广泛参与，从而形成多元资金保障模式。

7.1.2 完善公共图书馆文化治理机制和评价体系

根据本研究调研情况，大多数公共图书馆对文化治理的功能性和范畴边界并不明确，导致公共图书馆在实现文化治理功能的过程中遇到阻碍。相比于公共图书馆其他服务发展制度、绩效评价体系等，我国公共图书馆的文化治理机制和评价体系尚未成型，仍存在一些差距。

行业协会的基本功能是维护、协调特定的社会群体利益，实现特定的社会群体的自身管理和自身服务[①]。其中，调节功能是行业协会功能的本质，通过对行业内部（行业内成员）调节和行业外部（行业与政府）调节，实现行业协会的调节功能。关于如何有效发挥公共图书馆的文化治理功能，包括中国图书馆学会在内的行业协会需要明确以下几个要点。

（1）将治理性纳入公共图书馆的服务宗旨

当前，公共图书馆的服务宗旨更多地被表述为"传播""传承"，缺乏对其治理性的突显，这不仅使得公共图书馆的服务无法真正实现主动性，同时也不能充分发挥公共图书馆在国家和社会发展中的价值，进而导致国家财政的低效。行业协会应牵头调整公共图书馆对其服务宗旨的界定，纳入公共图书馆所具有的文化治理性，使公共图书馆的发展从用户权利视角向文化治理视角拓展，使社会各界对公共图书馆的认识从服务主体向治理主体转变。

（2）明确公共图书馆文化治理功能和实施路径

通过召开专题研究、会议学习等途径，将文化治理功能作为公共图书馆事业的核心功能之一，激发各级公共图书馆对文化治理功能的认识。在此基础上，行业协会需配合政府部门完成对公共图书馆文化治理范畴边界的清晰界定，并结合公共图书馆发展现状，探索多条文化治理实施路径，为不同类型的公共图书馆提供文化治理工作指导。例如，对于财政支撑不足的公共图书馆，应将重点放在如何在已有基础上发挥更好的文化治理效果上。

---

① 谢增福. 行业协会功能研究 [D]. 长沙：中南大学，2008.

（3）配合政府制定公共图书馆文化治理评价体系

对公共图书馆文化治理进展进行综合评价，可以帮助政府深入了解公共图书馆的文化价值、社会价值，进而影响政府对公共图书馆的扶持力度。虽然本研究初步构建了公共图书馆文化治理评价指标体系，并以文化治理指数代表公共图书馆的文化治理能力。但是行业仍需要动员更多的专家学者进行公共图书馆文化治理评价的开发，以校正和弥补本研究所开发的评价体系的不足之处，为科学、客观、公正评价公共图书馆文化治理能力创造可能。

7.1.3 打造公共图书馆文化治理数据研究基地

无论对公共图书馆文化治理功能的掌握，还是对公共图书馆文化治理效应的衡量，都需要有可靠、充足的数据作为分析基础，且这种数据涉及公共图书馆运营的方方面面，本研究构建的公共图书馆文化治理能力评价指标体系就涵盖了文化治理绩效和文化治理成效的 6 个一级指标、26 个二级指标、104 个三级指标。定期汇总、分析全国公共图书馆运营数据，有助于政策制定者和管理者统筹掌握全国公共图书馆文化治理能力的状况，制定及时、有效的统筹优化方案。因此，建议由文化和旅游部牵头，国家图书馆和中国图书馆学会承办，建立我国公共图书馆数据研究基地，以聚合全国公共图书馆的运营数据，为深入剖析公共图书馆文化治理功能、完善公共图书馆文化治理实践、提升公共图书馆文化治理效能，提供数据支撑。利用这些数据研究基地可以实现以下功能。

（1）全国公共图书馆文化治理数据的可视化分析

公共图书馆运行数据庞杂，利用可视化数据分析技术可以清晰、直观地展示公共图书馆文化治理态势，支持政策制定者和管理者把握全国公共图书馆文化治理的规律，进而分析公共图书馆文化治理的成效与不足，并发掘创新性方案。这种可视化数据中心可以很好地提高公共图书馆管理效率，并为政界、学界、业界提供沟通、交流平台，共同促进公共图书馆文化治理功能的有效发挥。

（2）对全国公共图书馆的智慧化管理

建设智慧图书馆不应只是实现公共图书馆服务的智慧化、公共图书馆业务管理的智慧化，还需要实现国家层面、行业层面对公共图书馆管理的智慧化。公共图书馆文化治理数据研究基地就是实现对全国公共图书馆智慧化管理的场所：使公共图书馆运营相关的数据资源得到更好的开发利用，使对公共图书馆的管理更精确，使公共图书馆建设与发展相关决策更具智慧化。

2020年3月30日，中共中央、国务院印发的《关于构建更加完善的要素市场化配置体制机制的意见》将数据视为与土地、劳动力、资本、技术同等重要的要素，提出要加快培育数据要素市场，培育数字经济新产业、新业态和新模式[①]。2021年3月11日，十三届全国人大四次会议表决通过的《中华人民共和国国民经济和社会发展第十四个五年规划和2035年远景目标纲要》也提出要"迎接数字时代，激活数据要素潜能""以数字化转型整体驱动生产方式、生活方式和治理方式变革""适应数字技术全面融入社会交往和日常生活新趋势，促进公共服务和社会运行方式创新，构筑全民畅享的数字生活"[②]。这些都表明，通过以互联网、

[①]　中共中央 国务院 关于构建更加完善的要素市场化配置体制机制的意见 . [EB/OL].（2020-03-30）[2023-01-27].

[②]　中华人民共和国国民经济和社会发展第十四个五年规划和2035年远景目标纲要 [EB/OL].（2021-03-13）[2023-01-17].

物联网、大数据、云计算、人工智能等为代表的数字技术推动社会各领域的数字化转型，已经从各自为战朝着国家整体化推进的方向发展，全社会的数字化正以汹涌蓬勃之势奔来。公共图书馆也需要加速自身的数字化转型，以全面融入数字社会。公共图书馆文化治理数据研究基地的打造，可以实现全国公共图书馆一盘棋，使全国公共图书馆真正成为一个有机系统，统筹协调实现文化治理功能，使公共图书馆的文化治理效应在全国范围内得到最优呈现。

7.2　公共图书馆：以不同策略推进实现文化治理功能

7.2.1　策略一：着重提升文化治理效应转化效率

按照本研究所构建的公共图书馆文化治理的类型框架（见 5.4.1 小节），本策略适用于璞玉、远见和绩优类型的公共图书馆，这三类公共图书馆存在文化治理功能水平高于文化治理效应水平的共同特征。在同样的投入情况下，产生的效果却没有达到预期，说明公共图书馆在文化治理功能向文化治理效应转化的过程中出现了一些问题。

为解决这些问题，公共图书馆首先需要依照文化治理能力评价指标体系进行一一核对，找出文化治理效应指标中的薄弱点。其次结合公共图书馆文化治理功能指标体系和效应指标体系的映射关系，找出文化治理效应转化效率低下的原因。最后针对存在的问题，制定相关举措来着重提高文化治理效应水平。

（1）深挖地方特色，加强文化认同

针对文化认同方面较为薄弱的公共图书馆，首先应明确保留文化记忆、传递文化思想和价值是公共图书馆的重要职责。在此基础上，可考虑加强传统文化保护与传承，深度挖掘当地历史文化，在阅读推广活动中增加优秀传统文化系列活动，如举办传统绘画、书法、篆刻等内容的展览，开办有关传统音乐、戏剧、建筑的讲座培训等。也可考虑做好地方文化认同与交流，充分发挥馆藏资源优势，以珍贵文献的系统组织和整理为工作重点，以资源内容的充分挖掘和提供为服务重点，做好地方文献的修复、保护和传播工作。以数字化手段辅助建设和运营传统文化资源数据库、知识库、虚拟社区，以多种途径向社会公众传播地方文献资源，确保传统文化知识的无障碍传播，在潜移默化中增强社会公众的文化认同感。

（2）团结各方人士，促进社会整合

针对社会整合方面较为薄弱的公共图书馆，可优先考虑完善公共服务体系建设，在此过程中加强社会公众主人翁意识，促使社会公众参与到公共图书馆建设中。具体而言，公共图书馆需加强志愿服务品牌项目建设，在招募一般志愿服务队伍的基础上，扩展建设专业志愿服务队伍，通过建立社会公众参与公共图书馆建设的激励机制，吸纳行业精英、企业或组织等参与图书馆志愿服务活动。除此之外，对未成年人、老年人、残障人士等弱势群体采取更为积极的社会包容措施是公共图书馆的另一个改进方向。尤其在数字时代，公共图书馆应加强数字包容实践，保障弱势群体获得数字化设备、数字化资源、数字化服务的平等权益，促使公共服务均等化。

（3）加强数字化转型，深化公民培育

针对公民培育方面较为薄弱的公共图书馆，在制定改进方案时可以优先考虑数字化转型、数字素养培育等方面，公民数字素养培育有助于促进全民共同步入数字化轨道，进而实现全社会的数字化转型，这是公共图书馆推动数字社会发展、实现其在数字文明时代的治理价值的重要举措。也可以通过资金倾斜来增加和扩大阅读推广、讲座、培训等公民培育活动的范围和影响力，打造品牌服务项目，以此激发社会公众对公共图书馆文化价值的认可和活动热情，促使社会公众更多地参与公共图书馆文化治理活动。

7.2.2 策略二：着重加大文化治理功能指标投入

本策略适用于焦点、金牛、实力类型的公共图书馆，这三类公共图书馆存在文化治理效应水平高于文化治理功能水平的共同特征。在固定投入情况下，产生的效果远超出预期，说明公共图书馆在文化治理功能向文化治理效应转化的过程中效率极高。

以上三类公共图书馆需要着重提升文化治理功能水平，通过文化治理评价体系找出现存的公共文化建设基础的不足之处。对于空间表征功能水平较低的公共图书馆，可通过空间设计征集大赛或引入其他设计机构优化阅读空间，或通过增设"公共图书馆＋咖啡馆""公共图书馆＋地铁站""公共图书馆＋社区"等各类馆外延伸服务，扩大公共图书馆馆外空间覆盖范围，打造"十分钟文化圈"。对于资源表征功能水平较低的公共图书馆，可结合 VR、5G、元宇宙技术来深化数字图书馆建设，提升社会公众的数字资源可及性和可获得性。对于服务表征功能水平较低的公共图书馆，可采取调配公共文化资源向特殊群体倾斜等措施，满足各类人群的文化权益和文化需求，促进公共文化服务适配化、均等化。

7.2.3　策略三：稳定提升文化治理功能和效应水平

本策略适用于新人、潜力、明星类型的公共图书馆，这三类公共图书馆的文化治理功能水平和文化治理效应水平基本呈正相关关系，说明公共图书馆在文化治理功能向文化治理效应转化过程中表现良好。在未来发展中，这三类公共图书馆需要在维持原有的发展基础上，通过资金倾斜来增加文化治理功能指标的投入，以此带动文化治理效应水平的提升。对于明星公共图书馆，需要持续创新文化治理模式，并通过馆际交流合作方式带动一批公共图书馆转型，形成文化治理品牌效应。

7.2.4　策略四：差异化推进省、市、县三级公共图书馆文化治理能力的全面提升

（1）省级公共图书馆加强用户调研，以调研促提升

由于面对的服务人口较多、服务范围较大，省级公共图书馆利用实体资源与服务产生的文化治理效应会像湖水的涟漪一样，传递的能量会越来越弱，人口规模越大的省份，省级公共图书馆面临的这种挑战就越大。近年来，公共图书馆界大力开展总分馆建设、线上资源建设与服务活动，努力突破这种物理限制所带来的局限。但从调研情况来看，各省级公共图书馆获得的用户成效参差不齐。这除了与宣传力度有待增大有关外，对用户需求的把握不足也是很重要的原因。需求

调研是倾听用户心声重要且有效的途径，通过用户需求调研，公共图书馆可以获取用户倾向性、趋势性的需求信息，从而保证服务在满足用户当前需求的同时，也能满足用户实现未来发展的潜在需求。作为我国公共图书馆行业的中坚力量，省级公共图书馆对市、县级公共图书馆具有示范指导作用，应努力将工作落到实处，在夯实信息基础设施建设和资源建设的同时引领需求导向的服务创新，在让社会公众享受到切切实实的文化福利的同时提升文化治理效应。

（2）市级公共图书馆充分发挥榜样作用，以点带面促提升

我国市级公共图书馆中既有文化治理成效显著、在各级公共图书馆中都属佼佼者的明星馆，也有占比较高的文化治理功能水平高于文化治理效应水平的璞玉馆和绩优馆。明星馆应发挥榜样带头作用，积极推广其成功经验，通过区域合作、服务联盟等形式带动其他市级公共图书馆文化治理能力的提升；其他市级公共图书馆应以明星馆为参照，剖析自身在文化治理功能和文化治理效应各指标中存在的优势与不足，找准能力提升着力点，制定系统化改进方案，推进文化治理功能和效应水平的整体提升。

（3）县级公共图书馆进一步加大功能性投入，强化辐射作用

县级公共图书馆是贴近基层群众的公共图书馆，建设与运营良好的县级公共图书馆可以增强民众的文化获得感和幸福感。在财政支持有限的情况下，县级公共图书馆应积极拓展经费来源渠道，并依据地方特色优化空间、资源、服务各方面文化要素的配置，尽可能争取资金效益的最大化。县级公共图书馆应重点加强地方文化中心建设和阅读推广品牌打造，利用地方文化中心和阅读推广品牌活动提高自身的活跃度、可见度，增强对民众的吸引力和凝聚力，进而增强文化治理辐射作用。

7.2.5　策略五：加大各级公共图书馆的信息公开力度

参与基于了解，认同也基于了解，了解是产生互动的前提条件。在信息不对称的环境下，信息公开是社会公众了解公共图书馆的有效途径。公共图书馆利用年报等公开其资源、业务、服务等信息与数据，向公众展示其运营面貌，有助于促进公众对公共图书馆活动的参与，增强公众对公共图书馆的认同。从本研究所调研的公共图书馆的情况来看，无论省级、市级还是县级公共图书馆，都存在信息公开不充分、不及时的情况。在社会公众的权利意识越来越强的当下，信息公开是保障公众的知情权、推动其实现参与权的重要手段。作为国家的一种公共服务机构，公共图书馆主动、及时地公开其运营信息，让公众感受到知情权的满足，可以增强其公民意识，进而行使参与权，参与公共图书馆的各种活动，从而更深入地步入公共图书馆的文化治理场域。因此，各级公共图书馆应继续加大信息公开力度，以公开吸引公众，以公开促进自身的发展和文化治理功能的实现。

7.3　社会公众：多元主体参与文化治理

提高公民科学文化素质和社会文明程度，传承人类文明是公共图书馆的基本任务，但是只靠公共图书馆本身的力量较难实现该目标。《中华人民共和国公共图书馆法》明确指出，县级以上人民政府应当积极调动社会力量参与公共图书馆建设。《中华人民共和国国民经济和社会发展第十四个五年规划和2035年远景目标纲要》也提出，要创新公共文化服务运行机制，鼓励社会力量参与公共文化服务供给和设施建设运营①。虽然我国公共图书馆在广泛吸纳社会力量参与方面已取得一些成果，但不同的公共图书馆在志愿活动组织、志愿者参与、社会捐赠等方面的表现差异较大，仍需进一步加大引导力度，促使社会团体或组织、地方知识精英、普通民众等社会主体参与公共图书馆的文化治理活动。

7.3.1 拓宽社会力量参与渠道，广泛吸纳社会专业力量

首先，要以人民群众为中心，引导全民参与。人民群众是公共图书馆的主要服务对象，也是公共图书馆文化治理的对象，公共图书馆的各种活动应大力发挥人民群众的主体作用，引导人民群众充分发挥主观能动性，积极参与文化活动。人民群众的参与是公共图书馆实现文化治理功能的首要前提和条件，公共图书馆应通过高质量的服务、创新性的活动、有效的参与途径来吸引人民群众步入其文化治理场域，进而实现文化治理目标。其次，公共图书馆作为公共文化机构，在一些活动中的专业能力相对较弱，应选择匹配度高的专业机构进行合作，借助专业机构的力量增强活动的专业性，从而提升活动的质量和文化治理能力。再次，应多方整合本土资源，积极与本土社会文化机构及知名企业合作，打造知名本土文化品牌，因地制宜地打造更贴近人民群众的、具有本土气质和本土气息的文化品牌，从而提升品牌活动的接受度和文化治理成效。最后，探索政府和社会力量合作新模式，打造政社合作平台，通过税收优惠等政策措施，吸引社会力量和社会资本参与到公共图书馆的发展建设中，提升公共图书馆文化治理功能，深化公

---

① 中华人民共和国中央人民政府.中华人民共和国国民经济和社会发展第十四个五年规划和 2035 年远景目标纲要 [EB/OL].[2022-07-03].

共图书馆文化治理效应。

7.3.2　加强社会力量培育，根植文化基因

通过政府购买的方式扶持社会力量兴办的图书馆，或者将其纳入城乡一体公共文化服务网络建设[①]，通过宣讲、培训、观摩等方式培养社会力量的文化治理意识和思维，使其在业务开展、服务推广过程中能够主动、自觉地融入文化要素，进而扩展公共图书馆的文化治理覆盖范围。同时，持续强化志愿者服务活动，培育公民志愿精神，增强公民意识和主体意识。建立科学有效的志愿者长效管理机制，设立有公共图书馆特色的志愿项目，以公益共享、全民参与的形式，丰盈公众的精神文化生活，增强公众的社会公益意识和主人翁意识。公众对公共图书馆各种志愿活动的参与，也有助于其更深入地了解我国文化事业的发展情况，进而增强其文化自信。

社会公众的广泛参与和多方合作有助于公共图书馆提高管理效率、提升创新能力、扩大影响范围，是公共图书馆建设优质资源、打造优质品牌、提升文化治理能力的重要保证，是影响公共图书馆文化治理功能发挥水平的重要因素。因此，推动社会公众的积极参与，吸纳社会力量的多方合作，是提升公共图书馆文化治理效应的重要途径。

---

① 刘艳. 文化治理视角下公共图书馆转型发展路径研究 [J]. 图书馆工作与研究，2020（2）：29-34.

第 8 章

结　语

社会为了发展总是会利用各种技术塑造其想要的人，为了适应社会的发展，人也需要接受塑造，积极争取得以塑造的权利。公共图书馆作为一种文化治理介体，其文化治理功能有助于实现社会公众的素养提升、行为优化、文化理解与认同，为国家与社会的进一步发展提供坚实的基础和强大的动力。公共图书馆是社会发展的驱动器，一方面努力开发所拥有的资源以满足社会公众释放出来的自我提升欲望，保障其文化权益；另一方面积极创新管理手段和服务方式，吸引社会公众对公共图书馆活动的参与，从而进一步扩大文化影响范围，更充分地实现其文化治理功能。治理需要获得公众的认可和同意，需要相互理解、达成共识，公共图书馆提供的是一种合作平台。在公共图书馆文化治理场域，公众不是被观看，而是与生产者共同观看与被观看，并主动身处观看与被观看的空间中，通过一种共同在场，实现公众的主体性参与和想象。

本研究在对公共图书馆官网、官方微信公众号、主流媒体官网（包括人民网、新华网等大型新闻网站，人民日报、光明日报等中央报刊，以及图书馆所在的省级、市级党报）展开全面、细致调研的基础上，以半结构化问卷调研的方式对12个省（自治区、直辖市）级公共图书馆、17个地市级公共图书馆及6个县市级公共图书馆进行了调查。因为调研内容的复杂性，本研究抽样调查主要基于数据的易获取性。虽然对不同地区不同级别的公共图书馆都有所覆盖，所获得的数据对研究内容提供了比较充足、可靠的支撑，一定程度上反映了我国公共图书馆文化治理实践的现状，但为了进一步验证本研究的成果，未来还需要继续扩大样本范围、增加样本数量，以进行更加全面的实证分析。

在数字化、智能化技术日益发展的今天，我们逐渐迈进数字世界，公共图书馆也需要跃迁到新的轨道以跟进社会的智慧化变革。在工业文明时代，面对社会生产力的不断提升，公共图书馆凭借普及文化、提升全民素养的能力实现了其对国家和社会的治理性；在数字文明时代，面对社会的分化、多元化，以及高度不确定性和复杂性，公共图书馆促进社会协同和凝聚的文化治理功能将会成为其立身之本。而如何应用新兴技术创新公共图书馆文化治理功能的表征形式以更有效地实践文化治理，则需要公共图书馆研究者与实践者进行更加深入的研究与探讨。

附　录

公共图书馆文化治理能力调查问卷

尊敬的公共图书馆同人：

您好!

- 本问卷是为完成国家社会科学基金项目而专门设计的。您作为公共图书馆领域的实践者，我们非常需要您给予我们的研究以大力支持和帮助。本调查问卷需占用您 15～20 分钟的宝贵时间。

- 填写方式：请您在相关问项的＿＿＿＿＿＿上填入文字，或以附件形式提供。

- 附件：如有 2020 年度总结或者报告，请随本问卷一并发回。

- 保密承诺：本调查问卷所收集到的所有信息都将被用于学术研究，您的回答将完全匿名，同时我们对您所答问卷负有保密责任。

- 时间安排：为了研究的顺利进行，请您在 2022 年 5 月 5 日前将问卷提交给我们。

- 提交方式：

  请将填写完整的问卷发送至原邮件地址：sgwhzl@163.com。

您的意见对我们的研究工作极为重要，为此，非常感谢您在百忙之中抽空回答本问卷。如果您需要本次调查的综合分析结果，请与我们联系。

国家社会科学基金

"公共图书馆文化治理功能、效应及提升机制研究"课题组

2022 年 4 月

贵馆的全称为：_____

一、公共文化空间建设

1. 贵馆建筑面积_____（平方米）

2. 贵馆建筑风格设计（包括建筑主体的造型、建筑设计的主题立意，请详细说明）

_____

3. 贵馆是否有环保设计（如绿化设计、节能减排等，请详细说明）

_____

4. 截至 2020 年年底，贵馆图书馆有_____个分馆，_____个流动服务点，_____个自助图书馆

如果有其他形式，请补充类型及数量_____

5. 贵馆的功能区布局包括哪些？请做简单介绍，并提供平面导航图

_____

二、资源建设

1. 截至 2020 年年底，贵馆读者用计算机终端数量_____（台）

2. 截至 2020 年年底，贵馆读者服务区无线网覆盖率_____（%）

3. 截至 2020 年年底，贵馆网络带宽（Mbit/s）_____

4. 截至 2020 年年底，贵馆存储容量（TB）_____

5. 截至 2020 年年底，贵馆文献馆藏量_____（册）

6. 贵馆是否开展读者荐购活动？ 2020 年读者荐购采纳率为_____（%）

7. 2020 年，贵馆新增文献入藏量_____（册）

8. 2020 年，贵馆人均网站访问量_____（次 / 人）

9. 截至 2020 年年底，贵馆自建数字资源总量_____（TB）

10. 截至 2020 年年底，贵馆数字资源发布占比_____（%）

11. 截至 2020 年年底，贵馆可远程访问数字资源占比_____（%）

12. 截至 2020 年年底，贵馆数字资源访问量_____（次）

13. 截至 2020 年年底，贵馆数字资源下载量_____（次）

14. 贵馆是否向读者发放免费的远程阅读工具包？ 2020 年发放的总数量_____（次）

每个年龄段人群借用这些工具包的数量是多少次？

18 岁以下_____（次）

18～44 岁_____（次）

45～59 岁_____（次）

60 岁及以上_____（次）

15. 贵馆是否向读者发放免费的数字设备？ 2020 年发放的总数量_____（次）

每个年龄段人群借用这些数字设备的数量是多少次？

18 岁以下_____（次）

18～44 岁_____（次）

45～59 岁_____（次）

60 岁及以上_____（次）

16. 贵馆馆外场所提供免费宽带的方式有哪些？截至 2020 年年底，覆盖的总面积范围_____（平方米）

17. 截至 2020 年年底，贵馆地方文献数据库的建设数量_____（个）

18. 截至 2020 年年底，贵馆是否开展过地方性特色文化交流项目？如有，请提供项目名称和简介

_____

三、社会参与

1. 2020 年，向贵馆捐赠的个人和各类社会组织数量_____（个）

2. 2020 年，贵馆获得社会捐赠的总金额_____（元）

3. 2020 年，贵馆获得社会捐赠书籍数量_____（册）

4. 贵馆是否有志愿者管理的相关制度？如有，请提供

_____

5. 截至 2020 年年底，贵馆相关的志愿者团队有_____人

6. 2020 年，贵馆志愿者参与服务共_____（人），志愿活动开展次数_____（次），志愿服务活动累计时长_____（小时）

7. 贵馆是否开展了文创工作，是否有专门的文创机构、创意策划？如有，请提供

_____

四、基本服务

1. 2020 年，贵馆文献外借量_____（册次）

2. 2020 年，贵馆馆外流动服务点文献借阅量_____（册次）

3. 2020 年，贵馆到馆总人次_____

4. 截至 2020 年年底，贵馆是否提供政府公开信息服务？如果有，请提供服务形式

_____

5. 2020 年，贵馆阅读推广的讲座、培训_____场，参与活动人数总共_____人

6. 2020 年，贵馆展览_____场，参与活动总共_____人

7. 2020 年，贵馆阅读推广活动_____场，参与活动总共_____人

8. 贵馆为读者提供阅读指导的情况，比如是否有专门的阅读指导组织和策划、设立导读岗。如有，请提供

_____

9. 2020 年，贵馆读者活动的参与总人次_____

10. 2020 年，贵馆是否获得表彰奖励（包括但不限于阅读推广获奖、地方文献工作获奖、数字资源建设获奖等）？如有，请提供获奖名称和颁发单位

_____

11. 微信公众号 / 小程序 / 服务号的粉丝数量_____，请注明截止日期
（　　月　　日）

12. 2020 年，贵馆受访读者整体满意度_____（ % ）。

13. 截至 2020 年年底，贵馆是否有服务品牌项目？如有，请提供 2～3 个项目的基本情况

_____

品牌项目的界定：图书馆活动品牌是指连续三年以上在固定周期开展的，以阅读群体为服务对象，覆盖图书馆所在辖区，并已经产生良好社会影响的活动项目

项目 1 名称：_____

活动目标：_____

服务对象：_____

活动形式及内容：_____

活动的亮点及创新：_____

举办时间及频次：_____

开始时间：_____

持续时间：_____年

是否有合作对象，如有，合作对象为_____

2020 年举办了_____场，参与活动人数为_____

项目 2 名称：_____

活动目标：_____

服务对象：_____

活动形式及内容:＿＿＿＿＿＿＿＿＿＿＿＿＿＿＿＿＿＿＿＿＿＿＿＿＿＿＿＿＿

活动的亮点及创新:＿＿＿＿＿＿＿＿＿＿＿＿＿＿＿＿＿＿＿＿＿＿＿＿＿＿＿＿

举办时间及频次:＿＿＿＿＿＿＿＿＿＿＿＿＿＿＿＿＿＿＿＿＿＿＿＿＿＿＿＿＿

开始时间:＿＿＿＿＿＿＿＿＿＿＿＿＿＿＿＿＿＿＿＿＿＿＿＿＿＿＿＿＿＿＿＿

持续时间:＿＿＿＿＿＿＿年

是否有合作对象,如有,合作对象为＿＿＿＿＿＿＿＿＿＿＿＿＿＿＿＿＿＿＿＿＿

2020 年举办了＿＿＿＿＿＿＿场,参与活动人数为＿＿＿＿＿＿＿＿＿＿＿＿＿＿

······